Oliver Schröm
Dirk Laabs

Tödliche Fehler

Oliver Schröm
Dirk Laabs

Tödliche Fehler

Das Versagen
von Politik und Geheimdiensten
im Umfeld des 11. September

Aufbau-Verlag

Mit 18 Abbildungen

ISBN 3-351-02564-5

1. Auflage 2003

Lizenziert durch NDR MEDIA GMBH,
Rothenbaumchaussee 161, 20149 Hamburg
Einbandgestaltung Henkel/Lemme
Druck und Binden Clausen & Bosse, Leck
Printed in Germany

www.aufbau-verlag.de

Prolog

London, 4. Oktober 2001

Tony Blair stützt sich mit beiden Händen auf dem Rednerpult ab. Seine Stimme hat den für ihn typischen pastoralen Klang. Der Premierminister redet nicht einfach zu den Abgeordneten im britischen Unterhaus, er beschwört sie und die Weltöffentlichkeit, ihm und der amerikanischen Regierung zu glauben. »Es war Osama Bin Laden und al-Qaida, das Terrornetz, dem er vorsteht«, sagt Blair. »Sie haben die Scheußlichkeiten vom 11. September geplant und ausgeführt.«

Es war die Idee des US-Außenministers Colin Powell, es dem britischen Premier zu überlassen, der Weltöffentlichkeit die Rechtfertigung für den Angriff auf Afghanistan zu liefern. In den Bergen dort soll sich Osama Bin Laden versteckt halten, als »Gast« des Taliban-Regimes. Bush forderte deshalb gleich nach den Anschlägen von Washington und New York die Auslieferung des Terroristen, und zwar »tot oder lebendig«. Andernfalls müßten die Taliban das Schicksal Bin Ladens teilen. »Wir befinden uns im Krieg«, sagte Bush im Fernsehen, »wir werden sie ausräuchern.«

Der Präsident meinte es todernst. Durch den Kongreß ermächtigt, ließ Bush acht Tage nach den Anschlägen Kampfjets vom Typ F 15 und F 16 an den Persischen Golf verlegen, gleichzeitig verließ der Flugzeugträger *USS Theodore Roosevelt* seinen Heimathafen Norfolk im US-Bundesstaat Virginia. Operation »Infinite Justice« (Grenzenlose Gerechtigkeit) war in vollem Gange. Es schien nur noch eine Frage von Tagen, vielleicht Stunden, wann der Präsident den Befehl zum Angriff auf Afghanistan erteilte.

Plötzlich jedoch wurden Stimmen laut, die Beweise forderten, daß Bin Laden tatsächlich hinter den Anschlägen steckte. Bush drohte in einer Rede vor dem Kongreß: »Wer nicht für uns ist, ist gegen uns.« Doch die Stimmen der Skeptiker verstummten nicht. Schon wenige Tage nach den Anschlägen hatte Bush die Schuldigen beim Namen genannt und von »Krieg« gesprochen. Dabei hatte sich zu diesem Zeitpunkt noch niemand zu den Attentaten bekannt, und die Ermittlungen der Polizeibehörden schienen längst noch nicht abgeschlossen zu sein. Trotz der Trauer um die Toten wuchs die Sorge, Bush könnte übereilt handeln. Einen Krieg, nur gestützt auf Verdächtigungen und Vermutungen, wollten viele nicht mittragen. Schließlich hatte es schon genug Tote gegeben. Es sollten nicht noch weitere Unschuldige sterben. Selbst eine Kommentatorin des Nachrichtenmagazins *Time*, sonst eher konservativ, fragte in einer Schlagzeile: »Wo sind die Beweise gegen Bin Laden?«

US-Außenminister Colin Powell sprang in die Bresche: »Ich denke, wir werden in näherer Zukunft in der Lage sein, ein Papier, ein Dokument zu präsentieren, das klar und deutlich belegt, daß wir die Beweise haben, daß Osama Bin Laden hinter dem Anschlag steckt.« Allerdings erachtete man es im Weißen Haus wie auch im *State Department* als vorteilhafter, wenn ein Nicht-Amerikaner die Beweise präsentierte. Weder Bush noch Powell mußten lange überlegen, wer dafür in Frage kam. Tony Blair, der britische Premier, hatte vom ersten Moment an keine Zweifel darüber aufkommen lassen, daß Großbritannien auch bei einem Militärschlag an der Seite der Vereinigten Staaten stehen würde.

Kurz vor seiner Abreise nach Rußland, Pakistan und Indien, wo Blair für einen Angriff auf Afghanistan werben soll, spricht er in seiner Rede vor dem britischen Unterhaus von »unbestreitbaren Beweisen«, nach denen nur Osama Bin Laden und al-Qaida für die Anschläge in den USA verantwortlich seien. Um seinen Worten Nachdruck zu verleihen, wird in der Bibliothek des britischen Unterhauses ein zwanzigseitiges Dokument ausgelegt. Geheimdiensterkenntnisse dürfen oft nicht als Beweismittel eingesetzt werden, da die Quellen geschützt werden müßten, heißt es in der Einleitung des Dossiers bedauernd. Als Anklageschrift vor einem ordentlichen Gericht könne das Dossier nicht dienen, geben die Verfasser zu. Trotzdem wird von seiten der britischen Regierung versichert, daß »die hier dokumentierten Schlußfolgerungen stichhaltig sind«.

Das Dossier ist eine Anhäufung von Indizien und Mutmaßungen, die belegen sollen, daß allein die Terrororganisation von Osama Bin Laden in der Lage sei, solch eine konzertierte Terroraktion planen, organisieren und letztlich erfolgreich durchführen zu können. Einen überzeugenden Beweis, daß al-Qaida tatsächlich hinter den Anschlägen in den USA steckt, bleibt das zwanzigseitige Dossier schuldig. Lediglich in einem einzigen Satz wird angedeutet, wodurch diese Behauptung belegt sein soll: »Von den neunzehn Entführern, die am 11. September 2001 Flugzeuge in ihren Gewahrsam brachten, stehen mindestens zwei in Verbindung zur al-Qaida.« Die Namen der zwei Terroristen werden jedoch nicht genannt, ebensowenig wie die Quellen, Erkenntnisse oder Belege, auf die sich diese Aussage stützt. »Es gibt Beweise sehr spezifischer Natur hinsichtlich der Schuld Bin Ladens und seiner Gefolgsleute, die für eine Veröffentlichung zu heikel sind«, heißt es lediglich in dem Dossier.

Das stimmt. Die Unterlagen belegen nämlich nicht nur, daß tatsächlich zwei der Entführer engen Kontakt zur Terrororganisation Bin Ladens hatten; vielmehr zeugen sie auch vom Versagen des US-Geheimdienstes CIA, der bereits lange vor den Anschlägen Namen und Personalien der Terroristen kannte. Sie heißen Nawaf al-Hazmi und Khalid al-Mihdhar, beide Mitte zwanzig, geboren in Saudi-Arabien. Die beiden reisten zwanzig Monate vor den Anschlägen in die USA – unter den Augen der CIA, die sie observierte, um ihre Gefährlichkeit wußte, aber nichts unternahm.

Dies ist nur ein Fehler in einer ganzen Kette von Versäumnissen und Unzulänglichkeiten, die sich Geheimdienste und Polizeibehörden in den USA wie auch in der Bundesrepublik vor dem 11. September leisteten. Am Ende bleibt die bittere Erkenntnis: Der Tod von mehr als 3000 Menschen hätte verhindert werden können.

1. Kapitel

Kuala Lumpur, 5. Januar 2000

Als Khalid al-Mihdhar in der Hauptstadt Malaysias eintrifft, ist es drückend heiß. Der Januar ist in dem südostasiatischen Land der heißeste Monat des Jahres, das Thermometer klettert dann auf durchschnittlich einunddreißig Grad im Schatten. An manchen Tagen raubt einem die feuchte Luft fast den Atem. Doch in der riesigen Ankunftshalle des internationalen Flughafens von Kuala Lumpur ist es angenehm kühl. Das moderne Gebäude erstreckt sich über vier Etagen und wird überspannt von einem getäfelten Spitzdach.

Ohne Probleme passiert al-Mihdhar die Paßkontrolle. Der fünfundzwanzigjährige Saudi fällt nicht weiter auf. Seit jeher ist Malaysia ein Einwanderungsland und Kuala Lumpur ein Schmelztiegel der Nationalitäten und Religionen. Mehr als fünfzig Prozent der Einwohner sind Muslime, die andere Hälfte setzt sich zusammen aus Hindus, Buddhisten und Christen. Im Gegensatz zu vielen Ländern in der arabischen Welt wird in Malaysia ein gemäßigter Islam praktiziert. Allerdings hat die Regierung bei aller Westorientierung die Bedeutung der Religion für die mehrheitlich muslimische Bevölkerung nicht außer acht gelassen und den Islam zur Staatsreligion erklärt. Al-Mihdhar gibt dies ein Gefühl von Sicherheit. Er ist strenggläubiger Moslem und bei seiner Einreise nach Malaysia so sorglos, daß er es nicht einmal für nötig hält, einen falschen Paß zu benutzen. Dabei ist ihm wie allen anderen Rekruten in den Ausbildungslagern der al-Qaida eingebleut worden, immer auf der Hut zu sein und alle nur erdenklichen Vorsichtsmaßnahmen zu treffen. Die Möglichkeiten zur Tarnung und Verschleierung der eigenen Identität werden im Handbuch der Terrororganisation sogar ausführlich beschrieben, genauso wie das Beschaffen von falschen Ausweispapieren.

Aber al-Mihdhar hat keinerlei Bedenken, unter seiner wahren Identität zu reisen. Obwohl er schon seit geraumer Zeit der al-Qaida angehört, ist sich der junge Saudi sicher, daß sein Name noch in keinem Polizeicomputer oder auf irgendwelchen Fahndungslisten auftaucht. Er ist bislang ein unbeschriebenes Blatt in der Welt des vom islamischen Fundamentalismus ausgehenden Terrorismus. Dies ist vermutlich auch einer der Gründe, warum er von der Führung der al-Qaida für die anstehende Operation ausgewählt wurde. Zudem hat al-Mihdhar bereits Mut und Entschlossenheit im Kampf gegen die sogenannten Ungläubigen unter Beweis gestellt, als er Mitte der neunziger Jahre in Bosnien auf seiten der Mudschaheddin kämpfte.[1] Aber noch etwas anderes spricht für al-Mihdhar. Durch die Verwandtschaft seiner Ehefrau ist er aufs engste mit dem Terrornetzwerk verbunden. Sein Schwiegervater unterhält im Jemen eine konspirative Wohnung, die einer der wichtigsten Knotenpunkte der al-Qaida für Operationen im ostafrikanischen Raum ist. Und sein Schwiegervater ist nicht der einzige in der Familie seiner Frau, der den »Bayat«, einen Treueschwur, auf Osama Bin Laden abgelegt hat und mit ganzem Herzen für die Organisation arbeitet. Seit mehr als fünf Jahren lebt einer ihrer Cousins in Deutschland und hat zusammen mit anderen Glaubensbrüdern in Hamburg eine schlagfertige Zelle aufgebaut. Ein bißchen scheint es in der Familie seiner Ehefrau zuzugehen wie bei der Mafia. Wer dazu gehört, egal, ob durch Geburt oder durch Heirat, steht al-Qaida zumindest nahe und vergöttert deren Gründer und Anführer Osama Bin Laden, den »Terrorpaten«, wie der saudische Multimillionär in den westlichen Medien mittlerweile genannt wird.

Verwandtschaftliche Bande innerhalb der Organisation sind für al-Qaida von Vorteil, da Familienmitglieder arabischer Herkunft einander niemals verraten würden, selbst wenn sie mit dem Tod bedroht werden. Bei anderen Mitgliedern, die keine Verwandten in der Terrororganisation hatten, war dies in der Vergangenheit nicht immer der Fall. Wenn der Preis stimmte, liefen vereinzelte Glaubensbrüder zum Feind über und verkauften ihr Wissen an die *Central Intelligence Agency* (CIA), den US-amerikanischen Auslandsgeheimdienst.

Für al-Mihdhar ist so etwas undenkbar. Eher würde er sterben. Er hat sowieso keine Angst vor dem Tod und ist bereit, für eine Operation sein Leben zu opfern. Die Vorstellung, als Märtyrer ins Paradies einziehen zu können, hat sogar etwas Verlockendes. Siebzig Jungfrauen sollen dort auf ihn warten, als Lohn für seine Bereitschaft, für den Dschihad, den Heiligen Krieg, zu sterben.

Mit diesem Glauben ist al-Mihdhar eine wirkungsvolle Waffe. Die pro-iranische Hisbollah und die palästinensische Hamas setzen diese menschlichen Waffen schon seit Jahren erfolgreich ein, gegen die Selbstmordattentäter in den Städten Israels sind Polizei und Militär machtlos. Den bislang größten Erfolg gegen die »Kreuzzügler«, wie im Sprachgebrauch von al-Qaida die verhaßten US-Amerikaner genannt werden, erzielte die Terrororganisation Osama Bin Ladens ebenfalls mit dem Einsatz von Selbstmordattentätern. Am 7. August 1998 sprengten zwei Kommandos in einer konzertierten Aktion die US-Botschaften in Daressalam und Nairobi in die Luft. Die Autobomben explodierten nahezu zeitgleich und töteten 264 Menschen, mehr als 4500 wurden teils schwer verletzt.

Das liegt nun schon eineinhalb Jahre zurück. In den Augen einiger Anführer der Organisation ist es höchste Zeit, erneut zuzuschlagen. Nachdem aber in der jüngsten Vergangenheit gleich mehrere Aktionen schiefgegangen waren, hat man im Führungszirkel der al-Qaida beschlossen, handverlesene Funktionäre und Kämpfer nach Kuala Lumpur zu beordern, um anstehende Operationen in Ruhe besprechen und planen zu können. Zu dem auserwählten Kreis zählt auch al-Mihdhar. Er ist einer der Kämpfer, die sich nach langen Jahren des Wartens nun auf einen Einsatz vorbereiten dürfen. Bald soll er Näheres erfahren. Deswegen ist er nach Malaysia gekommen.

In der Ankunftshalle des internationalen Flughafens von Kuala Lumpur wird al-Mihdhar bereits von einem Mann erwartet. Sein Name ist Yazid Sufaat. Der Malaysier ist fünfunddreißig Jahre alt. Aber mit seinem dichten schwarzen Haar wirkt er wesentlich jünger. Die Begrüßung fällt knapp aus. Viel miteinander reden können die beiden sowieso nicht, al-Mihdhar spricht nur ein paar Brocken Englisch. Sufaat hingegen beherrscht die Sprache perfekt. Englisch ist neben Malaiisch die wichtigste Sprache in seinem Heimatland. Zudem hat er ein paar Jahre im US-Bundesstaat Kalifornien gelebt und an der Universität in Sacramento Biochemie studiert. Danach ist er wieder in seine Heimat zurückgekehrt und hat es in der malaysischen Armee bis zum »Captain« gebracht. Während seiner Militärzeit schloß er sich der *Jemaah Islamiah* an, einer radikalen Gruppe mit engen Kontakten zu Zellen der al-Qaida in Südostasien.

Sufaat lotst al-Mihdhar zu seinem Auto direkt vor der Ankunftshalle des Flughafens. Es ist das erste Mal, daß er einen Auftrag für al-Qaida erledigt. Um was es genau geht, weiß Sufaat nicht. Zum einen hat er sich noch nicht bewährt, zum anderen funktioniert die Terrororganisation nach dem Prinzip der Segmentierung. Jeder weiß nur so viel, wie er unbedingt wissen muß. Damit ist gewährleistet, daß durch den Ausfall eines einzelnen, etwa durch Verhaftung oder Verrat, nicht die ganze Operation gefährdet wird. Sufaat weiß nur, daß er ein Apartment für eine geheime Zusammenkunft besorgen und ein paar Leute vom Flughafen abholen muß. Und al-Mihdhar ist nicht der erste, den er zu der konspirativen Wohnung chauffiert, die sich in einem Apartmentkomplex, etwa fünfzig Kilometer vom Airport entfernt, im Süden von Kuala Lumpur befindet. Aber als Sufaat diesmal vom Parkplatz in Richtung Stadtautobahn fährt, folgen ihm mehrere Wagen unbemerkt in sicherem Abstand.

Seit seiner Abreise aus Saudi-Arabien wird al-Mihdhar auf Schritt und Tritt überwacht. Die CIA hat sich an seine Fersen geheftet. Agenten von insgesamt acht Basen und Außenbüros im arabischen und asiatischen Raum sind an der Observation beteiligt.[2] Sie hoffen, daß der junge Saudi sie zu hochrangigen Mitgliedern der al-Qaida führt. Um sicher zu sein, daß sie den Terroristen notfalls auch um die halbe Welt verfolgen kann, hat die CIA noch zusätzliche Hilfe durch ein halbes Dutzend befreundeter ausländischer Nachrichtendienste angefordert. Dabei wurde diesen unmißverständlich deutlich gemacht, daß man in der CIA-Zentrale in Langley, im US-Bundesstaat Virginia, bedingungslose Unterstützung erwartet. Ohne von CIA-Verantwortlichen über die Hintergründe der Operation eingeweiht worden zu sein, haben also auch Observationsteams der Partnerdienste umgehend die Fährte al-Mihdhars aufgenommen, sobald er nur einen Fuß auf ihr Territorium setzte.

In Kuala Lumpur ist es nun Aufgabe des malaysischen Sicherheitsdienstes, zusammen mit den örtlichen CIA-Repräsentanten den jungen Saudi zu beschatten. Die Wagen der Observierer halten auf der breiten, großzügigen Autobahn mitten durch den Dschungel so viel Abstand, daß weder al-Mihdhar noch Sufaat Verdacht schöpfen. Vermutlich würde es al-Mihdhar nicht einmal im Traum einfallen, daß seit Wochen Agenten von mehr als einem halben Dutzend Nachrichtendiensten mit Argusaugen darüber wachen, wen er trifft. Schließlich ist ihm bei seinen Vorbereitungen kein offensichtlicher Fehler unterlaufen, durch den er die Aufmerksamkeit der CIA hätte auf sich ziehen können.

Das große Interesse der CIA an al-Mihdhar rührt allein daher, daß der amerikanische Nachrichtendienst seit eineinhalb Jahren das Telefon seines Schwiegervaters abhört. Über den Anschluß 967-1-200578 im jemenitischen Sanaa, der zu der Wohnung seines Schwiegervaters gehört, werden wichtige Operationen oder Zusammenkünfte der al-Qaida abgewickelt. Darüber ist die CIA im Bilde.[3]

Bereits Ende August 1998 waren die Ermittler auf diese Wohnung gestoßen. Damals fahndete man zusammen mit der amerikanischen Bundespolizei FBI nach den Hintermännern und Drahtziehern der Bombenanschläge auf die US-Botschaften in Kenia und Tansania. Auf eine erste heiße Spur waren die US-Ermittler bereits unmittelbar nach den Anschlägen gestoßen, nachdem in London per Fax ein Bekennerschreiben eingegangen war. Binnen weniger Stunden war es gelungen, den Absender zu ermitteln. Es handelte sich um einen Anschluß in Baku, Aserbaidschan. Von dort führte eine direkte Spur zu al-Mihdhars Schwiegervater im Jemen. Denn unmittelbar nach den Anschlägen war dessen Telefon in Sanaa von dem Anschluß in Baku angerufen worden. Der CIA kam dies verdächtigt vor, man ermittelte den Anschlußinhaber und überwachte fortan dessen Haus und Telefon.

Schon nach wenigen Tagen zeichneten die Lauscher einen Anruf auf: »Sag ihnen, daß ich die Reise nicht angetreten habe«, sagte ein anonymer Anrufer zu al-Mihdhars Schwiegervater.[4] Die Abhörspezialisten der CIA waren wie elektrisiert. Dem Wortlaut nach konnte es sich bei dem Anrufer nur um ein Mitglied des Selbstmordkommandos handeln, das den Anschlag überlebt hatte. Wenige Tage später wurde die Vermutung Gewißheit. Diesmal registrierten die Lauscher einen Anruf von einem Satellitentelefon, dessen Nummer schon vor geraumer Zeit Osama Bin Laden zugeordnet worden war. Auftragsgemäß übermittelte al-Mihdhars Schwiegervater dem Anrufer jene Botschaft, wonach einer der Attentäter tatsächlich überlebt hatte.

Es handelte sich dabei um einen zweiundzwanzigjährigen Saudi, der den Truck mit der Bombe direkt vor die US-Botschaft in Nairobi gefahren hatte. Aber statt sich wie sein Beifahrer mit in die Luft zu sprengen, hatte ihn Sekunden vor der Detonation der Mut verlassen. Ihm gelang noch rechtzeitig der Sprung aus dem Lastwagen, und er sah aus sicherer Entfernung mit an, wie es seinen Komplizen in Stücke riß. Wenig später gelang es dem FBI, seinen Aufenthaltsort zu ermitteln, ihn zu verhaften und in die Vereinigten Staaten zu bringen, wo ihm schließlich Jahre später zusammen mit weiteren Hintermännern der beiden Anschläge der Prozeß gemacht werden sollte.

Allerdings sorgten CIA-Agenten vor Ort dafür, daß man al-Mihdhars Schwiegervater unbehelligt ließ. Nachdem dessen Bedeutung als wichtiger Knotenpunkt des Terrornetzwerks deutlich geworden war, war es für die CIA ein leichtes, diese Maßnahme zu rechtfertigen. Schließlich konnte davon ausgegangen werden, daß ihn die Anführer der al-Qaida weiterhin als Verbindungsmann nutzen würden, so lange sie nichts von seiner Enttarnung ahnten. Auf diese Weise hoffte man bei der CIA, künftig frühzeitiger von geplanten Terrorattacken zu erfahren.

Doch nach den Anschlägen in Afrika blieb die CIA nicht lange so geduldig. Wenige Tage nach den Attentaten unterlief ihr ein katastrophaler Fehler. Die »Firma«, wie der Nachrichtendienst in Insiderkreisen genannt wird, hatte Ziele für einen Vergeltungsschlag ausgesucht. US-Präsident Bill Clinton folgte dem Rat der CIA und ließ diese Ziele angreifen: Am 20. August 1998 wurde ein Ausbildungscamp der al-Qaida in Afghanistan mit Cruise Missiles beschossen, weil man dort Osama Bin Laden vermutete; gleichzeitig schlugen US-Raketen in eine Fabrik im Sudan ein, die nach Informationen der CIA biologische Kampfstoffe produzierte. Aber weder hielt sich der Terroristenchef in dem Zeltlager auf, noch hatte die Fabrik irgend etwas mit ihm zu tun. Auch wurden dort keine Kampfstoffe, sondern lediglich pharmazeutische Mittel hergestellt. Die CIA hatte sich blamiert. »Wir müssen einen anderen Weg finden«, schrieb Clinton in einem Memo, »dieser ist unbefriedigend.«[5] Die Cruise-Missile-Angriffe hatten die al-Qaida nicht geschwächt – im Gegenteil. Der Konflikt zwischen dem Terrornetzwerk der islamischen Fundamentalisten und den USA eskalierte. Noch im August 1998 ging bei der CIA die Nachricht ein, eine arabische Gruppe wolle mit einem mit Sprengstoff beladenen Flugzeug in das World Trade Center fliegen, das fünf Jahre zuvor schon einmal Ziel eines Anschlags von islamistischen

Terroristen gewesen war.[6] Das FBI wie auch die Flugaufsichtsbehörde FAA, die vom CIA über diesen Hinweis umgehend informiert wurden, winkten sofort ab.[7] Die FAA hielt so einen Plan für nicht durchführbar.

Die Reaktionen waren nicht verwunderlich. Nach der Schlappe in Afghanistan und im Sudan hatte die CIA ein Glaubwürdigkeitsproblem. Zudem hielten es ihre Experten nicht für nötig, die FAA darauf hinzuweisen, daß es sich bei künftigen Flugzeugentführern auch um Selbstmordattentäter handeln könnte. Denn die Botschaftsanschläge hatten deutlich bewiesen, daß al-Qaida nun dazu übergegangen war, nach dem Vorbild von Hisbollah und Hamas auch bei eigenen Aktionen Selbstmordattentäter einzusetzen. Die Tatsache, daß die FAA nicht eingehend über diesen Strategiewechsel der Terroristen informiert wurde, sollte sich noch als fatales Versäumnis herausstellen. Denn auf Empfehlung der FAA wiesen die amerikanischen Fluggesellschaften ihr Bordpersonal weiterhin an, bei Entführungen nicht gegen die Hijacker vorzugehen, sondern deren Forderungen zu erfüllen, um so eine mögliche Eskalation der Gewalt an Bord zu verhindern.

Dies war nicht die erste folgenschwere Fehleinschätzung der CIA.

Bereits vor den Anschlägen auf die US-Botschaften in Ostafrika hatte der Nachrichtendienst konkrete Ankündigungen über anstehende Terrorattacken leichtfertig ignoriert. Von diesen Fehlern erfuhr die Öffentlichkeit unmittelbar nach den Anschlägen nichts, die CIA hielt die Informationen über die Warnungen zurück. Die Bilder der verwüsteten US-Botschaften, der Leichen auf den Straßen und der schwerverletzten Menschen waren noch zu frisch. Die Empörung über diesen schweren Fehler hätte den Geheimdienst zusätzlich unter Druck gesetzt, denn die Warnungen waren sehr konkret gewesen.

Ein Jahr vor den Anschlägen war ein Mann in die US-Botschaft in der kenianischen Hauptstadt gegangen und hatte sich dem diensthabenden CIA-Agenten als reuiges Mitglied der al-Qaida zu erkennen gegeben. Freimütig erzählte der Araber dem verdutzten Ermittler, daß al-Qaida plane, die beiden US-Vertretungen in die Luft zu sprengen. Aber der CIA-Agent hatte sich erst gar nicht für Einzelheiten interessiert. Er hielt den Mann schlicht für einen Spinner.[8]

Der vermeintliche al-Qaida-Anhänger war nicht der einzige, dem die CIA nicht glauben wollte. Selbst den Paten des Terrors nahm man dort nicht ernst. Dabei hatte Osama Bin Laden schon 1996 in einer zwanzigseitigen Fatwa, einer Art religiösem Bann, seine Anhänger öffentlich aufgefordert, »Amerikanern so viel Schaden wie möglich« zuzufügen.[9] Aber den saudischen Multimillionär nahmen die meisten damals nicht für voll. Er wurde als größenwahnsinniger Fanatiker abgetan, dem man trotz seines unermeßlichen Reichtums nicht zutraute, die Vereinigten Staaten ernsthaft zu gefährden. Auch als er am 22. Februar 1998 seine Fatwa erweiterte, erschreckte dies in Langley niemanden. Schließlich war in der Zwischenzeit nichts passiert. Osama Bin Laden galt weiterhin als Maulheld. Doch auch in seiner neuen Fatwa ließ es der Saudi nicht an Deutlichkeit fehlen: »Im Namen Gottes rufen wir jeden Muslim auf, der an Gott glaubt und um Vergebung bittet, dem Befehl Gottes zu gehorchen, indem er Amerikaner tötet und ihr Geld stiehlt, jederzeit und wann immer es möglich ist.« Er rechtfertigte erstmals auch ausdrücklich Angriffe auf Unbeteiligte. »Die Amerikaner und ihre Verbündeten, ob Militärs oder Zivilisten, zu töten und zu bekämpfen ist die Pflicht eines jeden Muslims in jedem Land.«[10] Schließlich trat Bin Laden noch im Kampfanzug und mit Kalaschnikow in der Hand vor die Kamera eines Fernsehteams des Senders ABC. In dem Interview, das am 28. Mai 1998 landesweit in den USA ausgestrahlt wurde, drohte er den Vereinigten Staaten unverhohlen: »Ich prophezeie Amerika bald einen Schwarzen Tag.«[11]

Die Bilder von den Anschlägen auf die Botschaften waren noch immer in allen Köpfen, als im September 1998 die CIA die Warnung auf den Tisch bekam, Osama Bin Laden plane bei einer der nächsten Aktionen, ein mit Sprengstoff beladenes Flugzeug mitten auf einen Flughafen in den USA abstürzen zu lassen.[12] Diese zweite Information, wonach der saudische Milliardärssohn nun auch innerhalb der Vereinigten Staaten zuschlagen wolle, wurde einen Monat später durch den Hinweis untermauert, al-Qaida sei dazu übergegangen, ein Netz von Terrorzellen in den USA zu knüpfen.

George Tenet, der Direktor der CIA, konnte nun Osama Bin Laden und dessen Organisation nicht länger auf die leichte Schulter nehmen. Falls jemals herauskommen sollte, daß seine Behörde die teils konkreten und detaillierten Hinweise und Warnungen im Vorfeld der Botschaftsanschläge ignoriert hatte, mußte er befürchten, die längste Zeit Direktor der CIA gewesen zu sein. Der Präsident würde ihn dann angesichts der Bilder von Verwüstung und Tod nicht länger halten können.

Tenet ging also in die Offensive und verfaßte ein glühendes Memorandum an seine Stellvertreter und Abteilungsleiter, Osama Bin Laden ein für allemal das Handwerk zu legen: »Mit unseren Anstrengungen, die wir gegen Osama Bin Laden unternehmen, müssen wir nun in eine neue Phase übergehen. Bislang war unsere Arbeit bemerkenswert und in einigen Fällen durchaus heroisch; bis zu dem Tag, den wir als jenen anerkennen müssen, an dem uns ein unabwendbarer Schlag zugefügt wurde, dessen Auswirkung vielleicht größer war, als wir vorher erwartet hatten«, schrieb Tenet am 4. Dezember 1998. »Wir sind nun im Krieg«, fuhr er fort. »Ich werde in diesem Krieg weder an Personal noch an Ressourcen sparen, weder innerhalb der CIA noch bei den anderen amerikanischen Geheimdiensten.«[13]

Als *Director of Central Intelligence* (DCI), wie sein Titel offiziell lautet, ist Tenet verantwortlich für die Leitung der CIA sowie die Koordination aller anderen amerikanischen Nachrichtendienste einschließlich der *National Security Agency* (NSA), des größten und geheimsten Nachrichtendienstes der Vereinigten Staaten, der mit seiner geradezu gigantischen Technik in der Lage ist, weltweit sämtlichen Fernmeldeverkehr abzuhören.

Der DCI ist damit der mächtigste Mann in der amerikanischen Geheimdienstgemeinde, wie das Netz von Nachrichtendiensten von den Offiziellen in Washington genannt wird. Für einen Mann in dieser Position hat Tenet einen ungewöhnlichen Werdegang. Der Sohn griechischer Einwanderer ist nicht, wie sonst üblich, ein gelernter und verdienter Nachrichtendienstler. Vielmehr ist der Sechsundvierzigjährige ein typischer Karrierebeamter, wie man sie im Dunstkreis von Capitol und Weißem Haus zuhauf antrifft.

All sein Wissen über die Arbeit von Nachrichtendiensten hat er sich auf den Korridoren der Macht angeeignet, wo seine Karriere begann. Zu Anfang arbeitete Tenet mehrere Jahre als Referent für einen Senator. 1985 ergatterte der damals Einunddreißigjährige dann einen Posten im vierzigköpfigen Mitarbeiterstab des Geheimdienstausschusses des Senats. Schon während seiner Referentenzeit hatte er die Spielregeln des Politikbetriebes in Washington verinnerlicht, stets mit den richtigen Leuten enge Kontakte geknüpft und Freundschaften geschlossen. Tenet fiel dies leicht. Allenthalben hatte er den Ruf eines netten Kerls, immer freundlich und umgänglich, der auch einem vermeintlichen Konkurrenten beim Stehempfang jovial auf die Schulter klopfen konnte, ohne daß man ihm ansah, was er in diesem Moment über den anderen dachte.

Als Mitarbeiter des Geheimdienstausschusses des Senats gelang es ihm, sich schließlich mit dessen Leiter, David L. Boren, einem demokratischen Senator aus Oklahoma, anzufreunden. Boren war von dem jungen Tenet so angetan, daß er ihm 1989 – vorbei an dienstälteren Kollegen – zum Posten des Direktors des Mitarbeiterstabes verhalf. In dieser Position hatte Tenet Zugang zu allen geheimen Nachrichten, die dem Geheimdienstausschuß von der CIA oder der NSA zur Verfügung gestellt werden mußten. Tenet wußte dies zu nutzen. Er häufte Geheimdienstwissen an. Denn Wissen bedeutet besonders in Washington D. C. Macht – zumal wenn dieses sich aus Geheimdienstquellen speist.

Nach der gescheiterten Wiederwahl von George Bush senior wurde Tenet, wiederum auf Empfehlung von David L. Boren, Leiter der Übergangs-Geheimdienstteams des neu gewählten Präsidenten Bill Clinton. Tenet nutzte die Chance und konnte auch nach der Übergangszeit, in der die maßgeblichen Mitarbeiter des neuen Präsidenten von ihren Vorgängern im Amt instruiert werden, im Weißen Haus verbleiben. Er hatte die nächste Sprosse auf der Karriereleiter erklommen. Tenet wurde Direktor des Geheimdienststabes im Nationalen Sicherheitsrat, zuständig für die Koordination aller Geheimdienstangelegenheiten des Weißen Hauses einschließlich verdeckter Operationen. In dieser Funktion hatte er natürlich ständig mit dem DCI zu tun. Diesen Job machte damals John Deutch, dem Tenet ebenfalls zu gefallen wußte. Auf Empfehlung von Deutch wechselte Tenet 1995 vom Weißen Haus hinüber nach Langley in die Zentrale der CIA, als stellvertretender Direktor des Nachrichtendienstes. Nur zwei Jahre später, 1997, beerbte Tenet den Mann, der ihm den Weg nach Langley geebnet hatte. Er wurde Nachfolger von Deutch im Amt des DCI. Tenet hatte es geschafft.

Seitdem ist er ganz oben. Als DCI ist ihm die Aufmerksamkeit des Präsidenten wie auch aller anderen wichtigen Entscheidungsträger im Weißen Haus sicher. Das *President's Daily Briefing* (PDB), bei dem der DCI oder einer seiner Stellvertreter dem Präsidenten eine kurze Zusammenfassung der allerwichtigsten geheimen Nachrichten präsentiert, ist ein allmorgendliches Ritual, das sich Tenet seitdem selten entgehen läßt. Beim PDB ist die Macht des Director of Central Intelligence greifbar. Der Präsident der Vereinigten Staaten von Amerika, der mächtigste Mann der Welt, lauscht den Worten seines DCI und fällt auf der Grundlage von dessen Bericht weltpolitische Entscheidungen, manchmal sogar über Krieg und Frieden.

Als Tenet das erste Mal im Amt des DCI dem Präsidenten Ratschläge erteilte, war er gerade dreiundvierzig Jahre alt. Dies lag nun erst ein Jahr zurück. Tenet hatte keine Lust, nach so kurzer Amtszeit seinen Posten zu räumen, falls nun unmittelbar nach den Botschaftsanschlägen bekannt würde, welche Fehler und Versäumnisse der CIA im Vorfeld der Terrorattacken unterlaufen waren. Mit seinem glühenden Memorandum an seine Stellvertreter und Abteilungsleiter in der CIA versuchte er also, sich im nachhinein nach allen Seiten abzusichern. Zum einen vertuschte er darin geschickt die Fehler seiner Behörde, indem er den Eindruck erweckte, einen so brutalen und noch nie dagewesenen Terroranschlag habe die CIA mit ihren bislang zur Verfügung stehenden Mitteln einfach nicht verhindern können.

Zudem hatte Tenet vorgebaut. Nach einem nächsten Terroranschlag würde er unweigerlich mit der unangenehmen Frage konfrontiert werden, warum die US-Geheimdienste dem Angriff wieder nichts entgegenzusetzen gehabt hätten. Tenet wollte dann einfach auf sein Memorandum verweisen und damit belegen, daß er sehr wohl die Gefahr rechtzeitig erkannt hatte. Ihm waren aber die Hände gebunden, weil die politischen Entscheidungsträger nicht die erforderlichen Mittel zur Verfügung gestellt hatten, um erfolgreich einen Krieg gegen Osama Bin Laden und al-Qaida führen zu können.

Im Frühjahr 1999 ließ Tenet dann tatsächlich eine Strategie ausarbeiten, wie man am besten der neuen Art von Terrorismus begegnen könne. Entgegen seiner sonstigen großspurigen Art nannte er das Strategiepapier schlicht »den Plan«[14]. Demnach wollte die CIA in ihrem Kampf gegen al-Qaida wieder verstärkt auf *Human Intelligence* (HUMINT), so genannte »menschliche Quellen«, zurückgreifen. Der »Plan« sah sogar vor, das Terrornetzwerk durch eigene Undercover-Agenten zu unterwandern. Eine sehr kostspielige und zeitaufwendige Angelegenheit, fand sich doch in der CIA zu diesem Zeitpunkt kaum jemand, der fließend Paschtu oder Arabisch sprach.

Die CIA hatte es verpaßt, sich dem Wandel der Zeit anzupassen. Über Jahrzehnte hinweg wurde jeder Konflikt, jede Krise nur mit dem Fokus des Kalten Krieges betrachtet. Seit dem Fall der Berliner Mauer waren viele erfahrene Agenten vorzeitig in den Ruhestand verabschiedet worden. Ersetzt wurden sie vorwiegend durch moderne Technologie und ehrgeizige Bürokraten.

George Tenet, selbst ein ehrgeiziger Bürokrat, sah zwar das Problem, war aber nicht in der Lage, es zu beseitigen. Trotz seines »Planes« und der »Kriegserklärung gegen Osama Bin Laden«, wie das Memorandum zu seiner Genugtuung in der Geheimdienstgemeinde alsbald nur noch genannt wurde, unternahm er keine großen Anstrengungen, um die dafür erforderlichen Mittel lockerzumachen. Seiner vollmundigen Ankündigung, in diesem »Krieg« weder Kosten noch den Einsatz von Personal scheuen zu wollen, ließ Tenet keinerlei Taten folgen. Es blieb bei Lippenbekenntnissen und einem »Plan«, der nie in die Tat umgesetzt wurde. Denn weder wurde dem *Counterterrorism Center* (CTC), der Anti-Terror-Abteilung der CIA, weiteres Personal zur Verfügung gestellt, noch wurden Mittel bereitgelegt, um Undercover-Agenten in die al-Qaida einzuschleusen oder zumindest einen Spitzel zu kaufen, der neue Informationen besaß.

Mangels eigener *Human Intelligence* war die CIA auf Informationen ausländischer Partnerdienste angewiesen, etwa des jordanischen Nachrichtendienstes. Aber diese Informationen gab es natürlich nicht umsonst. Allein an die Jordanier überwies die CIA deshalb jährlich eine zweistellige Millionensumme. Und der US-Geheimdienst bekam etwas für sein Geld – die Jordanier lieferten regelmäßig heiße Informationen über das islamistische Terrornetzwerk. Von dieser und vielen anderen Seiten wurden die US-Behörden gewarnt, daß die islamistischen Terroristen Anschläge planen. So ging im Frühjahr 1999 ein weiterer alarmierender Report ein, demzufolge Osama Bin Laden beabsichtige, ein Regierungsgebäude in Washington zu attackieren. Wenig später, im August 1999, kam den Experten in Langley ein interessanter Bericht auf den Tisch. Darin hieß es, al-Qaida habe auf den amerikanischen Außenminister, den Verteidigungsminister sowie den CIA-Direktor ein Kopfgeld in Höhe von neun Millionen Dollar ausgelobt. Nur einen Monat später, im September 1999, erhielt die CIA die beunruhigende Nachricht, daß Osama Bin Laden nun vordringlich einen Anschlag innerhalb der USA durchführen lassen wolle. Als mögliche Anschlagsorte wurden Kalifornien und New York genannt. Spezifiziert wurde dies durch eine weitere Mitteilung Anfang Dezember, wonach al-Qaida plane, während der Millenniumsfeierlichkeiten in Städten wie New York oder Washington D. C. zuzuschlagen.[15]

Die CIA und die Geheimdienstgemeinde waren also gewarnt. Trotzdem ist es eher dem Zufall und einem geistesgegenwärtigen Zollbeamten zu verdanken, daß es auf dem Internationalen Flughafen in Los Angeles nicht zu einer Katastrophe kam.

Ausgangspunkt war eine kleine Kontrollstation an der Grenze zu Kanada. Dort wollte am 14. Dezember 1999 ein algerischer Staatsbürger per Pkw in die USA einreisen. Als ihn der Zöllner bat, kurz auszusteigen und den Kofferraum zu öffnen, ergriff der Mann plötzlich die Flucht. Instinktiv rannte der Zöllner dem Mann hinterher. Schließlich holte er ihn ein und überwältigte den Algerier. Zurück beim Wagen, wurde dem Zöllner schnell klar, warum der Mann die Nerven verloren hatte: Im Kofferraum des Autos befanden sich mehr als fünfzig Kilogramm Sprengstoff. Der Mann war damit unterwegs nach Los Angeles, wo er im Auftrag von al-Qaida einen Anschlag auf den Flughafen verüben sollte, wie der Algerier später gestand.

Der Zwischenfall an der Grenze zu Kanada veranlaßte auch die CIA, ihre Aktivitäten weiter zu verstärken. Die vagen Warnungen der letzten Monate wurden durch die Festnahme des algerischen Terroristen bestätigt. Offensichtlich setzte al-Qaida alles daran, nun auch innerhalb der Vereinigten Staaten zuzuschlagen. Weltweit wurden alle Außenbüros und Stationen in höchste Alarmbereitschaft versetzt.

In Langley rechnete man mit dem Schlimmsten, denn seit geraumer Zeit registrierten CIA-Agenten auch eine hektische Betriebsamkeit in der konspirativen Wohnung von al-Mihdhars Schwiegervater im jemenitischen Sanaa. Aus den Versatzstücken abgefangener Telefonate wurde deutlich, daß sich ein hochrangiger Kommandeur von al-Qaida mit anderen Terroristen der Organisation treffen wollte. Ein »Khalid« und ein »Nawaf« sollten ebenfalls an dem Treffen teilnehmen. In Langley ging man davon aus, daß es sich bei den beiden um weitere wichtige Mitglieder der al-Qaida handeln mußte, die sich mit ihrem Kommandeur verabredet hatten, um einen Anschlag vorzubereiten.[16] Allerdings war es den Agenten vor Ort zunächst nicht möglich, die vollständigen Namen der beiden herauszufinden. Es gelang ihnen jedoch, zumindest Khalid als Person zu identifizieren. Es handelte sich um einen jungen Saudi, etwa Mitte Zwanzig, mit schwarzen Haaren und einem leichten Oberlippenbart. Sofort wurde er observiert.

Aber erst als Khalid Saudi-Arabien verließ, konnte die CIA seine volle Identität in Erfahrung bringen. Bei einer Paßkontrolle am Flughafen wurde eilig eine Kopie seines Ausweises angefertigt, ohne daß der Terrorist etwas davon bemerkte. Auf diese Weise kam die CIA an sein Foto und seine Personalien. Sein vollständiger Name lautet Khalid bin Muhammad bin Abdallah al-Mihdhar, er wurde 1975 in Saudi-Arabien geboren.

Doch die Freude über diese gelungene Operation hielt sich in Grenzen. In dem Reisepaß fand sich ein Vermerk, der den CIA-Agenten größte Sorgen bereitete. Al-Mihdhar besaß ein »U.S.B-1/B-2 Multiple Entry Visa«, ausgestellt auf dem US-Konsulat in Jeddah in Saudi-Arabien am 7. April 1999. Damit konnte er also nach Belieben in die USA ein- und ausreisen. Zumindest bis zum 6. April 2000, denn so lange war das Visum gültig. Für die CIA-Agenten gab es keinen Zweifel. Der Terrorist plante offensichtlich, in absehbarer Zeit in die Vereinigten Staaten zu reisen, vermutlich um dort einen Anschlag zu verüben.

Am 11. Dezember 1999 hatte bereits ein CIA-Agent ein Eiltelegramm an die Zentrale in Langley geschickt, in dem er empfahl, das *State Department* sowie die Einwanderungsbehörde INS und das FBI zu bitten, alle identifizierten Terroristen auf ihre Fahndungsliste zu setzen, auch wenn nur ihre Deck- oder Vornamen bekannt waren.[17] Der CIA ist es nämlich von Rechts wegen untersagt, als Auslandsgeheimdienst auch innerhalb der USA aktiv zu werden. Wenn also al-Mihdhar tatsächlich versuchen sollte, in die USA einzureisen, war dies nicht länger eine Angelegenheit der CIA, sondern vielmehr Sache des FBI und der anderen Inlandsbehörden.

In Langley war man aber offensichtlich anderer Meinung. Jedenfalls wurden die Inlandsbehörden nicht darüber informiert, daß da draußen ein gefährlicher Terrorist mit einem gültigen US-Visum herumlief. Daß der Mann nichts Gutes im Schilde führte, konnte sich jeder an fünf Fingern abzählen. Spätestens nach dem Vorfall an der Grenze zu Kanada, wo der Saudi verhaftet werden konnte, als er mit Sprengstoff in die USA einreisen wollte.

In der Zentrale in Langley vertrat man trotzdem die Ansicht, die anderen Behörden vorerst nicht über al-Mihdhar zu informieren. Um herauszufinden, was genau der Saudi vorhatte, sollte er zunächst rund um die Uhr beschattet werden. Immerhin bestand ja die Möglichkeit, daß er sie zu weiteren Hintermännern oder Komplizen führte und die CIA auf diese Weise herausbekam, was genau al-Qaida für die Millenniumsfeierlichkeiten plante.

Aber al-Mihdhar machte zur Überraschung der CIA überhaupt keine Anstalten, in die USA zu gelangen. Statt dessen buchte er für den 5. Januar einen Flug nach Malaysia. Offensichtlich hatten sie mit al-Mihdhar auf das falsche Pferd gesetzt. Der Terrorist wollte demnach gar keinen Anschlag in den USA verüben, sondern plante irgend etwas im fernen Malaysia. In Langley war man zunächst erleichtert, wenn auch nicht ausgeschlossen werden konnte, daß der Terrorist eine US-amerikanische Einrichtung in Malaysia im Visier hatte. Deshalb kam man zu der Überzeugung, daß es sinnvoll wäre, die bereits begonnene Operation zunächst fortzuführen. Zudem waren bereits zu viele Partnerdienste in die aufwendige Observation involviert, als daß man nun die ganze Sache so einfach wieder abblasen konnte. Es wurde beschlossen, al-Mihdhar vorerst weiter zu beschatten. Am 5. Januar 2000 schickte man deshalb aus der CIA-Zentrale eine Nachricht an alle Außenstellen, daß mit al-Mihdhar ein mutmaßliches Mitglied der Terrororganisation al-Qaida nach Malaysia reisen wolle und dieser im Besitz eines US-Visums sei. Die Geheimdienstgemeinde war unterrichtet.

Zu diesem Zeitpunkt war auch der malaysische Sicherheitsdienst längst informiert. Seit al-Mihdhars Abfahrt vom Flughafen in Kuala Lumpur observieren die malaysischen Agenten den Saudi pausenlos. Mit entsprechendem Sicherheitsabstand verfolgen sie ihn und seine malaysischen Komplizen. Beim Internationalen Flughafen von Kuala Lumpur sind die beiden im Wagen des Malaysiers auf die Autobahn gefahren und bewegen sich nun in Richtung Süden. Die Terroristen fahren ziemlich zügig. Ihre Verfolger vom Sicherheitsdienst müssen achtgeben, nicht abgehängt zu werden. Sie drücken ebenfalls aufs Gaspedal. Achtlos rasen sie an der berühmten Moschee Aman Schah vorbei. Der Prachtbau liegt direkt zwischen der Schnellstraße und der Landebahn des Flughafens, fast im Minutentakt donnern Passagierflugzeuge im Tiefflug über die Kuppel hinweg.

Die Verfolger wissen noch nicht, welches Ziel die Terroristen ansteuern. Erst als Sufaat bei Kajang, einem Vorort von Kuala Lumpur, von der Autobahn abfährt, bekommen sie eine leise Ahnung. In Kajang leben vor allem Chinesen. Der Ort grenzt direkt an den Dschungel. Der Zustand der Durchgangsstraße ist fürchterlich. Sie wird gerade ausgebaut. Die Verfolger haben nun alle Mühe dranzubleiben.

Ständig kreuzen Mofafahrer die Fahrbahn, denen die Straßenverkehrsordnung völlig gleichgültig ist. Laut hupend umschwirren sie die Autos und schlängeln sich knatternd zwischen den Fahrzeugkolonnen hindurch.

Erst nach Kajang, wo sich ein großes, unterirdisches Gefängnis befindet, ist die Straße wieder besser. Die Ahnung der Verfolger wird nun zur Gewißheit. Die Terroristen fahren offensichtlich nach Bandar Sungai Long, einer Retortenstadt, etwa dreißig Autominuten von Kuala Lumpur entfernt. Die hohen Apartmenthäuser der Siedlung sind bereits aus der Ferne deutlich zu sehen. Wie eine Burg ragen sie aus dem Dschungel. In Hochglanzprospekten wird die Apartmentsiedlung angepriesen mit dem Slogan »Stadtleben im Countrystil«. Ebenso hervorgehoben werden in der Werbebroschüre die weitläufige Parkanlage und der Golfplatz »Jack Nichlaus« (sic), benannt nach dem legendären Profigolfer, die sich mitten in der Wohnanlage befinden.

Aber Sufaat hatte sich nicht wegen des Golfplatzes oder anderer Freizeitvergnügungen für Bandar Sungai Long entschieden. Als er nach einer geeigneten konspirativen Wohnung für das anberaumte Treffen Ausschau hielt, standen andere Gesichtspunkte im Vordergrund. Der Treffpunkt sollte leicht erreichbar sein und vor allem sicherstellen, daß man dort nicht sonderlich auffällt. Bandar Sungai Long ist deshalb geradezu ideal. In der Trabantensiedlung leben mehr als 6900 Menschen. In der Anonymität aufzugehen ist hier ein leichtes.

Die Gebäude wurden so gebaut, daß jeweils vier oder fünf Häuserblöcke eine Einheit bilden, umgeben von einer Mauer, so daß der Zugang nur über eine Toreinfahrt möglich ist, die durch eine Schranke und eigenes Wachpersonal gesichert wird.

Sufaat hat im Block A ein Apartment angemietet. Der Gebäudekomplex heißt »Evergreen« und gehört zu der billigeren Variante in der sonst recht luxuriösen Siedlung. Fünf Häuserblöcke teilen sich hier einen Pool. Obwohl die gesamte Siedlung vor noch nicht allzu langer Zeit errichtet wurde, sind die billigeren Apartmentkomplexe dem Verfall preisgegeben. Überall liegt Müll herum, dessen Gestank die meisten Bewohner davon abhält, den Pool zu nutzen.

Im Handbuch von al-Qaida ist genau beschrieben, was beim Mieten einer Wohnung zu beachten ist, wenn sie zu konspirativen Zwecken genutzt werden soll. Sufaat hat die Ratschläge Zeile für Zeile befolgt. Wie im Handbuch empfohlen, befindet sich das Apartment im Erdgeschoß, etwas abseits von den anderen Wohneinheiten im Haus, so daß die Nachbarn von den Besuchern nichts mitbekommen. Für den Fall, daß sie fliehen müssen, verfügt das Haus über vier Ein- und Ausgänge. Dazu sind die Fenster so vergittert, daß die Drei-Zimmer-Wohnung, obwohl sie sich im Erdgeschoß befindet, von außen schwer einsehbar ist – für die Überwachungsteams des malaysischen Sicherheitsdienstes und der CIA also keine leichte Aufgabe.

In Bandar Sungai Long trifft al-Mihdhar auf alte Bekannte. Aus Deutschland ist der Cousin seiner Frau angereist, der mit Hilfe eines alten Veteranen der al-Qaida, der seit bald zwanzig Jahren in Hamburg lebt und mittlerweile auch die deutsche Staatsbürgerschaft besitzt, dort eine schlagkräftige Zelle aufgebaut hat, der überwiegend arabische Studenten angehören. Er heißt Ramzi Binalshibh, kommt aus dem Jemen und ist siebenundzwanzig Jahre alt.[18]

Ebenfalls in Bandar Sungai Long eingetroffen ist »Nawaf«, der mit vollständigem Namen Nawaf al-Hazmi heißt und wie al-Mihdhar aus Saudi-Arabien stammt. Die beiden kennen sich seit einer Ewigkeit, sind in Mekka aufgewachsen und seitdem eng befreundet. Mitte der neunziger Jahre waren sie zusammen in Bosnien und haben dort im Bürgerkrieg auf seiten der Mudschaheddin gekämpft. Der al-Qaida sind sie jedoch nacheinander beigetreten. Al-Hazmi hat bereits 1998 nach einem Aufenthalt in einem afghanischen Trainingscamp den Schwur auf Osama Bin Laden abgelegt. Bei al-Mihdhar hingegen liegt dies noch gar nicht so lange zurück. Anfang 1999 hat er ebenfalls in Afghanistan den »Bayat« geschworen und hat dann gleich nach seiner Rückkehr nach Saudi-Arabien, im April 1999, zusammen mit seinem Jugendfreund in der amerikanischen Botschaft in Jeddah ein Visum beantragt.[19] So ist nicht nur al-Mihdhar, sondern auch al-Hazmi im Besitz eines gültigen US-Visums. Zusammen wollen sie bald in die USA reisen, um dort ihre Mission durchzuführen. Sie warten nur noch auf den Befehl und die entsprechenden Instruktionen. Allein deswegen sind sie nach Malaysia gekommen.

Den Mann, mit dem sie nun die Details besprechen sollen, kennen viele Anhänger der al-Qaida nur unter seinem Kampfnamen »Khallad«. Sein richtiger Name lautet Tawfiq bin Attash, er ist einer der ranghöchsten Kommandeure in der Terrororganisation. Zusammen mit Osama Bin Laden hatte Attash Ende der achtziger Jahre in Afghanistan gegen die Rote Armee gekämpft und dabei ein Bein verloren, weshalb ihm Ermittler den Beinamen »der Einbeinige« gegeben haben. Attash befehligt die Eliteeinheit von al-Qaida-Kämpfern, die sich ausschließlich um den Schutz von Osama Bin Laden kümmert. Aber vor allem fungiert der gebürtige Jemenit als Vertrauensmann Osama Bin Ladens sowie als eine Art Vermittler zwischen der Führung der al-Qaida und den Mitgliedern von Terrorkommandos, die er nicht selten persönlich für ihren Einsatz instruiert. Aus diesem Grund ist Attash zusammen mit seinem Adjutanten Fahad al Quso nach Malaysia gekommen.[20] Der al-Qaida-Kommandeur will al-Mihdhar, dessen Jugendfreund al-Hazmi und Binalshibh auf eine Mission einschwören.

Langley, Virginia, 6. Januar 2000

Gleich nach der Ankunft von al-Mihdhar in Kuala Lumpur mailt der örtliche CIA-Resident an die Zentrale in Langley: »Khalid identifiziert. In Malaysia eingetroffen.«[21] Die Information wird umgehend weitergereicht an das *Counterterrorism Center.* Das CTC verfügt über eine riesige Datenbank.

Sie enthält alle relevanten Informationen aus den vergangenen zwei Jahrzehnten zum Thema Terrorismus. Die Datenbank setzt sich zusammen aus Analysepapieren, Nachrichten, die zwischen dem CIA-Hauptquartier und den CIA-Basen und -Stationen auf der ganzen Welt verschickt wurden, sowie Abhörberichten der *National Security Agency* und verschiedenen Briefings, Memoranden und Arbeitsnotizen.[22]

Die Spezialabteilung wurde bereits 1986 gegründet. Seit einem knappen Jahr leitet sie Cofer Black, ein Veteran in Sachen Terrorabwehr. Black gilt als lebende Legende in Langley. In seiner langen Karriere als CIA-Agent war er von 1993 bis 1995 im Sudan stationiert. Damals hatte er maßgeblichen Anteil an der Verhaftung von Carlos, dem Schakal.[23] Der Venezolaner war seinerzeit der meistgesuchte Terrorist der Welt. Mehr als zwanzig Jahre lang hatte sich der Lohnkiller diverser Diktatoren und Despoten seinen Häschern entziehen können, bis ihn Black in Khartum aufstöberte. Über den Aufenthaltsort des Terroristen unterrichtete er schließlich die Franzosen, die Carlos schon lange wegen mehrerer Morde und Terroranschläge in Paris suchten.

In Khartum hielt sich damals auch Osama Bin Laden auf, der dort ehemalige Mudschaheddins aus Afghanistan um sich scharte. Das Treiben des saudischen Multimillionärs weckte auch das Interesse von Cofer Black, der aber kurz darauf den Sudan verlassen mußte – angeblich hatte Osama Bin Laden befohlen, den CIA-Agenten zu ermorden. Cofer Black jedenfalls erzählt gern die Geschichte, daß »die Strolche von diesem Osama Bin Laden mich doch einfach abknallen wollten«.[24] Überhaupt ist Black ein Mann markiger Worte. »Wir sind im Krieg«, sagt er in Anlehnung an das Memorandum seines Chefs und ergänzt: »Wir im CTC sind uns dessen bewußt. Deshalb geben wir alles, was wir haben. Wir, die CIA, sind die erste Speerspitze der Vereinigten Staaten im Kampf gegen die terroristische Bedrohung. Wir sind bereit, diesen brutalen Job zu erledigen.«[25]

Auch nach außen hin scheut sich Black nicht, die Gefahren

des Terrorismus in düsteren Farben darzustellen. Bereits im Juli 1999 hatte er in einer Ausschußsitzung des Repräsentantenhauses, in der er Rechenschaft über die Arbeit seiner Mitarbeiter im CTC ablegen mußte, zum Entsetzen vieler Abgeordneter darauf hingewiesen, daß Osama Bin Laden und dessen Anhänger dazu übergegangen seien, auch Anschläge innerhalb der Vereinigten Staaten vorzubereiten.[26]

Cofer Black rechnet schon länger mit dem Schlimmsten. Über den Fortgang der Operation in Malaysia wird er als Direktor des CTC ständig auf dem laufenden gehalten, so wie George Tenet auch.[27] Die ranghöchsten CIA-Beamten sind also darüber informiert, daß sich unter den Terroristen in Kuala Lumpur auch solche befinden, die über ein gültiges US-Visum verfügen und damit jederzeit ungehindert in die Vereinigten Staaten einreisen können, wenn sie nicht umgehend auf die Fahndungslisten gesetzt und sowohl *State Department*, Einwanderungsbehörde als auch FBI und Zoll darüber informiert werden.

Statt dessen informiert die CIA-Zentrale ihren Verbindungsmann beim FBI im Hauptquartier in Washington. Es handelt sich dabei um einen CIA-Beamten, der normalerweise für das CTC arbeitet, mit dem Sachverhalt also vertraut ist. Er wurde eigens an das *Strategic Information Operations Center* (SIOC), die FBI-Einsatzzentrale im Hauptquartier in Washington, abkommandiert, um die »Kommunikation zwischen der CIA und dem FBI« zu verbessern. Denn im Laufe der Jahre hatte sich zwischen beiden Nachrichtendiensten eine regelrechte Feindschaft entwickelt. Auslöser dafür war, daß das FBI vor ein paar Jahren einen »Maulwurf« in der CIA enttarnen konnte, der jahrelang den Russen Informationen hatte zukommen lassen, die zur Liquidierung von eigenen Agenten geführt hatten. Bei der Suche nach weiteren potentiellen »Maulwürfen« hatte das FBI eine ganze Reihe von CIA-Mitarbeitern zu Unrecht verdächtigt, die deshalb in der »Firma« isoliert wurden oder gar ihren Job verloren. Dies führte dazu, daß viele nicht gut auf das FBI zu sprechen waren. Zudem war die CIA wegen des Skandals um den »Maulwurf« in ihren Kompetenzen beschnitten worden. Die Spionageabwehr, bislang eines ihrer wichtigen Betätigungsfelder, wurde nun dem FBI zugeschlagen. Darüber hinaus gründete das FBI 1996 sein eigenes Zentrum für Terrorbekämpfung, CTC, bislang alleinige Domäne der CIA. Von einer Zusammenarbeit konnte also fortan nicht mehr die Rede sein. Vielmehr sah man sich als Konkurrenten. In Langley waren viele bisher der Überzeugung gewesen, daß sich das FBI gefälligst um Autodiebe oder Drogendealer kümmern, aber von Spionageabwehr oder gar Terrorismus die Finger lassen sollte.

Diese Konkurrenzsituation führte dazu, daß man sich gelegentlich wichtige Informationen vorenthielt, wie etwa im Fall von al-Mihdhar.

Über die Operation in Malaysia wird das FBI also nur bruchstückhaft informiert. »Die Operation läuft noch«, schreibt der CIA-Verbindungsbeamte in einer E-Mail an seinen Ansprechpartner beim FBI. »Bislang sind eine Menge verdächtiger Aktivitäten beobachtet worden. Aber dabei wurden keine Beweise festgestellt, die auf einen drohenden Anschlag oder ein kriminelles Vorgehen hindeuten«, schreibt er und verspricht: »Sobald relevante Informationen verfügbar sein sollten, wird die CIA berichten.«[28] Mit keiner Silbe wird gegenüber dem FBI erwähnt, daß sich unter den Terroristen in Malaysia auch einer befindet, der ein gültiges US-Visum besitzt. Nicht ahnend, daß einer von diesen offensichtlich plant, alsbald in die Vereinigten Staaten einzureisen, informiert der FBI-Beamte wiederum seinen Vorgesetzten per E-Mail , daß die CIA sich kooperationsbereit zeige und versprochen habe, die Bundespolizei umgehend zu unterrichten, »sobald relevante Informationen« über die Operation in Malaysia vorliegen.[29]

Der CIA-Verbindungsbeamte im FBI-Hauptquartier schreibt derweil an seine Kollegen in Langley: »Habe [dem FBI-Agenten] gesagt, sobald sich etwas Konkretes herausstellen sollte, das uns zu einem kriminellen Hintergrund führt und somit ein Fall für das FBI wäre, würden wir umgehend das FBI ins Boot holen. Wie bereits gestern schon sprach mich auch heute ein FBI-Kollege an und sagte mir, daß dies ja ein interessanter Ermittlungsansatz zu sein scheint. Er dankte mir dafür, daß wir sie auf dem laufenden halten werden.«[30]

Aber die CIA erachtet es auch nicht für nötig, die *National Security Agency* über Einzelheiten der Operation in Malaysia zu informieren oder sich gar darüber auszutauschen. Dabei ist die NSA der größte und geheimste Nachrichtendienst der USA, zuständig für das weltweite Abhören und Entschlüsseln von Informationen. Über den ganzen Globus verstreut, betreibt der Geheimdienst riesige Abhöranlagen und unterhält mehrere Satelliten. Das Jahresbudget der NSA ist siebenmal größer als das der CIA. Allein in dem kleinen Ort Maryland, im Hauptquartier der NSA, sind über zwanzigtausend Agenten damit beschäftigt, die tägliche Nachrichtenflut zu kanalisieren und zu bewältigen.

In der riesigen Datenbank der NSA ist »Nawaf«, dessen Identität die CIA zu diesem Zeitpunkt noch nicht lüften konnte, längst registriert. Die Computer der NSA enthalten nicht nur den vollständigen Namen von Nawaf al-Hazmi, sondern wissen auch, daß dessen Bruder Salim ebenso zur al-Qaida gehört wie al-Mihdhar.[31] In den Computern der NSA sind noch weitere Details über Nawaf al-Hazmi gespeichert. Demnach kommt al-Hazmi aus Saudi-Arabien und hat in Mekka eine Zeitlang als Kaufmann gearbeitet. Sein älterer Bruder ist in der Küstenstadt Jizan Polizeichef. Und Nawaf al-Hazmi, Jahrgang 1976, trägt einen Schnurrbart und am Unterarm eine lange Messernarbe. Die NSA ist also über Nawaf al-Hazmi und seine Brüder bestens im Bilde. Gelegentlich haben sie sogar Telefonate des Terroristen abgehört. Nur davon, daß Nawaf al-Hazmi ein gültiges US-Visum besitzt und damit vermutlich bald in die Vereinigten Staaten einreisen will, weiß die NSA nichts.

Gelegentlich verlassen al-Mihdhar und seine Komplizen das Apartment in Bandar Sungai Long und werden von Sufaat nach Kuala Lumpur zum Shopping gefahren. Für die malaysischen Sicherheitsbeamten ist dies eine gute Gelegenheit, die Terroristen zu fotografieren. Wie normale Touristen schlendern sie durch die Millionenstadt und bestaunen die Petrona-Zwillingstürme, die höchsten Gebäude der Welt. In Kuala Lumpur reiht sich ein Hochhaus an das nächste. Nur vereinzelt sind noch im Schatten der Banken und Hotelburgen alte Holzhütten und Häuschen mit Wellblechdächern zu finden. Aber dafür interessieren sich die Terroristen bei ihrer Stadtrundfahrt nicht. Sie bevorzugen den feineren Teil der Stadt. Gelegentlich suchen sie ein Internetcafé auf, wo sie Stunden vor den Computern verbringen.

Doch sie sind vorsichtig. Wenn sie zum Shopping nach Kuala Lumpur fahren, bleibt immer eine Wache zurück im Apartment. Den malaysischen Sicherheitsbeamten ist es deshalb nicht möglich, in der konspirativen Wohnung moderne Abhörgeräte zu installieren. Über den Inhalt der Unterhaltungen können sie daher nichts in Erfahrung bringen.

Als die Terroristen am 8. Januar 2000 Malaysia wieder verlassen, stellt der malaysische Sicherheitsdienst die Ergebnisse der dreitägigen Beschattungsoperation dem CIA zur Verfügung. Darunter sind Fotos, auf denen »der Einbeinige« zusammen mit al-Mihdhar zu sehen ist, wie auch Schnappschüsse von Binalshibh.[32] Ebenso konnten die Malaysier die Identität von »Nawaf« lüften. Dessen vollständiger Name wird umgehend an die Zentrale in Langley übermittelt. Am 9. Januar haben die Analysten im CTC sämtliche Informationen über die Operation in Malaysia auf dem Tisch, einschließlich Fotos und Namen der Teilnehmer an dem Terrorgipfel. Aber zu diesem Zeitpunkt sind die Terroristen längst in verschiedene Himmelsrichtungen verschwunden, ohne daß sie weiter verfolgt wurden.

Die Mitarbeiter des malaysischen Sicherheitsdienstes können sich darüber nur wundern. Über die wahren Hintergründe der Operation wurden sie von der CIA nicht eingeweiht. Dennoch bleibt ihnen nicht verborgen, um was es eigentlich ging. Seit geraumer Zeit sind sie mit dem Problem al-Qaida konfrontiert. Längst ist ihnen bekannt, daß die Terrororganisation auch im südostasiatischen Raum über ein funktionierendes Netz und sogar über eigene Trainingscamps verfügt. Der malaysische Sicherheitsdienst bietet deshalb den amerikanischen Agenten an, auch nach der Abreise der ausländischen Terroristen zumindest Sufaat, den Fahrer und Quartiermacher, weiter zu beschatten. Vielleicht werde ja die von ihm angemietete Wohnung in Bandar Sungai Long für weitere konspirative Treffen von al-Qaida genutzt. Aber die CIA-Agenten lehnen dankend ab. In Langley habe man sich »entschieden, die Angelegenheit als beendet zu erachten«.[33] Nach all dem Aufwand, der in den letzten Tagen betrieben wurde, sind die malaysischen Agenten über das plötzliche Desinteresse der CIA ziemlich verblüfft. Sie können nicht glauben, daß die Amerikaner die Terroristen nun einfach laufenlassen. Fast scheint es, als ahnten die Malaysier, daß ihren Kollegen von der CIA soeben der größte Fehler in ihrer Geschichte unterlaufen ist.

2. Kapitel

Los Angeles, 15. Januar 2000

Zusammen mit dem einbeinigen al-Qaida-Kommandeur sind al-Mihdhar und al-Hazmi vor sieben Tagen von Kuala Lumpur nach Bangkok geflogen.[34] In der thailändischen Hauptstadt trennen sie sich. Der Kommandeur hat sie ausreichend instruiert, die beiden Saudis wissen nun, was zu tun ist. Während sich »der Einbeinige« auf den Weg nach Afghanistan macht, fliegen sie weiter nach Los Angeles. Sie sollen sich in den USA auf eine Märtyrermission vorbereiten. Lediglich Ort, Zeitpunkt und der genaue Ablauf des Anschlags sind noch nicht geklärt. Denn al-Mihdhar und al-Hazmi sind nur die Vorhut. Mehrere Selbstmordkommandos sollen gleichzeitig zuschlagen. Allerdings müssen dafür noch zusätzliche Männer in die USA eingeschleust werden, die wie al-Mihdhar und al-Hazmi bereit sind, für ihre Überzeugungen zu sterben. Die geeigneten Kandidaten sind bereits gefunden. Sobald sie ein US-Visum haben, sollen sie nachfolgen.

Al-Mihdhar und al-Hazmi landen in LAX, dem internationalen Flughafen von Los Angeles. Bei der Paßkontrolle zeigen sie ihre saudischen Ausweise vor. Der Beamte der Einwanderungsbehörde INS kontrolliert ihre Visa und gibt die Nummern ihrer Dokumente in den Computer ein. Damit hat er sowohl Zugriff auf NAIL, die Datenbank seiner Behörde, als auch auf TIPOFF, die weit umfangreichere Datenbank des *State Department.* Allein in TIPOFF sind die Namen von mehr als siebzigtausend verdächtigen Personen gespeichert, denen entweder die Einreise verweigert werden soll oder gegen die sogar ein internationaler Haftbefehl vorliegt. Überwiegend handelt es sich bei den gespeicherten Daten um die Namen von Drogendealern, Verbrechern, Terroristen und Mitgliedern extremistischer Gruppen und Organisationen, die einmal von der CIA, dem FBI oder einer anderen Behörde mit der Bitte an das *State Department* gemeldet wurden, sie zur Fahndung auszuschreiben.

Das Computersystem der INS-Einwanderungsbehörde hat sich bewährt. Es arbeitet zuverlässig. Wenn der Name oder die Paßnummer einer unerwünschten oder gesuchten Person eingegeben wird, erscheint auf dem Bildschirm eine Doppelnull, das Zeichen für den Kontrolleur, umgehend die Polizei zu verständigen. Bei der Eingabe der Namen der beiden Saudis erscheint jedoch kein Warnhinweis. Routinemäßig fragt der Beamte sie noch nach dem Grund ihres Aufenthalts. Al-Mihdhar kann dazu mit seinem gebrochenen Englisch nicht viel sagen. Aber das ist für den Beamten nichts Ungewöhnliches, er händigt ihm seine Papiere aus und läßt die beiden passieren.

In einem Restaurant in LA treffen sie einen Landsmann. Er heißt Omar al-Bayoumi und studiert offiziell in San Diego Wirtschaftswissenschaften. Allerdings sieht al-Bayoumi nicht gerade aus wie ein Student. Er ist vierzig Jahre alt, verheiratet und hat vier Kinder. Die drei verlieren keine Zeit in LA und fahren mit al-Bayoumis Auto nach San Diego weiter, das zweihundert Kilometer südlich, direkt an der Grenze zu Mexiko, liegt. Im Sommer ist der Pazifikstrand die größte Attraktion der Millionenmetropole. Die Mieten in Promenadennähe und Downtown sind aber auch im Winter fast unbezahlbar. Al-Bayoumi bringt seine Landsleute deshalb etwas außerhalb in den Parkwood Apartments unter, direkt in seiner unmittelbaren Nachbarschaft. Ein hellbrauner Betonbau mit dunkelbraun getönten Fenstern, mit Blumen davor und Balkonen sowohl zur Straße als auch zum schmalen Innenhof. Es ist ein ruhiger Komplex mit insgesamt 175 Zimmern. Die beiden Terroristen beziehen das Apartment Nummer 127. Beim Einzug legt al-Hazmi seinen Paß vor und unterschreibt den Mietvertrag mit sechsmonatiger Laufzeit. Die ersten Zahlungen übernimmt al-Bayoumi. Er gibt der Vermieterin 1550 Dollar, das Geld für zwei Monate im voraus.

Und auch sonst greift al-Bayoumi seinen Landsleuten kräftig unter die Arme. Er hilft ihnen beim Beschaffen der Sozialversicherungskarten und Führerscheine wie auch bei der Eröffnung eines Bankkontos und dem Kauf eines Autos, eines blauen Toyota, Baujahr 1988, für 3000 Dollar. Immer geben al-Mihdhar und al-Hazmi ihre richtigen Namen an. Die Terroristen halten es nicht für nötig, sich zu tarnen. Al-Hazmi beantragt sogar einen Telefonanschluß und läßt sich für die Auskunft registrieren. Mit vollem Namen und Adresse steht er im Telefonbuch von San Diego: al-Hazmi Nawaf M, 6401 Mount Ada. Rd. – 6582795919.

Al-Bayoumi, der vermeintliche Student, verbringt viel Zeit im Islamischen Zentrum von San Diego, das in der größten Moschee der Stadt untergebracht ist. Seinen Glaubensbrüdern dort erzählt er, sein früherer Arbeitgeber, eine Flugzeugfirma, finanziere sein Studium in den USA. Als al-Bayoumi jedoch einmal 400000 Dollar in der Moschee verteilt, gerät er ins Visier des FBI. Ein Polizeispitzel verdächtigt den spendablen Saudi daraufhin, ein Spion zu sein. Mangels Beweisen schließt bereits im Juli1999 – ein halbes Jahr bevor al-Mihdhar und al-Hazmi eintreffen – das FBI die Akte al-Bayoumi wieder und observiert ihn nicht länger.[35]

Die Moschee befindet sich in der Belboa-Avenue, die Unterkunft der beiden Terroristen ist gleich um die Ecke. An der Avenue reihen sich Fast-Food-Filialen, Tankstellen und Supermärkte aneinander. Das Minarett des Gebetshauses überragt das Flachdach der Burger-King-Filiale nebenan.

Mit Flugblättern wurde in der Moschee schon einmal zur Unterstützung der al-Qaida aufgerufen. Der Imam hatte daraufhin den Initiatoren der Aktion Hausverbot erteilt. Aber auch dem Vorsteher der Gemeinde gelingt es nicht immer, gläubige Muslime von islamistischen Fanatikern oder gar Terroristen zu unterscheiden. Wenige Tage nach der Ankunft der beiden Saudis veranstaltet al-Bayoumi eine Willkommensparty in der Moschee. Zwei Dutzend Männer sind geladen, denen gesagt wird, al-Mihdhar und al-Hazmi seien in die Staaten gekommen, um Englisch zu lernen. Ein Lamm wird gebraten, und alles wird gefilmt.

Regelmäßig gehen die beiden Neuankömmlinge zum Beten in die Moschee, hin und wieder sogar bis zu fünfmal am Tag. Ansonsten verbringen sie ihre Zeit hauptsächlich mit Freizeitvergnügungen, spielen mit den anderen Muslimen Fußball, schauen sich die Sehenswürdigkeiten der Stadt an und kosten ausgiebig das Angebot der Fast-Food-Ketten. Sie geben sich wie ganz normale Touristen, kleiden sich unauffällig und tragen entgegen ihrer sonstigen Gewohnheit auch keine Bärte – unter Muslimen ist ein Bart das Zeichen besonderer Frömmigkeit.

Al-Hazmi ist der Umgänglichere von beiden. Er ist aufgeschlossen und freundlich und hat keine Probleme mit den Mitgliedern der Gemeinde. Einem von ihnen erzählt er, sie hätten al-Bayoumi zufällig nach ihrer Ankunft in LA im Restaurant kennengelernt. Er habe am Nebentisch gesessen und sie Arabisch sprechen gehört. Daraufhin habe er sich als Landsmann zu erkennen gegeben und bereitwillig seine Hilfe angeboten.[36]

Al-Mihdhar ist ganz anders, eher zurückhaltend, geradezu verstockt. Seinen Ekel vor der amerikanischen Lebensart zeigt er deutlich. Als einer der Freunde von al-Hazmi einmal durch die Fernsehprogramme zappt, raunzt er ihn an, amerikanisches Fernsehen sei »unmoralisch«. »Wenn du so religiös bist, warum trägst du dann keinen Bart«, erwidert der muslimische Bekannte spöttisch. »Bruder«, antwortet al-Mihdhar, »eines Tages wirst du wissen, warum.«[37]

Langley, Virginia, 5. März 2000

Die CIA-Basis in Übersee, die federführend mit der Observation des Kuala-Lumpur-Treffens befaßt war, bekommt neue Informationen auf den Tisch. Sie kennt nun den vollständigen Namen al-Hazmis. Bislang war der CIA nur sein Vorname geläufig. Viel aufschlußreicher aber ist die Information, daß der Terrorist offensichtlich in der Zwischenzeit in die USA eingereist ist. Sogar seine genauen Flugdaten sind bekannt. Diese Nachricht müßte eigentlich einschlagen wie eine Bombe. Aber die CIA-Agenten in dem Außenbüro zeigen sich nicht sonderlich beunruhigt. Pflichtschuldig schicken sie ein Telegramm an die Zentrale in Langley und informieren das CTC über den vollständigen Namen des Terroristen sowie über die Tatsache, daß Nawaf al-Hazmi am 15. Januar über LA in die Vereinigten Staaten gekommen ist. Über die Ankunft al-Mihdhars steht allerdings nichts in dem Telegramm. Überhaupt sind die Agenten im Außendienst darauf bedacht, die ganze Angelegenheit gegenüber der Zentrale nicht allzu hoch zu hängen. In der Betreffzeile des Schreibens heißt es deshalb lediglich: »Nur zur Kenntnisnahme. Weitere Maßnahmen nicht erforderlich.«[38]

Die zurückhaltende Betreffzeile verfehlt ihre Wirkung nicht. In Langley nimmt niemand die Nachricht ernst, sie wird nicht einmal gelesen.[39] Das Telegramm landet achtlos in der Ablage. Ganz anders reagiert ein CIA-Mitarbeiter in Übersee, der die Nachricht ebenfalls empfangen hat. Im Gegensatz zu seinen Kollegen findet er die Meldung zumindest interessant. Am nächsten Tag schickt er ein Telegramm an die sogenannte Bin-Laden-Einheit des CTC. Er habe die Mitteilung vom Vortag »mit Interesse gelesen«, schreibt er, »besonders die Information, daß ein Mitglied dieser Gruppe durch die Vereinigten Staaten reist …«.[40]

Aber auch dieser deutliche Hinweis führt in Langley nicht dazu, daß sich einer der dortigen Analysten die Nachricht vom Vortag genauer anschaut. Statt dessen wandert auch dieses zweite Telegramm unbeachtet in die Ablage – dabei ist die Nachricht eindeutig. Zudem liegt dem CTC der Vermerk vor, daß mit al-Mihdhar ein zweiter Teilnehmer des Treffens in Malaysia über ein gültiges US-Visum verfügt. Die Ermittler im CTC sind nicht in der Lage, diese Informationen zusammenzuführen. Unabhängig davon wären die Verantwortlichen sogar verpflichtet, State Department, FBI und alle übrigen Inlandsbehörden zu unterrichten, damit al-Hazmis Name umgehend auf die Fahndungsliste gesetzt wird.

Hamburg, März 2000

Ramzi Binalshibh war lange weg. Nach dem konspirativen Treffen in Kuala Lumpur kehrt er nun nach Hamburg zurück. Bei seiner Einreise gibt es keinerlei Probleme. Dabei wurde er während des Treffens in Malaysia fotografiert und wohl auch identifiziert, so wie die meisten Teilnehmer des Terrorgipfels. Weil aber die CIA nicht einmal die US-Behörden über die Vorgänge ausreichend informiert hatte, erfahren natürlich auch die deutschen Partnerdienste nicht, daß sich ein vermutlich äußerst gefährliches al-Qaida-Mitglied in Deutschland aufhält.

Seit fünf Jahren lebt Binalshibh in der Bundesrepublik, allerdings nicht immer unter seinem richtigen Namen. Mit einem Ausweis, ausgestellt auf Ramzi Mohammed Abdullah Omar, hatte er am 27. September 1995 im schleswig-holsteinischen Pinneberg Asyl beantragt. Damals gab er an, fünf Tage zuvor mit dem Schiff nach Deutschland gekommen zu sein. Dem Beamten erklärte Binalshibh, er komme aus dem Sudan, sei Student und werde politisch verfolgt. Bei einer Demonstration in Khartum sei er verhaftet und sogar gefoltert worden. Doch einschlägige Beweise konnte er nicht vorlegen. Vier Monate später wurde demnach sein Asylantrag abgelehnt. Unmittelbar danach tauchte er unter. Die Polizei schrieb ihn erst zwei Jahre später, am 25. Mai 1998, unter dem Namen Ramzi Mohammed Abdullah Omar »zur Festnahme zwecks Ausweisung/Abschiebung«[41] aus.

Zu diesem Zeitpunkt war er jedoch längst wieder aufgetaucht, diesmal unter seinem richtigen Familiennamen und mit einem jemenitischen Reisepaß. Denn Binalshibh ist in

Hadramaut, im östlichen Jemen, aufgewachsen, in jener Region, aus der auch der Clan Osama Bin Ladens stammt. Seine Familie ist auf vielfältige Weise mit der al-Qaida verbunden, und auch Binalshibh hat inzwischen den »Bayat« abgelegt.[42] Zu diesem Treueschwur gehört die Verpflichtung, jeden zu töten, der im Verdacht steht, gegen al-Qaida zu arbeiten.

Um in Deutschland ein Visum zu bekommen, gab Binalshibh nun vor, hier ein Studium aufnehmen zu wollen. Als Bürgschaft präsentierte er den Behörden das Schreiben eines Sudanesen, Inhaber einer Im- und Exportfirma in Pinneberg. Der Firmenchef garantierte darin, Binalshibhs Studium mit monatlich 950 Mark zu finanzieren. Daß der Bürge seit Anfang der neunziger Jahre polizeilich bekannt war, bemerkte das Ausländeramt nicht. Es handelt sich um einen bereits rechtskräftig verurteilten Waffenhändler, unter anderem beteiligt an einer Lieferung von Militärflugzeugen im Wert von 650 Millionen US-Dollar in den Iran.

Binalshibh jedenfalls kam so zu einer zeitweiligen Aufenthaltsgenehmigung und kümmerte sich dem Anschein nach auch um einen Studienplatz. Doch die Sprachprüfung beim Studienkolleg in Münster bestand er ebensowenig wie ähnliche Aufnahmetests an der Universität Halle-Wittenberg oder an der Hochschule in Wismar. Schließlich gelang ihm die Zulassung zum Studienkolleg der Universität Hamburg, allerdings wurde er hier wenig später wegen Nichtbeteiligung zwangsexmatrikuliert, was sich auch an der Hamburger Hochschule für Wirtschaft und Politik wiederholte. Hier hatte er zur ersten Prüfung keinerlei Unterlagen eingereicht. Die Aktivitäten an den Universitäten dienten ihm jedoch lediglich dazu, die Aufenthaltsgenehmigung verlängert zu bekommen. Mittlerweile hatte Binalshibh herausgefunden, wie die deutsche Bürokratie auszutricksen ist. Er stellte sich seine Semesterbescheinigungen einfach selber aus.

Seit November 1998 lebte Binalshibh zusammen mit anderen Mitgliedern seiner Zelle in einer Drei-Zimmer-Wohnung in der Hamburger Marienstraße 54. Die Besetzung der Wohngesellschaft wechselte ständig. Doch Binalshibh und Mohammed Atta, ein Student aus Ägypten, waren dort seit dem Tag des Einzugs gemeldet.

Atta ist Jahrgang 1968 und damit eines der älteren Mitglieder der Hamburger Zelle. Er war bereits 1992 nach Hamburg gekommen und studierte an der Technischen Universität in Hamburg-Harburg Stadtplanung. Wie Binalshibh und die anderen Zellenmitglieder geht Atta regelmäßig zum Beten in die al-Kuds-Moschee, die sich in der Nähe des Hamburger Bahnhofsviertels befindet, mitten in einem Rotlichtbezirk und in direkter Nachbarschaft zu einem Umschlagplatz für Drogen. Die Moschee hat den Ruf, Treffpunkt radikaler Muslime zu sein. Dort wird offen der Dschihad propagiert. Atta ist bereit, für seinen Glauben und seine Überzeugung zu sterben. Schon vor vier Jahren hat er sein Testament gemacht, das er von zwei Mitgliedern der Zelle hat beglaubigen lassen. Darin legt er genau fest, wie mit ihm nach seinem Tod verfahren werden soll: »Weder schwangere Frauen noch unreine Personen sollen von mir Abschied nehmen – das lehne ich ab«, schreibt er. »Jene, die meinen Leichnam waschen, sollen gute Muslime sein. (...) Derjenige, der meinen Körper rund um meine Genitalien wäscht, sollte Handschuhe tragen, damit ich dort nicht berührt werde.«[43] Aber seit ein paar Monaten weiß Atta, daß es so weit vermutlich nie kommen wird. Er hat sich dazu entschlossen, an einer Märtyreraktion teilzunehmen. Und wenn dabei alles nach Plan läuft, wird nicht mehr viel von ihm übrigbleiben.

Wie Binalshibh ist auch Atta noch nicht allzu lange zurück in Hamburg. Zusammen mit anderen Mitgliedern ihrer Zelle war er Ende November 1999 nach Afghanistan gereist, in ein Ausbildungscamp der al-Qaida. Während ihres Aufenthalts trat im südafghanischen Kandahar das Militärkommando der al-Qaida zusammen. In dem Gremium werden die »militärischen Operationen« der Terrororganisation erörtert, verabschiedet und geplant.[44]

Die Militärstrategen der al-Qaida einigten sich damals darauf, daß nach den Anschlägen auf die US-Botschaften in Ostafrika als nächstes nun Ziele in den USA angegriffen werden sollten. Den »Kreuzzüglern« will man auf ihrem eigenen Territorium einen vernichtenden Schlag versetzen. Das Ausmaß des Anschlags und die Zahl der Toten sollen die vorherigen Aktionen noch übertreffen. Favorisiert wurde schließlich ein Plan, Verkehrsflugzeuge zu entführen und in wichtige Gebäude in den USA stürzen zu lassen.

Dafür sollten sich mehrere al-Qaida-Mitglieder in den USA zu Piloten ausbilden lassen, um sich später, nach erfolgreicher Entführung, hinter das Steuer der Maschine setzen zu können und sie in das vorgegebene Ziel zu lenken. Allen Beteiligten war klar, daß eine solche Operation äußerst schwierig zu realisieren sein und eine längere Planungs- und Organisationsphase als alle bisherigen Anschläge in Anspruch nehmen würde. Zunächst aber galt es, geeignete Kandidaten zu finden, die einerseits über genügend Intelligenz, Geschick und möglichst ausreichende Englischkenntnisse verfügten, um in den USA erfolgreich eine Pilotenausbildung zu absolvieren, und die andererseits weit genug in ihrem Glauben gefestigt waren, um für ihre Visionen zu sterben.

Unter den möglichen Kandidaten sind auch Mitglieder der Hamburger Zelle. Neben Binalshibh und Atta handelt es sich dabei um den fünfundzwanzigjährigen Libanesen Ziad Jarrah, der in Hamburg Flugzeugbau studiert, sowie um den zweiundzwanzigjährigen Marwan al-Shehhi aus den Vereinigten Arabischen Emiraten, der sich an der Technischen Universität für den Schiffsbau-Studiengang eingeschrieben hat.

Während Binalshibh noch in Malaysia war, hatten die drei anderen gleich nach ihrer Rückkehr aus Afghanistan ihre Pässe auf dem Hamburger Einwohnermeldeamt als verloren gemeldet. Sie brauchen »saubere« Ausweispapiere, ohne Einreisestempel aus Pakistan und Afghanistan. Ansonsten könnte es Schwierigkeiten geben, Visa für die Vereinigten Staaten zu erhalten.

Ellund, deutsch-dänische Grenze, 24. März 2000

Seit dem Schengener Abkommen sind die Grenzen zwischen Dänemark und Deutschland offen. Am Übergang Ellund, direkt an der Autobahn A 7, wird nur noch selten kontrolliert. Es ist also purer Zufall, daß der goldfarbene Audi 100 mit dem Itzehoer Kennzeichen gegen 11.15 Uhr angehalten wird und die Personalien der Insassen überprüft werden. In dem schnittigen Auto sitzen eine Frau und zwei Männer, einer davon ist Mounir el-Motassadeq.

Der gebürtige Marokkaner und seine zwei Begleiter sind auf dem Rückweg nach Hamburg. Seit 1995 lebt el-Motassadeq in der Hansestadt und studiert an der Technischen Universität in Harburg Elektrotechnik. In Hamburg hat er auch Binalshibh kennengelernt, in dessen Wohngemeinschaft er gelegentlich übernachtet.

Der sechsundzwanzigjährige Marokkaner ist sehr schmächtig und wirkt zunächst etwas schüchtern. Doch dieser Eindruck täuscht. Als der Beamte des Bundesgrenzschutzes seine Paßnummer in den Computer eingibt, erscheint auf dem Bildschirm der Hinweis: »Kein Haftbefehl. Person ist wegen Mitgliedschaft in einer extremistischen Gruppe zu beobachten. Rückmeldung, wann, wo und wie eingetroffen, fernmündlich oder der FS.«

Die Nachricht von der Einreise des Marokkaners geht umgehend per Fax an das Bundesamt für Verfassungsschutz (BfV) in Köln, das el-Motassadeq vor eineinhalb Jahren zur Grenzfahndung ausgeschrieben hat. Dabei wurden seine Personalien wie Name, Wohnsitz und Reisepaßnummer in das Polizei-Informations-System INPOL eingeben, um somit Kenntnisse über Aufenthalt oder Reisewege zu erhalten. El-Motassadeq ahnt nichts von alldem. Für ihn war der Vorfall in Ellund eine ganz normale Paßkontrolle – für einen Ausländer nichts Ungewöhnliches.

Der Grenzschutzbeamte, dem el-Motassadeq ins Netz gegangen ist, kann aus dem Computerhinweis nicht ersehen, warum der Marokkaner zur Beobachtung ausgeschrieben ist. Aber weil er die Nachricht an den deutschen Inlandsnachrichtendienst schicken muß, behandelt er sie entsprechend vertraulich. »VS – Nur für den Dienstgebrauch«, steht auf dem Telefax der Bundesgrenzschutzinspektion Bredstedt, Einsatzabschnitt Ellund. Der Beamte läßt in dem eineinhalb Seiten langen Fax auch nicht unerwähnt, daß el-Motassadeq von seiner russischen Ehefrau sowie von dem deutschen Staatsbürger Mohammed Hady Tatari, auf dessen Mutter der Audi zugelassen ist, begleitet wurde.

Beim BfV in Köln hatte man sich 1999 entschlossen, über el-Motassadeq eine Akte anzulegen und ihn zur Grenzfahndung auszuschreiben. Damit hofften die Verfassungsschützer, Aufschluß darüber zu erhalten, mit wem sich der Marokkaner wann und wo trifft. El-Motassadeq ist Mitglied der Hamburger Zelle. Ein besonderes Vertrauensverhältnis hat er zu Mohammed Atta, dessen Testament er einst beglaubigte.

Die Verfassungsschützer wurden jedoch aus einem anderen Grund auf den Marokkaner aufmerksam. Bereits 1998 war ihnen aufgefallen, daß el-Motassadeq enge Kontakte zu einem Syrer unterhielt, von dem sie schon seit Jahren wußten, daß er in den Hamburger Moscheen junge Männer für al-Qaida rekrutierte und sie zur Ausbildung nach Afghanistan, in eines der Trainingscamps der Terrororganisation, vermittelte.

Dieser Mann heißt Mohammed Haydar Zammar. Er wurde 1961 im syrischen Aleppo geboren, war aber in Hamburg aufgewachsen und besitzt seit 1982 die deutsche Staatsbürgerschaft. Beim BfV wurde man erstmals Anfang der neunziger Jahre auf ihn aufmerksam. Von ihren türkischen Kollegen erhielten die deutschen Verfassungsschützer den Hinweis, daß Zammar von Hamburg aus ein »dubioses Reisebüro« betreibe. Nach Informationen vom Bosporus organisierte der Mann Flüge für radikale Muslime via Istanbul oder Ankara nach Afghanistan. Die Verfassungsschützer hielten Zammar zunächst für den Kopf einer Schleuserbande.

Als sie jedoch Zammar und dessen Umfeld in Hamburg genauer unter die Lupe nahmen, merkten sie sofort, daß der gebürtige Syrer kein gewöhnlicher Krimineller war. Vielmehr ist er ein religiöser Fanatiker, der vor allem in der al-Kuds-Moschee beim Hamburger Hauptbahnhof agitierte. Dort machte der bärtige Mann aus seiner Verehrung für Osama Bin Laden, den er in Afghanistan persönlich kennengelernt haben will, kein großes Geheimnis. Stolz berichtete er den überwiegend jungen Besuchern, wie ihm in den Camps in Afghanistan und Pakistan der Umgang mit Waffen und Sprengstoff beigebracht wurde. Unentwegt rief Zammer seine jungen Zuhörer dazu auf, ihren religiösen Pflichten nachzukommen, und er verlangte von ihnen, sie sollten in den Heiligen Krieg ziehen und die Ungläubigen bekämpfen. Er selbst sei seinen Pflichten bereits nachgekommen – in Bosnien und Tschetschenien an der Seite der Mudschaheddin.

Aber solche Aussagen können deutsche Verfassungsschützer nicht erschüttern. Maulhelden wie Zammar sind in den einschlägigen Moscheen in Deutschland oft anzutreffen. Allerdings bekommt der Verfassungsschutz 1998 einen Hinweis aus Italien auf den Tisch, der ihn dazu veranlaßt, sich Zammar noch einmal genauer anzuschauen. In Turin war es zu Verhaftungen islamischer Extremisten gekommen, die nach Angaben italienischer Behörden kurz davorstanden, Anschläge gegen amerikanische Einrichtungen in Europa zu verüben. In der Turiner Wohnung der Extremisten hatte man ein riesiges Waffen- und Munitionsarsenal gefunden wie auch Perücken, falsche Bärte und eine Adressenliste. Auf dieser war die Hamburger Anschrift und Mobilnummer von Mohammed Haydar Zammar notiert, versehen mit dem Vermerk »Fratello Mohammed« (Bruder Mohammed) sowie dem Zusatz »Abu al-Hassan«, der Vater von Hassan.

Für die deutschen Ermittler ist dies eindeutig. Schnell haben sie herausgefunden, daß Zammar einen Sohn mit dem Namen Hassan hat. Beim BfV in Köln muß man nun umdenken. Allem Anschein nach hat der Maulheld aus der Moschee in Hamburg zumindest Kontakt zu mutmaßlichen Terroristen. Eine umfangreiche Überwachung des Hamburger Islamisten wird eingeleitet.

Die Ausspähaktion bekommt den Decknamen »Operation Zartheit«, was einer gewissen Ironie nicht entbehrt. Schließlich ist Zammar fast zwei Meter groß und zirka einhundertvierzig Kilogramm schwer. Für diese Operation setzen die Verfassungsschützer ihr gesamtes nachrichtendienstliches Repertoire ein. Zammar wird observiert, sein Telefon abgehört, und Spitzel fragen seine Umgebung über ihn aus. Immer wenn »Bruder Haydar«, wie Zammar in der Szene genannt wird, zum Hörer greift oder angerufen wird, schaltet sich beim Verfassungsschutz automatisch ein Tonbandgerät ein. Schon bald registrieren die deutschen Ermittler, daß Zammar die Hamburger Telefonnummer 76 75 18 30 mehrmals anwählt – der Anschluß der Wohngemeinschaft in der Marienstraße 54. Neben Binalshibh und Atta sind auch weitere Mitglieder der Hamburger al-Qaida-Zelle dort regelmäßig anzutreffen, etwa der Marokkaner Mounir el-Motassadeq oder Marwan al-Shehhi, der Schiffsbaustudent aus den Vereinigten Arabischen Emiraten, Said Bahaji, Deutschmarokkaner und Student der Elektrotechnik. Bahaji hatte die Wohnung in der Marienstraße mit angemietet.

Am frühen Morgen des 21. September klingelt 8.33 Uhr der besagte Apparat. Marwan al-Shehhi nimmt ab. Er hat mal wieder in der Marienstraße übernachtet – es gibt einiges zu besprechen, unter anderem Reisepläne. Zusammen mit Atta, Bahaji und Jarrah, dem Flugzeugbaustudenten aus dem Libanon, will al-Shehhi bald nach Afghanistan aufbrechen. Am anderen Ende der Leitung meldet sich die vertraute Stimme Zammars.[45]

Er weiß vermutlich, daß sich seine Glaubensbrüder bald

über die bewährte Reiseroute auf den Weg nach Afghanistan machen. Oft genug ist er selbst diese Strecke geflogen oder hat andere Rekruten nach Afghanistan in die Ausbildungslager geschleust. Obwohl er den eigentlichen Grund der Reise nicht kennt, wünscht er ihnen alles Gute.

»Vergiß uns nicht in deinem Gebet«, sagt al-Shehhi.

»Du auch ... grüß die anderen Brüder ganz herzlich«, antwortet Zammar.

»Einen Moment, Said [Bahaji] will mit dir reden.«

»Salam aleikum, Bruder«, meldet sich Bahaji. »Es ist schön, deine Stimme zu hören.«

»Wo bist du, Mensch?« fragt Zammar den Deutschmarokkaner. »Ich habe dich lange nicht gesehen. Ich war bei euch in Harburg und habe die Brüder besucht. Ich habe sogar bei ihnen übernachtet. Dich habe ich aber nicht gesehen.«

Bahaji hat seine Gründe, warum er nicht mehr in der Männer-WG in der Marienstraße wohnt. Er will bald heiraten, und zwar noch bevor sich die anderen auf den Weg nach Afghanistan machen. Zammar scheint dafür Verständnis zu haben. Er erkundigt sich, ob Bahaji auch standesamtlich heiraten wolle. Danach beendet Zammar das Telefonat mit den Worten: »Grüß mir Mohammed Amir [Atta] und die anderen Brüder.«[46]

Auf Bahaji haben die deutschen Verfassungsschützer schon seit längerem ein Auge geworfen. Da der Telefonanschluß in der Marienstraße, den Zammar mehrmals anwählt, auf seinen Namen gemeldet ist, wurde er ebenfalls zur Grenzfahndung ausgeschrieben. Offensichtlich hält man Bahaji für so gefährlich, daß seine Reisetätigkeiten überwacht werden. Die Beamten des BfV sind der Hamburger Zelle also dicht auf den Fersen – bemerken allerdings nicht, daß direkt vor ihren Augen und Ohren der schlimmste Terroranschlag in der Geschichte vorbereitet wird.

Das BfV ist nicht der einzige Nachrichtendienst, der nichtsahnend seine Kreise um die Verschwörer zieht. Seit 1993 beobachtet auch die CIA die Islamistenszene in Deutschland. In Langley ist man bestens informiert über Zammar, der seit 1995 ständig zwischen Hamburg und Afghanistan hin und her pendelt. Die CIA ist über Zammars Kontakte in Hamburg ebenfalls bestens unterrichtet. Bereits im Frühjahr 1999 liegt ihr die Information vor, daß Zammar engen Kontakt mit einem Marwan [al-Shehhi], Staatsbürger der Vereinigten Arabischen Emirate und Anhänger von Osama Bin Laden, unterhält. Offensichtlich hatte das BfV seine Abhörprotokolle der CIA überlassen. Durch diesen Tip stößt die CIA auf die Spur der Hamburger Zelle, ohne deren Gefährlichkeit zu diesem Zeitpunkt zu erkennen.[47]

Allerdings interessiert sich die CIA neben Zammar auch für einen anderen in Hamburg lebenden Syrer. Sein Name ist Mamoun Darkazanli. Er wurde 1958 im syrischen Aleppo geboren, von wo auch der schwergewichtige Zammar stammt. Aber das ist nicht die einzige Gemeinsamkeit mit ihm. Auch Darkazanli lebt seit vielen Jahren in Hamburg und ist wie Zammar längst im Besitz der deutschen Staatsbürgerschaft. Offiziell ist er Kaufmann von Beruf. Er hat sogar eine eigene Firma, spezialisiert auf »Importexport«, wie er im Handelsregister eintragen ließ. Aber das Unternehmen »Mamoun Darkazanli Importexport Company« hat nicht einmal ein Firmenschild, nur einen Briefkasten an der Haustür der Wohnung – von einem Lagerraum mit irgendwelchen Waren keine Spur. Darkazanli verbringt die Zeit mit seinen Freunden, neben seinem Landsmann Zammar gehören dazu auch die wichtigsten Köpfe der Hamburger Zelle.

Für den Kaufmann aus Hamburg interessiert sich die CIA besonders seit 1998. Nach den Anschlägen auf die US-Botschaften in Kenia und Nairobi waren die CIA-Ermittler auf eine Spur gestoßen, die sie von Nairobi und Daressalam über Texas nach Hamburg in den Uhlenhorster Weg geführt hatte, zur Privat- und Firmenadresse von Darkazanli. Denn bald nach den Anschlägen war es den amerikanischen Behörden gelungen, einen Libanesen aus Texas, mittlerweile US-Staatsbürger, als einen der Hintermänner der Terrorattacken zu entlarven. Der Texaner hatte zuvor im direkten Umfeld Osama Bin Ladens gearbeitet. Später, in den USA, hatte er sich ebenfalls auf Im- und Export spezialisiert und handelte – zumindest offiziell – mit gebrauchten Autoreifen. Nachdem die US-Behörden den Mann schließlich verhaftet und seine Wohnung nach weiteren Spuren und Beweismitteln durchsucht hatten, war ihnen seine Visitenkarte in die Hände gefallen. Darauf hatte der texanische Autohändler zum Erstaunen der CIA-Beamten als Geschäftsanschrift eine Adresse in Hamburg angeben. Für die CIA war es ein leichtes zu ermitteln, wer unter der Hamburger Adresse firmierte – Mamoun Darkazanli.

Seitdem fragte man sich in der CIA-Zentrale, was Darkazanli in Hamburg mit dem zwischenzeitlich verurteilten Drahtzieher der Botschaftsanschläge zu tun hatte. Die Verbindung zwischen Texas und Hamburg diente jedenfalls als Beweis dafür, wie weit das Netzwerk von al-Qaida mittlerweile reichte.

Darkazanli hielt man für einen wichtigen Knotenpunkt. Er war der CIA kurz zuvor schon einmal untergekommen. Am 16. September 1998 verhaftete das Bundeskriminalamt (BKA) im bayerischen Grüneck den mutmaßlichen Finanzchef Osama Bin Ladens. Zuvor hatten sowohl CIA als auch FBI den Mann um die halbe Welt verfolgt. Als er schließlich nach Deutschland gereist war, bat man das BKA um Amtshilfe. Die BKA-Beamten fackelten nicht lange, nahmen den Mann fest und lieferten ihn alsbald den US-Ermittlern aus, obwohl die vorgelegten Beweise des FBI mehr als dürftig waren. Außer der Aussage eines gekauften Überläufers präsentierten die US-Behörden keinen unabhängigen Beweis dafür, daß es sich bei dem Festgenommenen tatsächlich um den Finanzchef der al-Qaida handelte.

Aber eines stand damals zweifelsfrei fest: Darkazanli hatte enge Beziehungen zu ihm unterhalten. Er hatte eine

Bankvollmacht über eines seiner Konten besessen, das er bis 1997 bei der Deutschen Bank in Hamburg führte. Sollten über dieses Konto mit Hilfe von Darkazanli Gelder der al-Qaida gewaschen oder gar Terroranschläge finanziert werden? Darkazanli jedenfalls gab sich unschuldig. Bei einer Vernehmung durch das Hamburger Landeskriminalamt (LKA) räumte er zwar ein, den Angeklagten zu kennen, gab aber an, von dessen al-Qaida-Hintergrund nichts gewußt zu haben. Das Konto sei nur zur Abwicklung eines Geschäfts, des Kaufs einer Sendeanlage für den Sudan, eingerichtet worden. Allerdings sei dieses Geschäft letztlich nie zustande gekommen. Das LKA mußte Darkazanli wieder laufenlassen. Man hatte nichts gegen ihn in der Hand.

Für die CIA hingegen stand eindeutig fest, daß Darkazanli eine wichtige Figur im al-Qaida-Netzwerk war. Welche Rolle der Syrer spielte und wie weit seine Verbindungen reichten, blieb jedoch offen. Trotzdem reifte bei dem CIA-Ermittler Thomas Volz die Überzeugung, der Syrer könnte als Informant gewonnen werden. Immerhin sah der von CIA-Direktor Tenet so genannte »Plan« vor, sich verstärkt um die Anwerbung von Spitzeln aus dem Umfeld der Terrororganisation zu kümmern.

Thomas Volz ist erst seit ein paar Monaten in Hamburg. Offiziell ist der CIA-Agent am amerikanischen Konsulat akkreditiert. Das strahlend weiße Konsulatsgebäude liegt direkt an der Außenalster. Von hier aus hat Volz einen herrlichen Blick auf das Binnengewässer mitten im Herzen von Hamburg.

Im Konsulat wissen die wenigsten von Volz' wahrer Aufgabe. Er ist eine unauffällige Erscheinung, klein von Statur. Seinen Ehrgeiz sieht man ihm nicht an. Aber wenn sich Volz erst einmal etwas in den Kopf gesetzt hat, verfolgt er dieses Ziel unerbittlich. Diesmal heißt es, Darkazanli »umzudrehen«. Obwohl er Adresse und Telefonnummer des Syrers kennt, ist sein Unterfangen nicht ganz einfach. Volz weiß, daß er dafür fremde Hilfe benötigt. Denn mit Geld allein läßt sich ein überzeugter Islamist kaum dazu bewegen, für die CIA zu arbeiten. Ohne ein Druckmittel hat man schlechte Karten. Und Volz hat in Deutschland nichts gegen Darkazanli in der Hand. Er kann ihm weder mit Verhaftung noch mit Ausweisung drohen. Von Rechts wegen ist es Volz sogar untersagt, ohne Einverständnis der deutschen Behörden einen Spitzel anzuwerben. Dem CIA-Agenten bleibt also nichts anderes übrig, als im Dezember 1999 das Landesamt für Verfassungsschutz (LfV) in Hamburg um Unterstützung zu bitten.[48]

Der Hamburger Verfassungsschutz residiert mitten in der Stadt, nicht weit vom Bahnhofsviertel und der al-Kuds-Moschee. Das LfV Hamburg ist eine der kleinsten Verfassungsschutzbehörden der Bundesrepublik. Ende 1999 hat es insgesamt 125 Mitarbeiter, einschließlich Sekretärinnen und Schreibkräfte. Die Abteilung für Ausländerextremismus beschäftigt zehn Mitarbeiter, die neben der Islamistenszene auch noch andere radikale Gruppierungen, wie etwa die kurdische PKK oder die türkischen Extremisten um Milli Görös, beobachteten. Sie sind hoffnungslos unterbesetzt. Zudem spricht nur ein Mitarbeiter der Abteilung Arabisch. Abhörmaßnahmen sind deshalb von vornherein zum Scheitern verurteilt, weil es einfach zu lange dauert, bis die aufgezeichneten Gespräche oder Telefonate ausgewertet sind.

Trotz dieser Personalsituation ist Darkazanli für die Hamburger Verfassungsschützer kein Unbekannter. Er ist ihnen als glühender Fanatiker bekannt. Als Volz sein Anliegen vorträgt, Darkazanli »umdrehen« zu wollen, winken die Deutschen nur ab. Sie halten es für aussichtslos. Ihren Informationen nach ist der Syrer ein fanatischer Moslem, der weder mit Geld noch mit anderen Mitteln dazu zu bewegen sei, mit den deutschen Behörden zusammenzuarbeiten. Für geradezu illusorisch halten es die Verfassungsschützer, der Syrer könne seine Glaubensbrüder ausgerechnet an die CIA, den Geheimdienst des Erzfeindes, verraten.

Volz teilt die Skepsis seiner Hamburger Kollegen keineswegs. Er bleibt hartnäckig. Immer wieder wird er in der Hamburger Behörde wegen Darkazanli vorstellig. Die Deutschen aus der Abteilung »Ausländerextremismus« sind deswegen schon genervt. Wenn sie von ihren Vorgesetzten in das Besprechungszimmer gebeten werden, damit Volz sich mit ihnen über den Syrer unterhalten kann, verdreht der eine oder andere schon mal die Augen. Volz läßt seine Hamburger Kollegen deutlich spüren, daß er sie für unfähig hält. Als sie ihm einmal mehr erklären, daß sie es für ausgeschlossen halten, Darkazanli »umzudrehen«, knallt ihnen Volz ein Handbuch des Anfängerlehrgangs der CIA auf den Tisch. Darin könnten sie nachlesen, wie man Spitzel anwirbt.

Volz versucht es schließlich auf eigene Faust. Als die Hamburger Ermittler davon Wind bekommen, machen sie dem CIA-Agenten unmißverständlich deutlich, daß sein Alleingang in ihren Augen Spionage ist. Volz sieht ein, daß ihm die Hände gebunden sind. Wenn er keinen diplomatischen Skandal provozieren will, muß er vorerst die Finger von Darkazanli lassen. Wutentbrannt bricht er die Operation ab.

Allerdings hat er bewirkt, daß die Hamburger Verfassungsschützer Darkazanli jetzt aufmerksamer beäugen. Irgend etwas muß ja an diesem Kaufmann dran sein, wenn sich ausgerechnet die CIA so sehr für ihn interessiert. Inzwischen ist auch an die Polizeibehörden und Verfassungsschutzämter in Deutschland die Warnung ergangen, daß bei den anstehenden Millenniumsfeierlichkeiten auch mit Anschlägen auf US-Einrichtungen in der Bundesrepublik zu rechnen sei. Ende 1999 beschließen die Hamburger Verfassungsschützer, bei Darkazanli vorsichtshalber in die Offensive zu gehen, und suchen ihn in seiner Wohnung im Stadtteil Uhlenhorst auf.

Sie waren zu der Überzeugung gekommen, an den Hamburger Kaufmann eine sogenannte »Gefährderansprache« zu richten, wie es im Fachjargon der Nachrichtendienstler heißt.[49] Die Verfassungsschützer geben dabei ihre Deckung auf und lassen die Zielperson wissen, daß sie überwacht wird. Im Prinzip handelt es sich um eine vorbeugende Maßnahme. Durch die »Gefährderansprache« soll der betreffenden Person die Sinnlosigkeit etwa eines Terroranschlags deutlich gemacht werden, da man sie sowieso im Auge habe.

Während sich die Hamburger Verfassungsschützer verstärkt um Darkazanli kümmerten, hatten ihre Kollegen im Bundesamt für Verfassungsschutz ein wachsames Auge auf dessen Landsmann Zammar, mit wachsendem Erfolg. Die »Operation Zartheit« lief damals schon mehr als drei Jahre. Allerdings hatten es die Ermittler vom BfV in Köln nicht für nötig erachtet, über die Ausspähaktion und deren Ergebnisse ihre Kollegen vom Landesamt für Verfassungsschutz zu unterrichten, die wiederum das Wirken von Zammar in der al-Kuds-Moschee aufmerksam verfolgten. Das BfV hatte sogar einmal ohne Rücksprache mit dem LfV Hamburg versucht, Zammar als V-Mann zu gewinnen. Aber der Dreizentnermann hatte abgewinkt. Er arbeite für den Dschihad, nicht für den Verfassungsschutz.[50]

Obwohl es genügend Querverbindungen gab, tauschten sich die beiden Nachrichtendienste nie über ihre Verdachtsmomente und Vorgehensweisen aus. Das LfV Hamburg verriet dem BfV in Köln nicht, was sie über Darkazanli oder Zammar wußten. Umgekehrt sagte das BfV dem hanseatischen Verfassungsschutz nichts davon, daß sie im Zuge der »Operation Zartheit« Personen aus der Wohngemeinschaft in der Marienstraße 54 in Hamburg seit mehr als eineinhalb Jahren zur Grenzfahndung ausgeschrieben hatten.

Dabei gewann das BfV auf diesem Weg interessante Erkenntnisse, die auch ihre Kollegen in Hamburg sicherlich interessiert hätten. Denn unter den Augen der BfV-Beamten war zumindest ein Mitglied der Hamburger Zelle nach Afghanistan in die Ausbildungscamps der al-Qaida gereist und nach einiger Zeit, bestens geschult im Terrorhandwerk, nach Deutschland zurückgekehrt. Es handelte sich dabei um el-

Motassadeq, der über das Polizeiinformationssystem INPOL zur Grenzfahndung ausgeschrieben war. Und INPOL funktionierte zuverlässig. Als der Marokkaner vom Flughafen Hamburg-Fuhlsbüttel mit dem Flug TK 1662 nach Istanbul flog, wurde das BfV wieder umgehend davon unterrichtet. Die Beamten des BfV wußten natürlich, daß die Stadt am Bosporus nicht das eigentliche Reiseziel el-Motassadeqs war. Istanbul war nur der übliche Zwischenstopp nach Afghanistan, in die Camps von Osama Bin Laden.

Aber die Mitglieder der Hamburger Zelle haben Glück. Obwohl sie während ihrer Vorbereitungen für die Selbstmordaktion in den USA sowohl von der CIA als auch von gleich zwei deutschen Inlandsgeheimdiensten beobachtet werden, bleibt ihr tödlicher Plan unentdeckt. Ungestört können sie mit ihren Vorbereitungen fortfahren. Die Afghanistan-Heimkehrer, die sich bereits auf dem Hamburger Einwohnermeldeamt neue Pässe besorgt haben, beantragen nun mit den »sauberen« Reisedokumenten Visa für die USA.

Mohammed Atta, neben Binalshibh der Kopf der Hamburger Zelle, ist sogar schon einen Schritt weiter. Er hat bereits mit Stufe zwei des Plans begonnen. Per E-Mail wendet sich der Ägypter an einunddreißig Flugschulen in den USA. »Wir sind eine kleine Gruppe junger Männer aus verschiedenen arabischen Ländern. Seit einiger Zeit leben wir zwecks Studiums in Hamburg. Wir möchten gern mit der Ausbildung für Flugzeug-Berufspiloten beginnen«, heißt es darin. »Es wäre auch hilfreich, etwas über die Dauer der Ausbildung und die Flugzeugtypen, die beim Training eingesetzt werden, zu erfahren.«[51]

San Diego, April 2000

Vier Monate nach ihrer Ankunft in den USA wollen auch al-Hazmi und al-Mihdhar das Fliegen lernen. In San Diego suchen sie nach einer geeigneten Schule. Sie werden schnell fündig. In ihrem alten Toyota fahren sie einfach die Belboa-Avenue entlang, an der auch ihre Moschee liegt. Am Ende der Straße gelangen sie zum Montgomery-Flugplatz, der sich in Sichtweite des FBI-Außenbüros am Aero-Drive befindet. Die unmittelbare Nähe des FBI schreckt die beiden Terroristen nicht ab. Sie müssen Fliegen lernen. Ansonsten droht die Mission zu scheitern, bevor sie richtig begonnen hat. Es gibt kein Zurück.

Der Montgomery-Flugplatz verfügt über zwei Start- und Landebahnen und einen kleinen Tower. Überall stehen Cessnas herum. Etwa drei Dutzend davon sind in langen Reihen neben dem Rollfeld geparkt. Viele sind nur mit einer einfachen Kette gesichert. In den Hangars schrauben ein paar Mechaniker in verschmierten Overalls an alten und klapprig aussehenden Kisten herum.

In einem Gebäude neben dem Flugfeld befinden sich die Büros gleich mehrerer Flugzeugvermietungen und Schulen. Die Terroristen entscheiden sich für die Flugschule von Fereidoun Sorbi, einem gebürtigen Iraner. Sorbi ist einundfünfzig Jahre alt, trägt einen dicken grauen Schnauzer und meist eine Sonnenbrille mit dunklen Gläsern, die es unmöglich machen, seine Augen zu erkennen. Seit Ewigkeiten lebt er in San Diego. Seine Flugschule hat er einfach *Sorbi Flying Club* getauft. Das winzige Büro in dem Flughafengebäude läßt allerdings keine Clubatmosphäre aufkommen. Dort stehen lediglich ein Schreibtisch und zwei Stühle. Für mehr Möbel ist kein Platz. Das Büro ist nur durch eine dünne Glasscheibe von der Lobby des Airports getrennt, die über und über mit Postern von US-Kampfjets zugepflastert ist.

Sorbi denkt sich nichts dabei, als die beiden Saudis in seinem Büro auftauchen. Es ist nicht ungewöhnlich, daß junge Araber nach Amerika kommen, um hier den Pilotenschein zu machen. Viele Voraussetzungen sind dazu nicht nötig. Sorbi verlangt von seinen Schülern lediglich, daß sie Unterricht und Flugstunden pünktlich bezahlen.

Geld aber ist bei den beiden Terroristen nicht das Problem.

Davon haben sie genügend. Vielmehr müssen sie kaschieren, daß al-Mihdhar kaum Englisch spricht. Al-Hazmi übernimmt deshalb in Sorbis Büro die Gesprächsführung. Seine Englischkenntnisse sind jedoch auch nicht die besten, weshalb al-Hazmi gleich zur Sache kommt. Sie wollen lernen, wie man eine große Boeing fliegt, sagt al-Hazmi zu dem verdutzten Flugschulenbesitzer. Doch Sorbi nimmt es mit Humor. Boeings gibt es hier nicht, antwortet er und schlägt den beiden Saudis vor, es erst einmal eine Nummer kleiner zu versuchen, vielleicht mit einer der vielen Cessnas. Die beiden Terroristen sind einverstanden. Sorbi bittet daraufhin einen seiner Fluglehrer, mit den beiden ein paar Runden in einer Cessna zu drehen.

Eine Cessna ist das ideale Flugzeug, um fliegen zu lernen. Ist die Richtung erst einmal eingeschlagen, hält die Cessna geradezu stoisch ihren Kurs. Lediglich beim Kurvenfliegen muß auch mal nachgebessert werden. Und die Landungen sind nicht ganz einfach, da die kleine Maschine vom Wind kräftig hin und her geworfen werden kann. Aber ist eine Cessna erst einmal in der Luft, ist das Fliegen fast einfacher als Autofahren.

Doch al-Hazmi und al-Mihdhar sind schon damit überfordert. Gleich die erste Flugstunde gerät zum Desaster. Die beiden stellen sich äußerst ungeschickt an und können den Anweisungen des Fluglehrers nicht folgen. Manchmal tun sie genau das Gegenteil von dem, was ihr Ausbilder ihnen sagt. Es ist nicht zu übersehen, daß sie Flugangst haben. Als al-Hazmi unter Anleitung zur Landung ansetzt, gerät al-Mihdhar in Panik und fängt laut an zu beten.

»Das wird nichts«, sagt der Fluglehrer, nachdem sie gelandet sind. Er weigert sich, die beiden weiter auszubilden. Nun ist es an Sorbi, die zwei Saudis wieder loszuwerden. Diplomatisch gibt er ihnen zu verstehen, daß sie es mit der Fliegerei lieber lassen sollten. Als sie ihm mehr Geld bieten, lehnt er dankend ab. Für al-Hazmi und al-Mihdhar scheint die Mission vorerst gescheitert zu sein.

Während die beiden Terroristen noch verdauen müssen, daß sie für die geplante Operation zumindest als Piloten nicht in Frage kommen, stürmt ein junger Araber in das FBI-Büro in Newark, New Jersey. Den verdutzten FBI-Beamten erklärt er, daß er gerade von einem Ausbildungscamp aus Pakistan komme. Dort sei er neben der Handhabung von Schußwaffen auch darin unterrichtet worden, wie man Flugzeuge entführt. In dem Ausbildungslager sei dann von ihm erwartet worden, daß er sich später mit fünf oder sechs Personen in den Vereinigten Staaten treffen solle, um mit diesen zusammen eine solche Aktion durchzuführen. Bei der Ausbildung in dem pakistanischen Camp habe man ihnen eingetrichtert, nicht vor der Anwendung von Gewalt zurückzuschrecken. Ziel der geplanten Aktion sei es, möglichst schnell die Kontrolle über das entführte Flugzeug zu erlangen. Denn unter den Entführern werde sich ein ausgebildeter Pilot befinden, der die Maschine dann nach Afghanistan fliegen soll, erklärt der Mann den FBI-Beamten. Falls dies nicht möglich sei, sollten sie das Flugzeug explodieren lassen.

Die FBI-Beamten halten die Schilderungen des Mannes für eine Räuberpistole. Aber um sicherzugehen, machen sie einen Lügendetektortest. Der Mann wird an einen Polygraphen angeschlossen. Das Ergebnis des Tests ist für die Polizeibeamten mehr als überraschend. Offensichtlich sagt er die Wahrheit. Zumindest zeigt der Polygraph nichts Gegenteiliges an. Sie entscheiden sich deshalb, die Aussagen des Geständigen vorsichtshalber zu Protokoll zu nehmen. Das aber ist auch schon alles, was sie glauben tun zu können. Jedenfalls gehen sie der Sache nicht weiter nach.[52]

Hamburg, Mai 2000

Vier Mitglieder der Hamburger Zelle bereiten sich auf ihre Abreise in die USA vor – der Ägypter Mohammed Atta, der Libanese Ziad Jarrah und Marwan al-Shehhi aus den Emiraten. Die drei sind bereits bei Flugschulen in den USA angemeldet und haben ihre US-Visa in der Tasche, obwohl zu diesem Zeitpunkt zumindest al-Shehhi seit über einem Jahr im Visier der CIA ist. Vorerst kann eigentlich nichts mehr schiefgehen. Die Operation läuft. Es wird ernst.

Lediglich Binalshibh hat Schwierigkeiten, ein Visum zu bekommen. Vor zwei Wochen hat ihm die Konsularabteilung der amerikanischen Botschaft in Berlin mitgeteilt, daß er keine Aufenthaltserlaubnis bekäme. Binalshibh ist niedergeschlagen. Aber so einfach gibt er nicht auf. Schließlich will er unbedingt an dem Selbstmordkommando teilnehmen, möglichst als Pilot.

Während Binalshibh beschließt, baldigst einen neuen Visumantrag zu stellen, machen sich die anderen schon auf den Weg in die USA. Al-Shehhi fliegt am 29. Mai 2000, vier Tage später folgt Atta. Nach einem Aufenthalt in New York beginnen die beiden in Venice im Bundesstaat Florida bei der Flugschule *Huffman Aviation* ihre Pilotenausbildung. Einen Monat später reist Jarrah in die USA ein. Er hat sich ebenfalls in Venice für eine Pilotenausbildung angemeldet, allerdings im *Florida Flight Training Center*, gleich die Straße runter. Zumindest für die drei Hamburger läuft so weit alles nach Plan.

Frankfurt am Main, 10. Juni 2000

Al-Mihdhar und al-Hazmi können das nach wie vor nicht von sich behaupten. Sie müssen nun schauen, daß sie bei der Mission andere Funktionen übernehmen. Um den Plan in die Tat umzusetzen, braucht es schließlich nicht nur Piloten. Mehrere Männer werden nötig sein, um Flugpersonal und Gäste so lange in Schach zu halten, bis der Pilot die Maschine in das Ziel gesteuert hat. Diese Männer müssen rechtzeitig in die USA gebracht und in Teams mit jeweils einem oder zwei Piloten aufgeteilt werden. Das alles will erst noch vorbereitet und koordiniert sein.

Aber zuerst müssen sie sich darum kümmern, daß genügend Piloten zur Verfügung stehen. Eine Sache, die sich allerdings nicht einfach telefonisch oder per E-Mail erledigen läßt. Die Gefahr, von einem Geheimdienst abgehört zu werden, ist einfach zu groß. Al-Mihdhar fliegt deshalb von Los Angeles aus mit der Lufthansa nach Frankfurt.[53] Er ist allerdings nur auf der Durchreise. Bereits nach wenigen Stunden fliegt er weiter nach Saudi-Arabien. Aber auch dort bleibt er nicht allzu lange. Er reist weiter in den Jemen, dann geht es in die Emirate. Schließlich fliegt er noch einmal nach Malaysia, um dann wieder in den Jemen und nach Saudi-Arabien zurückzukommen, bevor er wieder in die USA fliegt.[54] Bei all seinen Reisen benutzt al-Mihdhar seinen saudischen Reisepaß, ausgestellt auf seinen richtigen Namen, der nun seit Monaten der CIA hinlänglich bekannt ist. Trotzdem hat er keine Schwierigkeiten, auch nicht bei der Rückkehr in die USA.

Binalshibh hingegen, der Cousin von al-Mihdhars Frau, schlägt sich derweil noch immer mit der Konsularabteilung wegen eines US-Visums herum. Sein erster Antrag wurde abgelehnt, weil die Konsularbeamten der amerikanischen Botschaft in Berlin offensichtlich befürchten, er wolle sich dauerhaft in den USA niederlassen. Also hat er einen entsprechenden Ablehnungsbescheid erhalten.

Am 16. Juni versucht es Binalshibh erneut, diesmal für ein reines Touristenvisum. »Ich plane eine Rundreise in die nördliche Ostküstenregion, wo ich auch einen alten Freund besuchen werde. Gegebenenfalls werden wir zu den großen Seen fahren und die Niagarafälle besuchen, oder auf eine Bäderreise an den Stränden Kaliforniens gehen«, gibt er bei seinem Antrag als Reisezweck an. »Hiermit möchte ich Ihnen mitteilen, daß mein Wohnsitz und meine wirtschaftliche Lage in Deutschland stabil sind. Ich habe die notwendigen Unterlagen (Kontoauszug, Mietvertrag und die Meldebestätigung) beigefügt. Damit hoffe ich, daß die Sache geklärt ist und Sie die vollständigen Unterlagen haben, um mir das Visum erstellen zu können.«[55]

San Diego, 7. Juli 2000

Al-Hazmi muß sich ebenfalls um seine Aufenthaltserlaubnis kümmern. Sein Visum läuft ab. Deshalb wendet er sich an die INS-Einwanderungsbehörde und bittet um die Verlängerung seiner Aufenthaltserlaubnis. Auf dem entsprechenden Antragsformular gibt er vertrauensselig seine tatsächliche Wohnadresse an.[56]

Obwohl er längst im Computer der NSA als Mitglied der al-Qaida gespeichert und die CIA sogar über seinen USA-Aufenthalt informiert ist, hat al-Hazmi nichts zu befürchten. Die Nachrichtendienste haben ihn noch immer nicht zur Fahndung ausschreiben lassen. Weder das *State Department* noch das FBI und die INS wissen etwas davon, daß sich mit al-Hazmi seit sieben Monaten ein gefährlicher Terrorist in den USA aufhält. Und weil der Name des Saudis weder im NAIL der INS noch im TIPOFF des *State Department* zu finden ist, sieht der INS-Sachbearbeiter keine Veranlassung, die Verlängerung des Visums zu verweigern, geschweige denn das FBI zu alarmieren. Der INS-Sachbearbeiter stellt dem Terroristen ein neues Visum aus, gültig bis zum Januar 2001.

Sanaa, 15. September 2000

Weniger Glück hat Binalshibh. Während al-Hazmi drei Wochen nach seinem Antrag ein neues Visum zugeschickt bekommt, erhält er fast zeitgleich eine weitere Absage. Unter dem Datum vom 18. Juli 2000 erreicht ihn in Hamburg der Ablehnungsbescheid der Konsularabteilung der US-Botschaft in Berlin. Doch Binalshibh läßt sich nicht entmutigen. Er hofft noch immer, als Pilot an der Mission in den Vereinigten Staaten teilnehmen zu können.

Um ins Paradies und zu den Jungfrauen zu gelangen, nimmt Binalshibh auch Umwege in Kauf. Er fliegt in seine Heimat, in den Jemen, um sich an die dortige US-Botschaft wegen eines Visums zu wenden. Am 15. September 2000 reicht er in Sanaa also seine Unterlagen ein. Zur Unterstützung hat er das *Florida Flight Training Center* eingeschaltet, wo mit Jarrah bereits eines der Mitglieder der Hamburger Zelle Flugstunden nimmt. Jarrah hat sich auch bei seinem Fluglehrer dafür verwendet, dem Freund bei der Beschaffung eines Visums behilflich zu sein. Binalshibh wiederum hat das Seine getan, die Flugschule in Florida zu überzeugen, und der Ausbildungsstätte bereits einen Monat zuvor die erste Rate der Unterrichtsgebühren über 2200 US-Dollar überwiesen.[57]

Nun aber braucht er dringend ein Bestätigungsschreiben der Flugschule. Mit »Top Urgent« (sic), sehr dringend, überschreibt Binalshibh von Sanaa aus ein handschriftliches Fax in holprigem Englisch an das *Florida Flight Training Center.* Er teilt darin seine Anschrift in Sanaa mit, an die die Flugschule eine Bestätigung schicken soll, daß er dort fest angemeldet sei und seine ersten Unterrichtsgebühren bereits entrichtet habe. Dies will er seinem Visumantrag beilegen, um zu verdeutlichen, daß er nur zur Pilotenausbildung in die USA reisen will und nicht, um dort dauerhaft zu bleiben. Aber auch dies hilft nichts. Sein Antrag wird von der Botschaft im Jemen abgelehnt.

Kuala Lumpur, September 2000

Die erneute Ablehnung ist nicht nur für Binalshibh ein schwerer Schlag. Auch die Organisatoren der geplanten Operationen müssen sich langsam mit dem Gedanken vertraut machen, daß Binalshibh als Pilot nicht in Frage kommt. Nach al-Mihdhar und al-Hazmi wäre dies bereits der dritte Ausfall. Sie müssen umdisponieren. Um den Plan nicht zu gefährden, ist es höchste Zeit, für Ersatz zu sorgen. Ein möglicher Kandidat wird deswegen nach Kuala Lumpur beordert – Zacarias Moussaoui. Der bullige Mann ist in

Frankreich als Sohn marokkanischer Einwanderer geboren und aufgewachsen. Nach gescheitertem Studium der Elektrotechnik in Frankreich war Zac, wie er von seinen Freunden genannt wird, nach England gegangen. Ursprünglich wollte er in London Betriebswirtschaft studieren. Aber es fehlte ihm am nötigen Geld. Bereits nach kurzer Zeit waren seine Rücklagen aufgebraucht. Ihm blieb nichts anderes übrig, als sich in einem Obdachlosenheim einzuquartieren. Obwohl Zac überhaupt nicht religiös erzogen worden war, fing er in London an, sich für den Islam zu interessieren. Um seinen Wissensdurst zu stillen, suchte er in der britischen Hauptstadt eine jener Moscheen auf, in denen radikale Prediger ihre meist jungen Zuhörer für den Dschihad und Osama Bin Laden zu begeistern wissen. Zac war bald Feuer und Flamme. Seine Begeisterung blieb auch den Werbern der al-Qaida nicht verborgen, also wurde er rekrutiert. Das geschah bereits vor acht Jahren.[58]

Als Zac im September 2000 in Malaysia ankommt, weiß er noch gar nicht, was er hier soll. Er hat lediglich den Befehl erhalten, nach Kuala Lumpur zu fliegen. Erst in der malaysischen Hauptstadt erfährt er, daß er sich zum Piloten ausbilden lassen soll.[59] Allerdings wird ihm nicht mitgeteilt, warum. Doch der junge Franzose hat gelernt, keine unnötigen Fragen zu stellen. Schließlich kann er sich selbst ausrechnen, daß die Führung der al-Qaida wohl kaum plant, eine Fluggesellschaft zu eröffnen.

Es ist jedoch nicht so einfach, in Kuala Lumpur eine geeignete Flugschule zu finden. Zac geht deshalb sehr schnell dazu über, sich von Malaysia aus nach geeigneten Einrichtungen in den USA zu erkundigen, wo es seinen Informationen nach Hunderte solcher Schulen gibt. Bei seiner Suche in den USA geht ihm Yazid Sufaat zur Hand. Seit dem erfolgreich verlaufenen Treffen genießt Sufaat das volle Vertrauen der al-Qaida-Oberen in Südostasien. Sufaat scheint zudem der geeignete Mann zu sein, Zac zu helfen, sind ihm doch die Gepflogenheiten der Amerikaner durch sein Studium in Kalifornien bestens vertraut. Aber nicht nur mit seiner Kenntnis über Land und Leute ist Sufaat behilflich. Er quartiert Zac in das Apartment in Bandar Sungai Long ein, wo er vor neun Monaten »den Einbeinigen«, Binalshibh und die beiden Saudis untergebracht hatte.

Mit dem Swimmingpool und dem Golfplatz direkt vor der Tür fühlt sich Zac ein bißchen wie die Bankdirektoren, die im französischen Narbonne ihre Villen direkt neben der bescheidenen Wohnung seiner Mutter hatten. Der Malaysier stellt Zac seinen Computer zur Verfügung und richtet ihm eine E-Mail-Adresse ein: »pilotz123@hotmail.com«.[60] Mit diesem Absender soll er sich bei Flugschulen in den USA für eine Pilotenausbildung bewerben.

Und Sufaat denkt auch daran, Zac für den Visumsantrag mit einer geeigneten Legende auszustatten. Nachdem Binalshibh bislang keine Aufenthaltsgenehmigung bekommen hat, weil er gegenüber dem amerikanischen Konsulat weder ein geregeltes Einkommen noch entsprechende Vermögensverhältnisse nachweisen konnte, bastelt Sufaat dem dreißigjährigen Zac die passende Biographie. Zum Schein ernennt er ihn zum Marketingbeauftragten von *Infocus Tech*, offiziell ein kleines Callcenter, das Sufaat und seiner Frau gehört. Auf einem Schreiben mit entsprechendem Briefkopf bestätigt Sufaat, Zacarias Moussaoui mit einem Barvermögen von 35000 Dollar ausgestattet zu haben. Zusätzlich, schreibt Sufaat, würde sein Marketingbeauftragter noch ein monatliches Gehalt in Höhe von 2800 Dollar beziehen. Der Einreise in die USA wie auch der Ausbildung zum Piloten steht damit nichts mehr im Weg.

3. Kapitel

San Diego, September 2000

Die Nachbarn werden langsam mißtrauisch. Sie reden schon über die zwei Araber im Apartment 127. Seit acht Monaten leben die beiden in den Parkwood Apartments und haben noch immer keine Möbel, schlafen auf dem Fußboden und gehen ständig zum Telefonieren in eine Telefonzelle, obwohl sich ein Telefon in der Wohnung befindet. Skeptische Blicke folgen al-Hazmi und al-Mihdhar, wenn sie einen Fuß vor die Tür setzen. Die beiden Terroristen spüren offensichtlich, daß ihre Nachbarn anfangen, sich für sie zu interessieren. Es ist also höchste Zeit, sich nach einem neuen Quartier umzuschauen. In der Moschee an der Belboa-Avenue entdecken sie einen Aushang am Schwarzen Brett. Ein Dr. Abduss Attar Scheich bietet in seinem Haus ein Zimmer zur Untermiete an. Der Adresse nach zu schließen, befindet sich das Haus in einem Vorort von San Diego, dafür ist die Miete vergleichsweise niedrig. Al-Hazmi und al-Mihdhar greifen zu. Sie kündigen ihren Mietvertrag für das Parkwood Apartment und ziehen zu Dr. Attar, einem pensionierten Englischlehrer.

Dr. Attar vermietet regelmäßig an Studenten aus dem Nahen Osten. Früher hat er im Auftrag der saudischen Botschaft Englischkurse für arabische Studenten gegeben. Seit er im Ruhestand ist, fühlt sich Dr. Attar etwas einsam. Er ist geschieden, und seine zwei erwachsenen Söhne sind längst aus dem Haus. Deshalb ist er auch froh, als die zwei jungen Männer zur Untermiete einziehen.

Das Haus hat Dr. Attar vor 20 Jahren gekauft. Es liegt an einem Hang in Lemon Grown, einem abgeschiedenen Vorort im Süden San Diegos. Die Fenster sind verhängt und mit Moskitogittern versehen. In der Tür sieht man ein Schild mit dem Aufdruck »Peace«. In der Straße ist es ruhig. Es gibt nur vier Häuser. Eines davon war einmal ein Rastplatz für Postkutschen auf ihrem Weg durch die Wüste. Die Häuser des Viertels sind auf Wüstensand gebaut, die Vorgärten müssen künstlich bewässert werden. Hinter dem Haus von Dr. Attar wachsen verwilderte Orangen- und Dattelbäume. Im Garten steht ein verrotteter Holzschuppen. Neben dem Haus parkt ein verrosteter weinroter Toyota, den ein saudischer Student zurückgelassen hat. Der frühere Untermieter mußte wohl etwas überstürzt abreisen. Jedenfalls klemmt neben dem Hinterrad des Toyota noch der Wagenheber.

Dr. Attar hat schwarzsilbernes Haar, einen gepflegten Schnurrbart und einen dicken Bauch, ein umgänglicher Typ. Als ehemaliger Lehrer versteht er es, auch mit jüngeren Leuten leicht in Kontakt zu kommen. In der Moschee an der Belboa-Avenue ist er bekannt. Davon profitiert auch das FBI-Außenbüro in San Diego. Seit Jahren versorgt Dr. Attar die Polizei mit Informationen über militante Muslime in der Millionenstadt.[61] Die Themen Terrorismus und islamistischer Extremismus stehen in dem FBI-Außenbüro jedoch nicht besonders hoch im Kurs. Die ortsansässigen Ermittler kümmern sich hauptsächlich um Drogendelikte, obwohl dies eigentlich in die Zuständigkeit der Anti-Drogenbehörde fällt. Schließlich ist dies in der kalifornischen Grenzstadt eine lohnende Aufgabe: Vom nahen Mexiko aus versorgen die mächtigen Drogenkartelle die USA mit Kokain und Heroin.

Für Dr. Attar ist es deshalb nicht immer leicht, die nötige Aufmerksamkeit für seine Spitzelberichte zu bekommen. Gelegentlich trifft er sich mit seinem Führungsoffizier vom FBI, aber manchmal erkundigt sich der FBI-Beamte einfach nur telefonisch, ob es etwas Neues gibt. Seit al-Hazmi und al-Mihdhar bei ihm wohnen, kommen Dr. Attar diese Anrufe jedoch ungelegen. »Ich kann jetzt nicht«, sagt er einmal zu dem Anrufer vom FBI. »Khalid ist im Zimmer.«[62] Dabei versteht Khalid al-Mihdhar kaum ein englisches Wort. Dr. Attar ist trotzdem äußerst vorsichtig. Seine neuen Untermieter dürfen nicht mitbekommen, daß er für das FBI arbeitet. Ansonsten könnte er sich in der muslimischen Gemeinde von San Diego wohl nirgends mehr blicken lassen.

Obwohl der FBI-Beamte von den zwei Arabern weiß, erkundigt er sich nie nach den neuen Mietern seines Spitzels. Dr. Attar wiederum sieht keine Veranlassung, über al-Mihdhar und al-Hazmi zu sprechen. Er hält die beiden für völlig unverdächtig. Besonders der zugänglichere al-Hazmi hat es ihm angetan. Bereitwillig hilft Dr. Attar seinem jungen Landsmann, ein neues Bankkonto zu eröffnen und sich einen Internet-Zugang einzurichten. Der FBI-Spitzel merkt nichts davon, daß von seinem Haus aus ein Terroranschlag vorbereitet wird. Er schöpft auch keinerlei Verdacht, als al-Mihdhar nach sechs Wochen wieder auszieht. Mit familiären Angelegenheiten begründet der Terrorist seine überstürzte Abreise. Er müsse dringend zurück nach Saudi-Arabien, zu Frau und Kind, sagt al-Mihdhar.[63] Dr. Attar hat dafür natürlich größtes Verständnis. So viel Familiensinn hätte er dem sonst eher verstockten al-Mihdhar gar nicht zugetraut. Tatsächlich aber kehrt al-Mihdhar wegen einer anderen Angelegenheit nach Saudi-Arabien zurück. Er fungiert als Geldbote und muß eine Lieferung in den Jemen bringen.

Aden, 12. Oktober 2000

Einige tausend Kilometer von San Diego entfernt, packt Binalshibh in der Hamburger Marienstraße 54 ein paar Sachen zusammen. Den Ehemann seiner Cousine hat er zuletzt Anfang des Jahres in Malaysia gesehen, wo sie sich mit dem einbeinigen al-Qaida-Kommandeur Attash trafen, um über anstehende Aktionen zu reden.

Binalshibh fliegt in den Jemen. Er hat für den 10. Oktober gebucht. Allerdings will er nicht lange bleiben, in vier Tagen muß er wieder zurück sein. Er hat sich vorgenommen, wegen des Visums noch einmal einen Vorstoß bei der US-Botschaft in Berlin zu wagen. Denn langsam rennt ihm die Zeit davon.

Seine Komplizen aus der Hamburger Zelle haben längst mit ihren Pilotenausbildungen begonnen. Sie sind mit ihrem Zeitplan genau im Soll – Binalshibh kann das nicht von sich behaupten. Trotzdem fliegt er für einen Kurztrip in den Jemen.

Dort kommt es zwei Tage nach seiner Ankunft zu einem Terroranschlag. Am 12. Oktober 2000 läuft gegen 12.15 Uhr das amerikanische Kriegsschiff *USS Cole* in den Hafen von Aden ein. Der Zerstörer braucht Treibstoff. Anschließend soll es in den Persischen Golf weitergehen, wo die *USS Cole* im Verbund mit der Fünften US-Flotte über die Einhaltung des Embargos gegen den Irak wacht. Als das 154 Meter lange Kriegsschiff von Schleppkähnen in das Hafenbecken manövriert wird, schießt ein kleines Schlauchboot hinter den Docks hervor. An Bord des Motorbootes befinden sich zwei Männer sowie jede Menge C-4, amerikanischer Plastiksprengstoff.

Auf der *USS Cole* gilt wegen des heiklen Auftrags »Code Bravo«, die höchste Alarmstufe der US-Flotte. Doch als man vom Zerstörer aus das Schlauchboot wahrnimmt, ist es bereits zu spät. Das Schlauchboot rammt die Backbordseite des Kriegsschiffes. Es kommt zu einer gewaltigen Explosion. Von den beiden Insassen bleibt nicht mehr viel übrig. Sie werden augenblicklich in Stücke gerissen. Auch das Kriegsschiff und die Besatzung nehmen Schaden. Die Wucht der Detonation hinterläßt ein gewaltiges Loch in der Backbordseite des Schiffes und tötet 17 Marinesoldaten. 39 werden zum Teil schwer verletzt. Seit den Selbstmordanschlägen auf die US-Auslandsvertretungen in Ostafrika zwei Jahre zuvor ist dies die schlimmste Terrorattacke gegen die Vereinigten Staaten.

Schon zu den Anschlägen auf die Botschaften hatte sich niemand bekannt. Auch diesmal meldet sich keiner. Es gibt weder ein Bekennerschreiben noch einen Anruf bei einer Presseagentur, wie sonst bei solchen Anschlägen üblich. Trotzdem steht für die Terrorexperten von CIA und FBI sofort fest, daß Osama Bin Laden hinter dem Anschlag auf die

USS Cole steckt. Die »Kriegserklärung« des Terrorpaten kommt vielen wieder in den Sinn, seine Aufforderung, so viele Amerikaner zu töten wie möglich, gleichgültig, ob »Militärs oder Zivilisten«.[64] Zudem wäre es nicht das erste Mal, daß seine Leute in Aden zuschlagen. Bereits 1992 hatten Anhänger Bin Ladens – nach Erkenntnissen des FBI – ein Hotel dort in die Luft gesprengt, das mit Vorliebe von amerikanischen Soldaten frequentiert wurde. Wie durch ein Wunder kam damals kein amerikanischer Staatsbürger zu Schaden.

Nach Überzeugung von Experten des FBI gibt es noch einen weiteren Grund, der dafür spricht, daß Bin Laden für diese Tat verantwortlich ist. Der Jemen ist ein vom jahrelangen Bürgerkrieg gezeichnetes Land. Damit bietet es den idealen Nährboden für islamistische Terrororganisationen. Seit längerem beobachten die Experten eine stetig wachsende Gruppe von Dschihadis, selbsternannten Gotteskriegern. In den Augen eines leitenden Anti-Terror-Experten des FBI ist deshalb der Jemen noch schlimmer als der Wilde Westen: »Das ist ein Land mit achtzehn Millionen Einwohnern und fünfzig Millionen Maschinengewehren«, warnt der FBI-Beamte John O'Neill seine Kollegen.[65] O'Neill ist leitender Spezialagent des Nationalen Sicherheitsdepartments in New York, des größten und prestigeträchtigsten Außenbüros des FBI. In Windeseile hat er eine Ermittlungseinheit von dreihundert FBI-Agenten zusammengestellt, die unter seiner persönlichen Anleitung vor Ort nach den Hintermännern des Anschlags fahnden soll. »Dies ist vermutlich die feindseligste Umgebung, in der das FBI jemals operiert hat«, erklärt der achtundvierzigjährige Spezialagent noch vor seiner Abreise in den Jemen.[66]

O'Neill ist einer der erfahrensten Terroristenjäger des FBI. Seine Feuertaufe bestand er im Februar 1995. Er hatte gerade seinen neuen Job als Chef der Anti-Terror-Abteilung im FBI-Hauptquartier in Washington angetreten, als er die Nachricht auf den Tisch bekam, daß in Pakistan Ramzi Yousef lokalisiert worden war. Yousef war damals der meistgesuchte Terrorist der Welt. Der Pakistani hatte zwei Jahre zuvor mit einer eintausendzweihundert Pfund schweren Autobombe einen Anschlag auf das World Trade Center verübt. Damit wollte er die Zwillingstürme zum Einsturz bringen und möglichst viele Menschen töten. Die Autobombe, die er mit Hilfe von Anhängern Bin Ladens in der Tiefgarage unter dem Nordturm plaziert hatte, riß einen riesigen Krater in das Fundament des World Trade Center und verwüstete mehrere Stockwerke. Dabei wurden sechs Menschen getötet und mehr als eintausend verletzt.[67]

Zu der Tat bekannte sich eine damals unbekannte Terrororganisation, die sich das »Fünfte Bataillon der Befreiungsarmee« nannte. Aus dem Bekennerschreiben wurde deutlich, daß es sich bei den Attentätern um Islamisten handelte. »Diese Aktion ist die Antwort auf Amerikas politische, wirtschaftliche und militärische Unterstützung Israels, den Staatsterrorismus dort und die restlichen Diktaturen in dieser Region.«[68] Wenige Tage nach dem Anschlag fiel den Ermittlern ein Beleg in die Hände, wonach sie davon ausgehen mußten, daß die Terroristen auch weiterhin versuchen würden, das World Trade Center zum Einsturz zu bringen. Sie fanden in der Bombenwerkstatt der Attentäter, die in New Jersey entdeckt worden war, einen Entwurf für ein Bekennerschreiben an die *New York Times*. Der Brief sollte offensichtlich verschickt werden, nachdem die Terroristen gesehen hatten, daß ihre Bombe nicht die erwünschte Wirkung hatte. »Leider waren unsere Berechnungen diesmal noch zu ungenau. Aber wir versprechen Ihnen, nächstes Mal werden sie sehr präzise sein. Das WTC gehört weiterhin zu unseren Zielen in den Vereinigten Staaten«, hieß es darin. Die FBI-Ermittler mußten auch zur Kenntnis nehmen, daß die Terroristen künftig nicht vor Selbstmordattentaten zurückschrecken würden, um ihre Ziele zu erreichen, denn es hieß weiter: »Zu Ihrer Information: Unsere Armee verfügt über mehr als einhundertfünfzig Selbstmordsoldaten, die bereit sind, jederzeit loszuschlagen.«

In gewissen Kreisen der Geheimdienstgemeinde in Washington D. C. nahm man diese Drohungen durchaus ernst. Bereits im Jahr zuvor hatte sich im Auftrag der US-Regierung eine Expertenkommission gebildet, die sich einmal wöchentlich im Haus des Wissenschaftlers Marvin J. Cetron, Präsident der Forschungsgruppe *Forecasting International*, traf, um eine Studie über den Terrorismus der Zukunft zu erarbeiten. Zu der Expertenrunde gehörten neben Terrorismusforschern verschiedener amerikanischer Denkfabriken und Wissenschaftlern wie Cetron auch Vertreter des FBI, des israelischen Nachrichtendienstes Mossad sowie der einstige Anti-Terror-Chef des KGB, des berüchtigten Geheimdienstes der damaligen UdSSR.

Die Studie war zunächst auf ein Jahr angelegt. Danach sollten die internationalen Experten in einem Abschlußbericht aufzeigen, mit welcher Art von Terrorismus zukünftig zu rechnen sei und vor allem, über welche Mittel Terroristen verfügen könnten. Mitten in ihrer Arbeit ereignete sich der Anschlag auf das World Trade Center. Selbst die Experten mußten nun umdenken. Erstmals in ihrer Geschichte waren die USA innerhalb ihrer Landesgrenzen Opfer eines Anschlags geworden. Interessanterweise handelte es sich bei den Tätern um ethnisch-religiös motivierte Terroristen, um fanatische Islamisten also, die weder einen Unterstützerstaat hinter sich hatten noch für ein konkretes politisches Ziel bombten. Diese Menschen töteten aus rein religiösen Motiven, was sie aus der Sicht der Experten noch gefährlicher machte als herkömmliche Attentäter. Denn für sie gab es keine moralischen oder menschlichen Hemmschwellen mehr, schließlich handelten und mordeten sie im göttlichen Auftrag. Die totale Vernichtung der Ungläubigen wurde religiös begründet und war damit legitimiert.

Aber besonders bemerkenswert befanden die Experten die Wahl des Anschlagortes. Offensichtlich kam es diesen Terroristen nicht nur darauf an, möglichst viele Menschen zu töten. Ebenso wichtig war der Symbolgehalt des Zieles. Um die größtmögliche Aufmerksamkeit zu erlangen, wollten sie ein Wahrzeichen des verhaßten Amerika zerstören. Die Experten hielten es deshalb für wahrscheinlich, daß die Attentäter ihre Drohung, die sie in dem nicht versendeten Bekennerbrief geäußert hatten, wahr machen und das World Trade Center noch einmal angreifen würden. In letzter Konsequenz bedeutete dies für die Experten, daß auch andere symbolträchtige Einrichtungen in den USA fortan gefährdet waren. Voraussichtlich würden die Terroristen nicht davor haltmachen, Regierungseinrichtungen in Washington zu attackieren, beispielsweise das Pentagon, das Capitol oder das Weiße Haus.

Die internationale Expertenrunde war sich schnell einig, daß nichts mehr auszuschließen war. Völlig neue Sicherheitskonzepte mußten her. Trotz ihrer archaischen Moral- und Wertvorstellungen verfügten diese islamistischen Terroristen über einen hohen Organisations- und Bildungsgrad, wie die Vorbereitung und Ausführung des Anschlags auf das World Trade Center bewiesen hatten. Obwohl es letztlich in den Augen der Terroristen ein Fehlschlag gewesen war, hatten sie gezeigt, zu welchen logistischen Leistungen sie fähig waren. Immerhin war es ihnen gelungen, die größte und wirkungsvollste Bombe in der Kriminalgeschichte des FBI zu bauen, was zumindest überdurchschnittliche Kenntnisse in Chemie und Physik voraussetzte, ganz vom Geschick abgesehen, das erforderlich war, eine solche Bombe mitten in New Jersey zusammenzusetzen und nach New York zu transportieren, ohne sich dabei selbst zu gefährden.

Die internationalen Experten hielten es in ihrer Studie auch nicht mehr für abwegig, daß die »Terroristen der Zukunft« in der Lage sein würden, Passagierflugzeuge zu entführen, um sie in ein Ziel wie etwa das Pentagon oder das Weiße Haus zu steuern. Gerade die Regierungsgebäude in Washington waren nach Einschätzung der Experten besonders gefährdet. Sowohl das Weiße Haus als auch das Pentagon liegen direkt an der Einflugschneise des nationalen Ronald-Reagan-Airports. Die Piloten sind bei ihrem Anflug auf den Airport angewiesen, sich am Potomac zu orientieren, der durch Washington fließt. Das Weiße Haus liegt auf der linken Seite des Flusses beziehungsweise der Einflugschneise, das Pentagon auf der rechten. Nach den Überlegungen der Experten wäre es durchaus möglich, daß Selbstmordattentäter kurz vor dem Landeanflug auf Washington eine Passagiermaschine kaperten und diese dann in eines der Regierungsgebäude steuerten. »Zum Weißen Haus links abbiegen«, schrieb Cetron handschriftlich in die erste Version ihres Abschlußberichtes, »zum Pentagon rechts«. Damit hatte die Runde aus Wissenschaftlern und Nachrichtendienstlern vermutlich noch vor den Terroristen die Idee gehabt, gekaperte Flugzeuge als Bomben zu benutzen.

Im Juni 1994 war die Studie soweit fertig, und die Expertenkommission legte den Regierungsstellen ihren Abschlußbericht vor. Dieser war mit »Terror 2000 – Das künftige Gesicht des Terrorismus« überschrieben und sollte veröffentlicht werden. Die Verantwortlichen von CIA, NSA, FBI wie auch der Katastrophenschutzbehörde FEMA hatten nichts dagegen einzuwenden und wollten die Studie freigeben. Das *State Department* jedoch intervenierte. Barbara Bodine wollte die Studie auf keinen Fall veröffentlicht haben. Sie befürchtete diplomatische Verwicklungen, weil darin islamische Staaten als Unterstützer des religiösen Terrorismus an den Pranger gestellt wurden. Die resolut auftretende Diplomatin galt nicht nur im Außenministerium als exzellente Kennerin der arabischen Welt. Zudem war sie im diplomatischen Corps so etwas wie eine Heldin. Nach dem Überfall auf Kuwait durch Truppen des irakischen Diktators Saddam Hussein hatte sie so lange in der dortigen US-Botschaft ausgeharrt, bis alle Amerikaner evakuiert worden waren.

Die Thesen der Studie hielt Bodine für abwegig, besonders die Ausführungen zum »religiösen Terrorismus«, wonach zunehmende Gefahr von der arabischen Welt ausginge und weshalb schnellstens Lösungsvorschläge eingefordert wurden. »Man kann nicht eine Lösung für eine Krise suchen, die es noch gar nicht gibt«, sagte Bodine dazu.[69] Der Karrierediplomatin gelang es schließlich, die Veröffentlichung des Abschlußberichts zu verhindern. Die Studie »Terror 2000« bekam den Stempel »VS – Nur für den Dienstgebrauch« und verschwand in den Archivtresoren der Regierungsbehörden.

Aber von all diesen Diskussionen über »Terror 2000« hatte der FBI-Beamte O'Neill keine Ahnung, als ihm an seinem ersten Arbeitstag im Hauptquartier in Washington die Nachricht auf den neuen Schreibtisch gelegt wurde, Ramzi Yousef sei zweifelsfrei in Pakistan gesichtet worden. O'Neill war wie elektrisiert. Gleich an seinem ersten Arbeitstag bot sich ihm die Chance seines Lebens, nämlich federführend an der Verhaftung des führenden Kopfes des Anschlags auf das World Trade Center beteiligt zu sein.

Während die Helfer und Helfershelfer von Ramzi Yousef relativ schnell nach dem Anschlag gefaßt werden konnten, war es dem Pakistani immer wieder gelungen, dem FBI zu entwischen. Mehrere Dutzend FBI-Beamte des extra gebildeten Sonderkommandos Operation Tradebom, die polizeiinterne Abkürzung für *World Trade Center Bombing*, hatten den Terroristen rund um den Globus gejagt. Aber Yousef war ihnen immer um eine Nasenlänge voraus gewesen.

Zuletzt hatte er in Manila nur mit viel Glück der Polizei entkommen können. In seinem Hotelzimmer in der philippinischen Hauptstadt, das Yousef als Bombenwerkstatt genutzt hatte, war nach einem mißglückten Experiment mit Nitroglyzerin Feuer ausgebrochen. Nur wenige Minuten bevor die Feuerwehr und Polizei eintrafen, war Yousef verschwunden. Die Polizei erkannte sofort, daß sie es nicht mit einem gewöhnlichen Zimmerbrand zu tun hatten. Die Utensilien in dem Hotelzimmer deuteten zweifelsfrei auf die Bombenwerkstatt eines Terroristen hin. Er plante offensichtlich einen Anschlag auf den Papst, der in wenigen Tagen in Manila erwartet wurde: Bei seiner überstürzten Flucht hatte der Attentäter Priesterroben sowie einen Stadtplan, auf dem die

Route eingezeichnet war, die das katholische Kirchenoberhaupt bei seinem Besuch nehmen sollte, zurückgelassen.

Aber Priesterrobe und Stadtplan waren nicht die einzigen »verräterischen« Utensilien, die Yousef in der Eile vergessen hatte. Auch sein Notebook, auf dem Namen seiner Kontaktpersonen wie auch Pläne für weitere Anschläge gespeichert waren, befand sich noch in dem Zimmer. Yousef schickte deshalb einen Komplizen ins Hotel zurück, der versuchen sollte, an das Notebook zu kommen. Als dieser jedoch zurückkam, war die Polizei bereits eingetroffen und verhaftete ihn.

Die philippinischen Beamten gingen nicht gerade zimperlich mit dem sechsundzwanzigjährigen Komplizen um, so daß es nicht lange dauerte, bis er Yousefs Name nannte. Die *National Philippine Police* informierte daraufhin das FBI, das Yousef wegen des Anschlags auf das World Trade Center seit knapp zwei Jahren vergeblich gesucht hatte. Die eingeflogenen FBI-Beamten identifizierten anhand der Fingerabdrücke auf dem Notebook zweifelsfrei Yousef als den Besitzer des Computers. Noch viel aufschlußreicher war jedoch der Inhalt des Notebooks, den ein IT-Spezialist schnell entschlüsseln konnte.

Den FBI-Beamten verschlug es zunächst die Sprache, als sie sahen, was Yousef schon bis ins Detail geplant und organisiert hatte. Seinen Aufzeichnungen nach sollte das Attentat auf den Papst nur die Ouvertüre zu einer ganzen Serie von spektakulären Anschlägen sein. Bestürzend war auch, über welche Fertigkeiten Yousef verfügte. Dem Terroristen war es gelungen, eine Minibombe zu konstruieren, die sich problemlos durch alle Sicherheitsschleusen an Bord von Passagierflugzeugen schmuggeln ließ. Mit dieser neuen Bombe plante Yousef einen Anschlag, der neue Maßstäbe setzen und den Fehlschlag von New York wieder wettmachen sollte

Sein neuer Plan sah vor, binnen achtundvierzig Stunden elf Passagierflugzeuge in die Luft zu sprengen. Für dieses Ziel hatte er auf seinem Notebook bereits die Flugpläne amerikanischer Airlines ausgewertet. Er wollte mit Hilfe von vier

Komplizen die Minibomben in die Flugzeuge schmuggeln. Nach einem ausgeklügelten Plan sollte jeder Verschwörer den Sprengsatz im Flugzeug unter seinem Sitz deponieren und nach der nächsten Zwischenlandung das Flugzeug wechseln, um in dieser Maschine dann ebenfalls eine Bombe zu verstecken. Yousef selbst hatte sich sogar vorgenommen, in drei Verkehrsmaschinen hintereinander eine Bombe zu plazieren. Die Zeitzünder der Minibomben sollten die elf Maschinen über dem Pazifik explodieren lassen.

Die FBI-Beamten waren fassungslos. Die Ausführungen von Yousef erinnerten an die düsteren Fiktionen eines Thrillerautors. Und er schien durchaus in der Lage, diesen teuflischen Plan in die Tat umzusetzen, wie seine Computeraufzeichnungen belegten. Die Einzelheiten seines Planes waren in einer Computerdatei festgehalten, die Yousef unter dem Namen *Bojinka* abgespeichert hatte. Der Begriff kommt aus dem Serbokroatischen und heißt soviel wie »lauter Knall«. Er tauchte gerade in den Medien auf, da während des dritten Jugoslawienkrieges die Muslime in Bosnien mit großen Sprengfallen die Kroaten zu bekämpfen suchten.[70]

Aber die Operation Bojinka war nicht das einzige. Zum Entsetzen der FBI-Beamten hatte Yousef auch darüber hinaus Pläne geschmiedet. Und sein nächstes Szenario war nicht weniger mörderisch. Um den USA weithin sichtbare Schäden beizufügen, plante er dort den Einsatz von Selbstmordattentätern, wobei mit Tausenden von Toten zu rechnen war. Gekaperte Flugzeuge sollten von Entführern mit Pilotenausbildung in Ziele wie das Weiße Haus und das Pentagon in Washington gesteuert werden, aber auch die Sears Towers in Chicago oder das Trans-America-Gebäude in San Francisco und ganz besonders das World Trade Center in New York wurden laut der Computeraufzeichnungen als lohnende Ziele erachtet.

Das waren keine Hirngespinste eines Größenwahnsinnigen, sondern die konkreten Überlegungen eines eiskalten Killers. Den ersten Piloten, der bereit war, für eine solche

Operation sein Leben zu opfern, hatte Yousef bereits gefunden. Es handelte sich um den Komplizen, den die philippinische Polizei verhaftet hatte, als er versuchte, das Notebook aus Yousefs aufgeflogener Bombenwerkstatt zu entwenden. Der junge Moslem hatte sich erst vor kurzem in den USA zum Piloten ausbilden lassen. In den weiteren Verhören gab er schließlich zu, daß er bereit gewesen war, mit einer entführten Passagiermaschine in das CIA-Hauptquartier zu rasen. Dies sollte unmittelbar nach dem erfolgreichen Verlauf der Operation Bojinka in Angriff genommen werden. Den Vernehmungsbeamten stockte der Atem. Das war eine neue Dimension des Terrorismus. Sie mußten Ramzi Yousef unbedingt erwischen.

Am Morgen des 7. Februar 1995 war es soweit. John O'Neill hatte an seinem ersten Arbeitstag schnell ein FBI-Spezialteam zusammengestellt, das nach Islamabad flog. Mit Unterstützung der pakistanischen Behörden schlugen die Ermittler gleich nach ihrer Ankunft zu. Nach zweijähriger Fahndung des meistgesuchten und vermutlich gefährlichsten Terroristen war seine Festnahme letztlich ein Kinderspiel: Als sie sein Versteck stürmten, trafen sie auf einen verschlafenen Yousef, der zunächst gar nicht wußte, wie ihm geschah.

Zur Überraschung der FBI-Beamten war Yousef auch noch sehr gesprächig. Während des ganzen Fluges in die USA brüstete er sich ihnen gegenüber mit seinen blutigen Taten. Zu dem Anschlag auf das World Trade Center sagte er: »Das hat weniger als 20000 Dollar gekostet.«[71] Ebenso bestätigte er aufschlußreiche Details aus den Ermittlungen. Die FBI-Beamten hatten beispielsweise in seiner Bombenwerkstatt in Manila neben den Plänen für die Operation Bojinka die Visitenkarte eines Mannes gefunden, den sie schnell als den Schwager Osama Bin Ladens identifizieren konnten. Freimütig bestätigte Yousef, daß er zu dem Mann Kontakte unterhalten habe und natürlich auch wisse, daß es sich um den Schwager des Terrorpaten handle. Obwohl die Ermittler nie klären konnten, ob Yousef Mitglied der al-

Qaida war oder gar im Auftrag der Terrororganisation arbeitete, überkam sie nun eine dunkle Ahnung. Yousef war also kein Einzeltäter, der mehr oder weniger mit Hilfe von ein paar Handlangern operierte. Offensichtlich hatte er Leute hinter sich, vermutlich die eigentlichen Drahtzieher des Anschlags auf das World Trade Center, mit denen er auch die Operation Bojinka ausgeheckt hatte. »Da gibt es allerdings noch einen«, sagte Yousef auf dem Flug in die USA, »von dessen Existenz ihr zu meiner Überraschung bislang nichts wißt.«[72] Als die FBI-Agenten jedoch vorsichtig nachhakten, wurde der vorher so gesprächige Yousef plötzlich einsilbig. Erst nach der nächtlichen Ankunft in den USA äußerte er sich noch einmal, als er in einem Helikopter nach New York in das Büro des FBI geflogen wurde, im Lichtermeer Manhattans die hell erleuchteten Türme des World Trade Center zu sehen waren und ein FBI-Beamter zu ihm sagte: »Schau her, die Türme stehen noch.« Darauf antwortete Yousef: »Nächstes Mal haben wir mehr Geld und mehr Sprengstoff, und dann werden sie einstürzen.«[73]

Die Festnahme Yousefs wie auch die anschließenden Gerichtsprozesse, bei denen ausführlich die Operation Bojinka zur Sprache kam, wurden zum großen Medienereignis. Nicht nur das FBI und die anderen Sicherheitsbehörden, auch die Öffentlichkeit wurde umfassend darüber informiert, was Yousef und seine Mitverschwörer geplant hatten. In den Prozeßakten tauchte auch ein Name auf, der jedoch zumindest in der Öffentlichkeit kaum wahrgenommen wurde. Es handelte sich um den Onkel von Ramzi Yousef, Khalid Scheich Mohammed, der verdächtigt wurde, seinen Neffen beim Anschlag auf das World Trade Center finanziell unterstützt zu haben.

Trotz der Verhaftung von Yousef war also die Gefahr noch nicht gebannt. Das wußten auch FBI und CIA, die jetzt weltweit nach KSM, wie Khalid Scheich Mohammed intern genannt wurde, fahndeten. Die CIA lokalisierte ihn schließlich in Katar und empfahl, ihn zu verhaften. Allerdings machte der Geheimdienst auch darauf aufmerksam, daß KSM von einem Mitglied des königlichen Familienclans in Katar gedeckt wurde. In Washington beschäftigte sich daraufhin der Nationale Sicherheitsrat mit dem delikaten Fall. In einem Sonderkomitee wurden Überlegungen angestellt, den Terroristen in einer Geheimoperation mit *Special Forces* der US-Streitkräfte festzunehmen und auszufliegen. Aber aus politischen Gründen verwarf man den Plan. Das Risiko, sich mit einer solchen Operation gegen die nationale Souveränität Katars den Unmut der gesamten Golfregion zuzuziehen, war der Clinton-Administration zu groß. Man brauchte gewisse Staaten noch als Partner für künftige Einsätze am Golf. Daher wurde beschlossen, den offiziellen Weg zu gehen, selbst auf die Gefahr hin, daß Scheich Mohammed gewarnt und ihnen entkommen würde.[74]

Der US-Botschafter wurde beim Außenminister von Katar vorstellig, Scheich Hamad bin Jassim bin Jabr al-Thani, einem engen Verwandten des Beschützers von Scheich Mohammed. Bei einem darauffolgenden Besuch des Außenministers in Washington kam es sogar zu einem Treffen mit FBI-Direktor Louis J. Freeh, der ihn über die Gefährlichkeit des Gesuchten informierte. Dieser verfüge über zwanzig gefälschte Pässe, sei Spezialist in der Herstellung von Sprengstoff und könne durchaus auch zu einer Gefahr für die Bürger Katars werden.[75] Der Außenminister sagte dem FBI-Direktor offiziell seine Unterstützung zu. Doch als ein amerikanisches Expertenteam in Katar eintraf, war Scheich Mohammed längst über alle Berge. Louis J. Freeh kochte vor Wut. Er fühlte sich von den Behörden des Emirats hinters Licht geführt und schrieb dem Außenminister einen entsprechenden Brief.

»Ich habe die niederschmetternde Information erhalten, daß sich Mohammed der Überwachung durch unseren Security Service entziehen konnte und sich nun bewußt sein dürfte, daß sich das FBI für ihn interessiert. Dieser Fehlschlag dürfte es Khalid Scheich Mohammed und seinen

Helfern ermöglichen, weiterhin ihren Terroroperationen nachzugehen.«[76] Freeh sollte recht behalten. Obwohl das FBI ihn zur Fahndung ausschrieb und eine Belohnung von zwei Millionen Dollar auf seinen Kopf aussetzte, arbeitete Khalid Scheich Mohammed weiterhin daran, die ehrgeizigen Pläne, die er zusammen mit seinem Neffen Yousef ausgeheckt hatte, in die Tat umzusetzen. Ihm schwebte dabei eine mörderische Kombination des Anschlags auf das World Trade Center mit der aufgeflogenen Operation Bojinka vor. Selbstmordpiloten sollten mit entführten Passagierflugzeugen in die Zwillingstürme fliegen. Die geeigneten Kandidaten für eine solche Aktion sollte er drei Jahre später unter den Mitgliedern der Hamburger Zelle finden.

Während die Nachricht über die fehlgeschlagene Verhaftung von Khalid Scheich Mohammed gar nicht erst an die Öffentlichkeit kam, waren Ramzi Yousef und die Operation Bojinka in den Medien noch immer ein Thema. Nachdem Yousef zuerst wegen des Anschlags auf das World Trade Center zu lebenslanger Haft verurteilt worden war, mußte er sich zusammen mit seinem in die USA ausgelieferten Komplizen in einem zweiten Prozeß wegen der Operation Bojinka verantworten.

Ein Profiteur dieses großen Interesses für Yousef war der FBI-Beamte John O'Neill. Es hatte sich in Sicherheitskreisen natürlich herumgesprochen, wie gekonnt O'Neill an seinem ersten Arbeitstag im FBI-Hauptquartier die erfolgreiche Festnahme des meistgesuchten Terroristen organisiert und koordiniert hatte. Das war auch Richard Clarke, dem führenden Terrorismusexperten im Nationalen Sicherheitsrat, zu Ohren gekommen. Clarke gehörte zu den wenigen leitenden Beamten im Nationalen Sicherheitsrat, die die Clinton-Administration von der Vorgängerregierung um George Bush senior übernommen hatte. Er war dafür bekannt, vom Thema Terrorismus geradezu besessen zu sein. Offensichtlich gefiel ihm, daß sich O'Neill dem Thema mit dem gleichen Engagement zuwendete. Clarke jedenfalls berief den FBI-Beamten alsbald in die sogenannte Anti-Terrorismus-Sicherheitsgruppe (CSG). Die CSG hatte er einst ins Leben gerufen, um Terrorexperten aus dem Nationalen Sicherheitsrat, der CIA, dem FBI, aber auch aus dem Verteidigungsministerium, Justizministerium sowie dem Außenministerium um sich zu scharen. Die Mitglieder der CSG kamen einmal wöchentlich im Lageraum des Weißen Hauses zusammen.

Zur Zufriedenheit seines Mentors zeigte O'Neill in diesem erlesenen Kreis von Sicherheitsexperten keinerlei Scheu oder Nervosität. Vielmehr ergriff er mehr und mehr das Wort und fing sogar an, die CSG zu dominieren. Für ihn stand fest, daß Osama Bin Laden beim Anschlag auf das World Trade Center die Finger im Spiel gehabt haben mußte, dafür sprachen seiner Meinung nach die bei Yousef sichergestellten Unterlagen und Dokumente. »Wer, zum Teufel, ist dieser Kerl?« fragte O'Neill die Expertenrunde. »Wir müssen diesen Burschen kriegen. Er baut ein Netzwerk auf. Alle bisherigen Anschläge lassen sich bis zu ihm zurückverfolgen.«[77]

Mit seinen Thesen rannte O'Neill bei seinem Mentor offene Türen ein. Auch für Clarke war Osama Bin Laden der Schlüssel im Kampf gegen den islamistischen Terrorismus. Zusammen mit O'Neill erarbeitete Clarke neue Richtlinien für das FBI, die letztlich auch als *presidential directive* dem Weißen Haus vorgelegt wurden. Danach sollte sich das FBI nicht mehr nur mit der Aufklärung begangener Anschläge beschäftigen, sondern bereits überall dort präventiv tätig werden, wo Amerikaner oder amerikanische Interessen durch Terrorismus bedroht wären.

Die Meinungen darüber waren geteilt. Vielen behagte die Vorstellung nicht, daß das FBI präventiv tätig werden sollte. So manchen erinnerte dies an die Zeiten eines J. Edgar Hoover. Der einstige FBI-Direktor hatte in den fünfziger und sechziger Jahren die Polizeibehörde dazu mißbrauchen wollen, einen Überwachungsstaat aufzubauen. O'Neill zumindest schadeten die Diskussionen nicht. Er machte weiter Karriere und wechselte vom FBI-Hauptquartier in Washington in das prestigeträchtige Außenbüro in New York, als leitender Spezialagent des dortigen Nationalen Sicherheitsdepartments mit dem Schwerpunkt Terrorismus.

Aber mit seiner forschen Vorgehensweise machte sich O'Neill nicht nur Freunde. Dem FBI-Beamten mangelte es nicht gerade an Selbstbewußtsein. Nicht selten kamen ihm Äußerungen wie »Ich bin das FBI« über die Lippen, wobei die Betonung eindeutig auf dem »Ich« lag.[78] Andererseits überschätzte er sich und war deswegen angreifbar. Bisweilen scherte er sich bei der Jagd nach Terroristen wenig um Vorschriften und zeigte sich undiplomatisch bis rücksichtslos.

Nicht minder rücksichtslos geht O'Neill bei den Ermittlungen zum Anschlag auf die *USS Cole* zu Werke. Die Ankunft seiner Spezialeinheit im Jemen im Oktober 2000 kommt einer Invasion gleich. Mehr als dreihundert FBI-Beamte, teilweise schwer bewaffnet, durchkämmen den Hafen von Aden und zeigen sich nicht sonderlich zimperlich im Umgang mit den jemenitischen Behörden, wenn es darum geht, Informationen und Ermittlungsergebnisse von örtlichen Polizeidienststellen zu bekommen. Manchmal ist es auch einfach ein Problem mangelnder Kommunikation. Nur ein halbes Dutzend der FBI-Beamten sprechen ein paar Brocken Arabisch. Den jemenitischen Behörden sind die amerikanischen Polizisten schlicht suspekt, wenn sie nach Kleider- oder Leichenteilen der Attentäter verlangen und nicht erklären, daß sie diese für eine DNA-Analyse brauchen.

Das schroffe Auftreten von O'Neill und seinen Männern führt schließlich zum Eklat. Barbara Bodine, mittlerweile US-Botschafterin im Jemen, ist empört. Mit dem FBI hatte sie vereinbart, daß maximal fünfzig Beamte nach Aden kommen sollten, um den Anschlag zu untersuchen. Aber statt mit fünfzig ist O'Neill nun mit dreihundert FBI-Ermittlern angerückt, die sich aufführen, als wären sie im Wilden Westen und jagten den berüchtigten Revolverhelden Billy the Kid.

Ihr Auftreten im Jemen schlägt für die Botschafterin in dieselbe Kerbe wie die Studie »Terror 2000«, deren Erscheinen sie 1994 verhindert hatte, da sie diese für eine Brandmarkung der islamischen Welt gehalten hatte. Dies äußert sie auch in aller Deutlichkeit gegenüber John O'Neill. Aber der FBI-Beamte wischt die Bedenken der Botschafterin einfach vom Tisch. »Wir können keine Rücksicht auf die Verhältnisse hier nehmen«, erwidert jener. »Wir sind schließlich hier, um ein Verbrechen aufzuklären.«[79]

»Entschuldigen Sie mal, wie viele Ihrer Jungs sprechen eigentlich Arabisch?« kontert die Botschafterin und spricht damit einen Schwachpunkt an, der auch O'Neill bewußt ist. Während der Ermittlungen in Aden ist es immer wieder zu peinlichen Zwischenfälle gekommen, die auf Sprachbarrieren beruhten. Bei einem Gespräch mit einem jemenitischen Kollegen bekommt O'Neill das selbst zu spüren. Weil sich ein jemenitischer Beamter ziert, Informationen an das FBI weiterzugeben, läßt ihm O'Neill durch einen Übersetzer mitteilen: »Aus ihnen Informationen herauszubekommen ist wie Zähne ziehen.« Der jemenitische Beamte bekommt daraufhin große Augen und stellt die Zusammenarbeit mit dem FBI völlig ein. Später stellt sich heraus, daß O'Neills Äußerung falsch übersetzt wurde: »Wenn Sie mir die Informationen nicht geben, die ich brauche, werde ich Ihnen die Zähne herausreißen.«

Im Streit mit der Botschafterin zieht O'Neill jedenfalls den kürzeren. Nach einem Kurzbesuch in New York will der FBI-Beamte wieder zurück zu seinen Männern in den Jemen. Aber auf Intervention von Barbara Bodine verbieten ihm seine Vorgesetzten die Rückkehr. O'Neill ist wütend und frustriert. Denn seine Leute sind in Aden auf eine heiße Spur gestoßen: Der einbeinige al-Qaida-Kommandeur Attash steht im Verdacht, zusammen mit weiteren Mitgliedern der Terrororganisation von langer Hand den Anschlag auf die *USS Cole* vorbereitet zu haben.

Dr. Attar ist sehr angetan davon, wie sich sein junger Landsmann entwickelt. Al-Hazmi lebt nun seit fast zwei Monaten zur Untermiete bei dem FBI-Spitzel. Aber weder ahnt der Terrorist etwas von der Nebentätigkeit seines Vermieters, noch hat Dr. Attar die leiseste Ahnung davon, daß er einen gefährlichen al-Qaida-Mann in seinem Haus beherbergt.

Al-Hazmi wendet aber auch alle erdenklichen Tricks an, um seinen Vermieter nach der Abreise al-Mihdhars in Sicherheit zu wiegen. Bis zum Beginn der entscheidenden Phase der Operation will al-Hazmi in San Diego »überwintern«. Obwohl er mit ausreichend Geld durch die al-Qaida versorgt wird, nimmt er zur Tarnung einen Job bei einer Tankstelle an. Der Tankstellenbesitzer wird jedoch vom FBI überwacht, weil dessen Bruder ein bekannter Aktivist der al-Qaida ist.[80] Dies bleibt für al- Hazmi aber folgenlos wie auch die Tatsache, daß er bei einem FBI-Spitzel zur Untermiete wohnt.

Für Dr. Attar ist al-Mihdhar mittlerweile fast so etwas wie ein Sohn. Er ist angetan davon, daß al-Hazmi nicht wie al-Mihdhar nur herumhängt, sondern als Autowäscher für seinen Lebensunterhalt aufkommt. Abends sitzt al-Hazmi stundenlang vor dem Computer und surft im Internet. Dabei hält er per E-Mail Kontakt zu al-Mihdhar und den anderen Verschwörern. Denn nach erfolgreichem Verlauf der Aktion in Aden legen die al-Qaida-Oberen um Khalid Scheich Mohammed wieder ihr Hauptaugenmerk auf den ehrgeizigen Plan, mit entführten Passagiermaschinen Anschläge auf das Pentagon oder das World Trade Center zu verüben. Aber um diesen Plan in die Tat umsetzen zu können, muß noch viel organisiert und koordiniert werden. Vor allem brauchen sie weitere Piloten. Um sicherzustellen, daß ihr Vorhaben nicht vorzeitig aufgedeckt wird, werden nach bewährter al-Qaida-Methode Absprachen möglichst im persönlichen Gespräch getroffen. Nur im Notfall wird auf das Internet zurückgegriffen, wo sich die Verschwörer mitunter in Chatrooms verabreden.

Der FBI-Spitzel schöpft keinerlei Verdacht. Allerdings interessiert es ihn durchaus, was al-Hazmi nächtelang an das Internet fesselt. Als er ihn danach fragt, überrascht ihn al-Hazmi mit der Antwort, er suche im Internet nach einer geeigneten Frau zum Heiraten. Dr. Attar glaubt ihm. Denn al-Hazmi kann gleich ganz genau sagen, wie er sich seine künftige Ehefrau vorstellt: Vor allem sollte es eine Mexikanerin sein, was den FBI-Spitzel dazu bringt, al-Hazmi ein paar Brocken Spanisch beibringen zu wollen. Dem Terroristen bleibt nichts anderes übrig, als sich darauf einzulassen, will er nicht riskieren, daß seine Heiratspläne als Lüge auffliegen.

London, Ende Oktober 2000

Zacarias Moussaoui ist von Kuala Lumpur in die britische Hauptstadt zurückgekehrt. Er hat nun genügend Geld wie auch ein Empfehlungsschreiben in der Tasche, das ihn als Repräsentanten eines Callcenter aus Malaysia ausweist. Zudem hatte er bereits von Kuala Lumpur aus Kontakt aufgenommen mit der *Airman Flight School* in Norman, einem kleinen Ort bei Oklahoma City. Dort hatten bereits drei Monate zuvor Mohammed Atta und Marwan al-Shehhi einen Kurs gebucht und auch ein paar Tage verbracht, bevor sie sich dann doch entschieden, ihre Pilotenausbildung in Florida zu machen.

Zac hingegen ist fest entschlossen, seinen Pilotenschein in Norman zu erwerben. Per E-Mail wendet er sich mit der Absenderadresse »pilotz123@hotmail.com« an Brenda Keene, die Betreiberin der Flugschule. »Ich war in letzter Zeit sehr beschäftigt, da ich meine Abreise in die USA vorbereitet habe. Ich hoffe im nächsten Monat (vielleicht in zwei Wochen) zu kommen. Ich denke, wenn wir uns treffen, haben wir die Gelegenheit, über die finanzielle Möglichkeit zu sprechen.«[81] Obwohl Zac seit Jahren vorwiegend in London lebt, ist sein Englisch holprig. Zum anderen scheren ihn Umgangsformen wenig, und er nennt die Flugschulenbetreiberin Brenda Keene einfach »Mrs. Brenda«. Seine Bewerbungsmail unterschreibt er mit »Zuluman Tango Tango«.

Von London aus bereitet Moussaoui nun seine Abreise in die USA vor. Wie schon die Hamburger Verschwörer, so besorgt sich auch Zac einen neuen Paß, ist doch sein alter voller Visa für Pakistan und Afghanistan.

Vor zweieinhalb Jahren noch war er in Afghanistan in einem Lager der al-Qaida gewesen. Zac wurde dort in dem berüchtigten Camp Khalden südlich von Kabul ausgebildet, in dem schon in den achtziger Jahren die Mudschaheddin für den Kampf gegen die Sowjetarmee gedrillt worden waren. Seit bekannt ist, daß dort auch Yousef Ramzi, der Attentäter von New York, sein Handwerk gelernt hat, heißt das Camp in FBI-Kreisen nur noch die »Universität des Terrors«.

Zusammen mit seinem Freund Masood al-Benin wollte Moussaoui immer in Tschetschenien, dem Hauptschauplatz des Dschihad, gegen die Russen kämpfen. Während sein Freund aber von den Rebellen als Kämpfer akzeptiert wurde, schickten sie Zac wieder zurück. Er war ihnen zu unerfahren und ungeschickt. Al-Benin hingegen blieb und drehte in Tschetschenien Propagandavideos über die Mudschaheddin, die weltweit in einschlägigen Moscheen oder über das Internet zu kaufen waren. Aber ein halbes Jahr zuvor, im April 2000, war sein Freund bei einem Gefecht ums Leben gekommen. Seitdem gilt er als Märtyrer, dem sein Platz im Paradies sicher ist.

Zac will es ihm gleichtun und wartet nun in London auf seinen Einsatzbefehl, für was auch immer. Allerdings ahnt er nicht, daß ihn die Freundschaft zu al-Benin, dem »Dokumentarfilmer des Dschihad«, ins Visier des britischen Inlandsgeheimdienstes MI5 gebracht hat. Der MI5 interessiert sich so sehr für Zac, daß er schon seinen französischen Partnerdienst darum gebeten hatte, im Umfeld der Familie von

Moussaoui zu ermitteln. Aber das Ergebnis der französischen Amtshilfe war dürftig. In der Familie sei nichts davon bekannt, daß der Verdächtige Kontakte zur al-Qaida unterhalte, ließen die Franzosen wissen.

Im Dezember hat das Warten für Zac endlich ein Ende. Aus Hamburg kommt Binalshibh geflogen. Der Kopf der Hamburger Zelle hatte wenige Tage zuvor eine schlechte Nachricht erhalten. In einem Schreiben vom 11. November 2000 macht ihm die amerikanische Botschaft unmißverständlich klar, daß er nicht mit einem Visum für die Vereinigten Staaten rechnen könne, da er »nicht in der Lage sei, seine familiären, sozialen und wirtschaftlichen Bindungen an seinen Wohnsitz in Deutschland ausreichend nachzuweisen«.[82]

Für Binalshibh steht damit unumstößlich fest, daß er seine Freunde aus Hamburg nicht bei ihrer Märtyreraktion unterstützen kann. Aber es bleibt keine Zeit zu trauern, schnellstens muß Ersatz gefunden werden. Zac gilt als möglicher Kandidat. Allerdings ist sich Binalshibh mit Khalid Scheich Mohammed einig darüber, daß er nur eine Notlösung sein kann.[83] Der Franko-Marokkaner ist ihnen ein zu unsicherer Kantonist – zu sprunghaft, redselig und oft großspurig in seinem Auftreten. Bevor er in die USA geschickt werden kann, muß Moussaoui also noch einmal nach Afghanistan, wo ihm eingehend auf den Zahn gefühlt wird, ob er sich überhaupt für eine derartige Operation eignet oder ob er eher eine Gefahr darstellt, den ganzen Plan auffliegen zu lassen.

Washington D. C., 20. Dezember 2000

Seit dem Anschlag auf die *USS Cole* arbeitet Richard Clarke fieberhaft an einem Plan zur Bekämpfung der al-Qaida. Für den leitenden Terrorismusexperten im Nationalen Sicherheitsrat der Clinton-Regierung gibt es keinen Zweifel daran, daß Osama Bin Laden und seine Männer für das Attentat auf das Kriegsschiff verantwortlich sind. Für Clarke ist die

Zeit längst reif zum Handeln. Die USA müssen den Terroristen endlich entgegentreten und mit aller Gewalt ihr Netzwerk zerschlagen. Neben dem Einfrieren verdächtiger Konten hält Clarke eine militärische Intervention in Afghanistan für unumgänglich. Denn das dortige Taliban-Regime beherbergt nicht nur Bin Laden und dessen Gefolgsleute, sondern läßt auch zu, daß al-Qaida von Afghanistan aus Terroranschläge plant, organisiert und durchführt.

Das Ergebnis seiner Überlegungen hat Clarke in einem Strategiepapier zusammengefaßt, das er am 20. Dezember 2000 Sandy Berger, dem Nationalen Sicherheitsberater Clintons, vorlegt.

Bei Berger rennt Clarke damit offene Türen ein. Der Sicherheitsberater hat längst die Gefahr erkannt und ist ebenfalls zu der Überzeugung gekommen, daß gegen al-Qaida vorgegangen werden muß. Bereits sechs Wochen zuvor hatte Berger deswegen einen Vorstoß im Pentagon unternommen und persönlich bei Verteidigungsminister Wiliam Cohen einen Militäreinsatz gegen Osama Bin Laden gefordert. »Wir haben schon ein paarmal zugeschlagen, und wir werden wieder zuschlagen«, sagte Berger am 7. November 2000 zum Verteidigungsminister.[84] »Wir haben keine andere Wahl, als Cruise Missiles einzusetzen.« Berger schlug jedoch auch den Einsatz von Bodentruppen vor. Speziell ausgebildete Streitkräfte sollten innerhalb Afghanistans in einer *search-and-destroy-Operation* Osama Bin Laden ausfindig machen und seinen genauen Standort an die Luftstreitkräfte weitergeben, damit der Terrorpate dann mit einer Cruise Missile eliminiert werden könne. Cohen versprach Berger, dessen Vorschlag zu überdenken. Allerdings machte er ihm wenig Hoffnung, daß er und sein General Hugh Shelton, Vorsitzender der Vereinigten Streitkräfte, sich für diese Idee wirklich begeistern würden. Sie fürchteten eine Wiederholung des Desasters von 1980, als im Iran Spezialkräfte kläglich daran scheiterten, amerikanische Geiseln zu befreien. Das Fiasko bedeutete damals auch das politische Ende Jimmy Carters. Die darauffolgenden Präsidentschaftswahlen gewann Ronald Reagan, der Kandidat der Republikaner.

Als Clarke nun Berger am 20. Dezember seinen Plan vorlegt, haben sich die politischen Rahmenbedingungen wieder einmal geändert. Der texanische Gouverneur George W. Bush, Sohn des früheren US-Präsidenten, war zuvor zum Sieger der Präsidentschaftswahlen ernannt worden. Die Tage von Berger als nationalem Sicherheitsberater sind damit gezählt, ebenso die der meisten anderen Mitglieder des Gremiums. Einen Monat später sollen die Bush-Leute dort ihre Posten einnehmen und eigene Vorstellungen von Sicherheitspolitik zu verwirklichen versuchen. Berger und die übrigen Mitglieder des Nationalen Sicherheitsrates kommen deshalb überein, Clarkes Plan erst einmal links liegenzulassen. Das Thema al-Qaida ist jetzt das Problem der Nachfolgeregierung. Sollen sich die Bush-Leute mit diesen Terroristen herumschlagen. »Wir können doch keinen Krieg anzetteln und dann am 20. Januar 2001 bei der Amtsübergabe der Bush-Administration sagen: So, macht mal weiter«, sagt einer aus der Runde.[85]

Berger sieht das ähnlich. Allerdings erachtet er es noch als seine Aufgabe, seine Nachfolgerin im Amt des Chefs des Nationalen Sicherheitsrates, Condoleezza Rice, über die dringende Notwendigkeit zu informieren, das Thema Osama Bin Laden und al-Qaida ganz oben auf die Prioritätenliste zu setzen.

Für Berger steht fest, daß Terrorismus in den nächsten Jahren das bestimmende Thema in der amerikanischen Sicherheitspolitik sein wird. Er hofft nur, daß seine Nachfolgerin dies genauso sieht. Jedenfalls hat sich Berger vorgenommen, ihr alle Informationen zu dem Thema zur Verfügung zu stellen. Als er den Posten übernommen hatte, war die Amtsübergabe anders verlaufen. Der Sicherheitsberater von Bush senior hatte ihm nichts hinterlassen. Berger hatte das als albern empfunden, vor allem aber auch als verantwortungslos. Schließlich geht es um die Sicherheit der Vereinigten Staaten von Amerika, und Informationen dazu können nicht als das Privateigentum einer Regierung erachtet werden. Sie müssen nach Ende der Amtszeit den Nachfolgern zur Verfügung stehen. Berger jedenfalls will die Amtsübergabe anständig über die Bühne bringen.

USA, 21. Dezember 2000

Während Ramzi Binalshibh alle Pläne begraben muß, als Pilot an der geplanten Märtyrermission teilzunehmen, erhalten seine drei Hamburger Freunde bereits ihre Pilotenscheine. Drei Tage vor Weihnachten 2000 werden sie als ersten Atta und al-Shehhi an ihrer Flugschule in Venice, Florida, ausgehändigt. Die zwei verlieren keine Zeit und mieten noch vor dem Jahreswechsel für sechs Stunden einen Boeing-Flugsimulator. Bislang hatten sie nur Erfahrung mit einer kleinen Cessna sammeln können. Nun gilt es, sich so schnell wie möglich mit dem Manövrieren der großen Maschinen vertraut zu machen.

In San Diego, Kalifornien, zieht derweil al-Hazmi aus dem beschaulichen Haus des FBI-Spitzels aus. Für den jungen Saudi hat das Warten nun ein Ende. Er geht nach Mesa im Bundesstaat Arizona zu einem Landsmann namens Hani Hanjour. Für al-Hazmi hat dies unter anderem den Vorteil, daß er keine spanischen Vokabeln mehr lernen muß für seine angeblich sehnlichst gesuchte Mexikanerin. Hani Hanjour weiß Bescheid. Er ist aus dem gleichen Grund in den USA wie al-Hazmi.

Hanjour ist ihm gegenüber jedoch im Vorteil, da er seit mehr als einem Jahr eine gültige Pilotenlizenz besitzt. Nachdem weder al-Hazmi noch dessen Kumpan al-Mihdhar als Piloten in Frage kommen, soll nun Hanjour deren Part übernehmen. Er ist zudem bestens mit den US-amerikanischen Gepflogenheiten vertraut. Der achtundzwanzigjährige Saudi war schon öfter in den Vereinigten Staaten. Allerdings hatte gleich sein erster Besuch im Land der unbegrenzten Möglichkeiten zur Folge, daß sich Hanjour, angewidert vom großspurigen *american way of life*, dem Dschihad zuwendete. Als er 1992 nach einem viermonatigen USA-Aufenhalt nach Saudi-Arabien zurückkehrte, war er ein anderer Mensch geworden, wie seine Brüder bemerkten.[86] Hanjour trug nun einen Vollbart, kappte alte soziale Bindungen und verbrachte die meiste Zeit damit, Bücher über Religion und über Flugzeugtechnik zu lesen. Im April 1996 kehrte er schließlich in die USA zurück und begann mit einer Pilotenausbildung an einer Flugschule in Scottsdale, Arizona. Aber erst drei Jahre später, am 15. April 1999, gelang es ihm nach langem Hin und Her, in einer Flugschule in Tempe, ebenfalls im Bundesstaat Arizona, die Pilotenlizenz zu erwerben. Damals hatte er seine Prüfung zum *Airplane Multi-Engine Land/Commercial Pilot* mit einer zweimotorigen Piper Apache abgelegt.

Doch die Pilotenprüfung liegt jetzt schon eineinhalb Jahre zurück. Seitdem ist Hanjour nicht mehr geflogen. Ihm fehlt die Praxis. Nach seiner Rückkehr in die USA nimmt er deshalb ein paar Flugstunden in einer Flugschule in Phoenix. Aber der junge Saudi erweist sich als lausiger Pilot. Als sich ausgerechnet Hanjour nach der Möglichkeit erkundigt, ob er in einem Flugsimulator das Fliegen einer Boeing üben könne, wird sein Lehrer mißtrauisch. Zudem spricht Hanjour ein so schlechtes Englisch, daß der Fluglehrer sich ernsthaft fragt, wie Hanjour eigentlich damit die Pilotenprüfung in den USA bestanden haben will. Er hegt mittlerweile den Verdacht, daß die Pilotenlizenz von Hanjour gefälscht sein könnte, und benachrichtigt die FAA-Flugaufsichtsbehörde. Aber von der FAA kommt die Mitteilung zurück, die Lizenz sei echt.[87] Hanjour kann damit weiter für den Ernstfall üben. Und al-Hazmi, der sich um die Koordination kümmert, ist zufrieden. Trotz zwischenzeitlicher Rückschläge verlaufen die Vorbereitungen für die Operation fast planmäßig. Sie haben jetzt vier Piloten im Land. Atta, al-Shehhi und Jarrah, die drei Hamburger, und Hani Hanjour.

Während der Abwesenheit John O'Neills, ihres Chefs, können die FBI-Beamten im Jemen einen Erfolg vermelden. Sie wissen nun definitiv, wer bei dem Anschlag auf die *USS Cole* als Drahtzieher fungierte. Bereits vor zwei Monaten waren sie auf die Spur des einbeinigen al-Qaida-Kommandeurs Attash gestoßen. Mittlerweile sind sie sich ihrer Sache ganz sicher. Mit Hilfe eines HUMINT, einer Quelle aus dem Umfeld der Attentäter, konnten sie »den Einbeinigen« als Hauptverantwortlichen für das Attentat ausmachen.[88]

Das FBI gibt die Ergebnisse ihrer Ermittlungen an die CIA weiter. In Langley nimmt die Analyseabteilung mit großem Interesse zur Kenntnis, daß »der Einbeinige« hinter dem Anschlag stecken soll. Umgehend werden die Datenbanken der CIA nach weiteren Informationen über den al-Qaida-Kommandeur abgefragt. Dabei fallen den Analysten der CIA die Aktenvermerke und Observationsfotos über das Treffen in Malaysia in die Hände, das ziemlich genau ein Jahr zuvor stattgefunden hatte.[89] Laut der vorliegenden Berichte und E-Mails soll »der Einbeinige« an dem Treffen teilgenommen haben und auf einem der Fotos zu sehen sein. Um ganz sicher zu gehen, werden die Aufnahmen dem FBI vorgelegt, deren Experten ihn zweifelsfrei darauf identifizieren.

Obwohl das FBI sich in der Angelegenheit äußerst kooperativ verhalten hat, erachtet die CIA es weiterhin nicht für nötig, der Bundespolizei für Folgeermittlungen Kopien der Fotos zu überlassen oder sie wenigstens über die Umstände zu informieren, wann und wo sie gemacht wurden oder wer sonst noch auf den Fotos zu sehen ist.[90]

Bei der CIA hat man allen Grund, sich in dieser Angelegenheit nicht allzusehr in die Karten schauen zu lassen. Denn in Langley fängt man nun an, das Treffen in Malaysia in einem völlig neuen Licht zu sehen. Damals hatte man die aufwendige Observation abgebrochen, weil man letztendlich annahm, daß die Terroristen keinen Anschlag vorbereitet hätten. Zunächst schien sich dies ja auch zu bewahrheiten. Es passierte nichts, weder in Malaysia noch anderswo war es zu Attentaten auf US-Einrichtungen gekommen. Letztlich sollte sich diese fatale Fehleinschätzung jedoch rächen.

Nachdem siebzehn US-Soldaten beim Anschlag auf die *USS Cole* gestorben sind, kommen die Analysten der CIA zu anderen Schlußfolgerungen. Wahrscheinlich waren in Kuala Lumpur entscheidende Absprachen bezüglich des Attentats auf das amerikanische Kriegsschiff getroffen worden. Allein aus diesem Grund hatte »der Einbeinige« die anderen nach Kuala Lumpur beordert. Diese bittere Erkenntnis bringt die CIA-Ermittler auch zu der Überzeugung, daß die Teilnehmer des Treffens eine größere Bedeutung innerhalb der al-Qaida haben müssen, als bislang in Langley angenommen wurde. Vielleicht war neben »dem Einbeinigen« noch der eine oder andere Teilnehmer der Runde an der unmittelbaren Vorbereitung des Anschlags im Jemen beteiligt. Im nachhinein gesehen, war es also ein dramatischer Fehler gewesen, die Observation abzubrechen. Der Anschlag auf die *USS Cole* hätte vielleicht verhindert werden können, wenn die CIA an den Terroristen drangeblieben wäre.

Aber die damalige Fehleinschätzung ist nicht die einzige Panne, die der CIA bei dieser Operation unterlaufen ist. Bei der Durchsuchung der Unterlagen stoßen die Analysten auf Hinweise und Belege dafür, daß mit al-Mihdhar und al-Hazmi zwei der Teilnehmer über US-Visa verfügen und unmittelbar nach dem Treffen in Malaysia in die USA eingereist sind. Weitere Informationen dazu liegen nicht vor. Denn zur Überraschung der CIA-Ermittler haben ihre Vorgesetzten den Umstand nicht dem FBI oder einer anderen Behörde gemeldet, welche die beiden Terroristen zur Fahndung hätten ausschreiben können.

Obwohl der CIA keinerlei Hinweise vorliegen, daß die Terroristen die Vereinigten Staaten wieder verlassen haben, reagiert man in Langley noch immer nicht. Statt endlich

Alarm zu schlagen, wird alles unternommen, um die Panne zu vertuschen. Schließlich sind es nur noch wenige Tage bis zur offiziellen Amtseinführung des neuen Präsidenten, da kann CIA-Direktor Tenet kein Gerede über fatale Fehler seines Nachrichtendienstes gebrauchen. Eine Diskussion zu diesem Zeitpunkt würde ihn vermutlich den Job kosten. Tenet aber geht felsenfest davon aus, daß er – wenn alles gutgeht – entgegen den sonstigen Gepflogenheiten auch unter dem neuen Präsidenten im Amt bleiben wird.

Ein neu gewählter Präsident übernimmt normalerweise nicht den DCI seines Vorgängers, besonders wenn der neue Präsident, wie im Falle George W. Bushs, Republikaner ist und sein Vorgänger der demokratischen Partei angehört. Dies gilt natürlich auch umgekehrt. George Bush senior, der lange vor seiner Präsidentschaft das Amt des DCI bekleidet hatte, mußte nach nur einem Jahr diesen Posten wieder räumen, weil zwischenzeitlich der Demokrat Jimmy Carter zum Präsidenten gewählt worden war und dieser dem DCI seines republikanischen Vorgängers allein schon aus parteipolitischen Gründen nicht über den Weg traute.

George Tenet rechnet sich jedoch ernsthafte Chancen aus, dieses Gesetz der Serie zu durchbrechen. Obwohl er seit Anfang seiner Karriere von dem demokratischen Senator David L. Boren protegiert wurde, hat er es immer vermieden, sich parteipolitisch festlegen zu lassen. Als sich schließlich nach den Umfrageergebnissen abzeichnet, daß der republikanische Gouverneur Bush junior durchaus Chancen auf das Amt des Präsidenten der Vereinigten Staaten von Amerika anmelden kann, weiß Tenet zu reagieren. Er muß ein Zeichen setzen, daß er als DCI parteipolitisch über den Dingen steht. Den Eingangsbereich des CIA-Hauptquartiers in Langley, eine imposante Säulenhalle aus Marmor, läßt er zu Ehren des früheren CIA-Direktors und späteren US-Präsidenten auf »Bush Intelligence Center« taufen. Der Bush-Clan ist gerührt.

4. Kapitel

Washington D. C., 13. Januar 2001

Das erste dienstliche Treffen zwischen Tenet und dem künftigen Präsidenten findet im Blair-Haus statt, direkt gegenüber dem Weißen Haus. Es ist wohl noch eine Woche hin bis zur offiziellen Amtseinführung, aber der DCI erachtet es als erforderlich, George W. Bush schon jetzt über die nachrichtendienstliche Lage zu unterrichten. Dick Cheney, der künftige Vizepräsident, nimmt ebenfalls an der Unterredung teil. Tenet wiederum hat seinen *Deputy Director for Operations* (DDO) James L. Pavitt mitgebracht, der innerhalb der CIA für geheime Nachrichtenbeschaffung und verdeckte Operationen zuständig ist.

Pavitt ist fünfundfünfzig Jahre alt und ein geselliger Zeitgenosse. Als DDO befehligt er ein Heer von verdeckt arbeitenden Undercover-Agenten und Nachrichtenbeschaffern auf der ganzen Welt. Pavitt war damit auch für die Operation in Kuala Lumpur verantwortlich, lediglich die fehlerhafte Auswertung des Ganzen fiel in einen anderen Zuständigkeitsbereich. Trotzdem lastet auf seinen Schultern ein Teil der Verantwortung für die fatale Fehleinschätzung, die Terroristen nicht weiter verfolgt zu haben. Aber die eigentliche Hauptverantwortung trägt Tenet als DCI, zumal er sich damals fortwährend über den Verlauf der Operation hatte unterrichten lassen.

Natürlich verspüren weder Tenet noch Pavitt große Lust, in ihrem ersten Dienstgespräch mit dem künftigen Präsidenten und dessen Stellvertreter über eine der folgenschwersten Pannen der CIA in den vergangenen Jahren zu sprechen, die in letzter Konsequenz siebzehn US-Soldaten das Leben gekostet hatte. Statt dessen unterrichten sie Bush und Cheney zweieinhalb Stunden lang über den Kenntnisstand der CIA und ihrer US-amerikanischen Schwesterdienste. Fasziniert lauscht Bush den Berichten der CIA-Vorderen über die Guten, die Bösen und die ganz Schrecklichen auf der Welt. Dabei fällt auch der Name Osama Bin Ladens, den Tenet als eine der drei größten Gefahren für die Vereinigten Staaten bezeichnet. Die Gefährlichkeit des Terroristenchefs stellt Tenet auf eine Ebene mit der Bedrohung durch China als wachsende Militärmacht sowie der weltweit immer größer werdenden Verfügbarkeit von chemischen, biologischen und atomaren Massenvernichtungswaffen.

Tenet weiß zu diesem Zeitpunkt vermutlich längst, daß er trotz des Regierungswechsels im Amt bleiben wird. Sein alter Mentor, der frühere Senator David L. Boren, hatte deswegen schon mit dem Vater von George W. Bush gesprochen und dem Ex-Präsidenten versichert, daß Tenet völlig frei von irgendwelchem parteipolitischen Dünkel sei und deshalb Bush junior ein loyaler DCI sein werde. Als dieser wenig später seinen Vater fragte, wie er sich im Fall Tenet verhalten solle, hatte der ihm geantwortet: »Nach allem, was ich gehört habe, ist er ein guter Kerl.«[91] Damit war es beschlossene Sache, daß Tenet im Amt bleiben würde.

Entsprechend entspannt verläuft das erste offizielle Zusammentreffen im Blair-Haus, bei dem Tenet immer wieder den Bogen zum Thema Bin Laden und al-Qaida findet. Der DCI warnt den künftigen Präsidenten und dessen Stellvertreter eindringlich, daß der saudische Multimillionär und seine Terrororganisation eine »ungeheure Gefahr« für die Vereinigten Staaten seien und man mit weiteren Anschlägen wohl schon in »unmittelbarer Zukunft« rechnen müsse. Allerdings muß Tenet gegenüber seinem neuen Dienstherrn und dessen Vize eingestehen, daß man auch nicht wisse, wann, wo und wie Osama Bin Laden zuschlagen werde. Nicht unerwähnt bleibt auch, wie schwer es ist, diesen Terroristen zu fassen. Bushs Vorgänger hatte deshalb der CIA bereits mit einigen Geheimdienstverordnungen diverse Sonderrechte eingeräumt. Vor einem entscheidenden Punkt jedoch war Clinton nach Meinung der CIA-Oberen zurückgeschreckt. Er hatte den Auslandsgeheimdienst nicht autorisiert, Osama Bin Laden durch ein Killerkommando eliminieren zu lassen.

Washington D. C., 25. Januar 2001

Fünf Tage nach der offiziellen Amtseinführung des neuen Präsidenten hat Sandy Berger seine Nachfolgerin im Amt des Nationalen Sicherheitsberaters, Condoleezza Rice, zur Lagebesprechung ins Weiße Haus geladen. An seinem Vorsatz, die Regierungsgeschäfte möglichst reibungslos an die Bush-Leute zu übergeben, hält Berger nach wie vor fest. Dabei wird ihm in diesen Tagen wieder schmerzlich bewußt, wie wenig Hilfe er und seine Kollegen von den Mitarbeitern Bush seniors erhielten, als sie 1992/93 die Amtsgeschäfte übernahmen. Berger ist jedoch fest entschlossen, nicht mit gleicher Münze zurückzuzahlen, und hat eine Serie von zehn Treffen anberaumt, bei denen Condoleezza Rice und deren Stellvertreter Stephen Hadley die wichtigsten Punkte erläutert werden sollen.

Berger selbst nimmt nur an einem der Treffen teil. Bei diesem Meeting geht es um die Bedrohung der Vereinigten Staaten durch den internationalen Terrorismus. »Ich bin zu dem Treffen gekommen«, sagt er zu Bushs künftiger Sicherheitsberaterin, »um damit zu unterstreichen, wie wichtig ich die Angelegenheit einschätze.«[92] Als er für einen Moment mit Rice allein ist, ergänzt Berger noch: »Ich glaube, daß die Bush-Administration dem Thema Terrorismus, speziell der al-Qaida, mehr Aufmerksamkeit schenken sollte als jedem anderen Thema.«

Das Briefing zum Schwerpunktthema Terrorismus wird von Richard Clarke ausgerichtet. In den Vordergrund des Vortrags stellt er seinen Aktionsplan zur Bekämpfung des Terrornetzwerks. Aber es geht nicht nur darum, die neue Sicherheitsberaterin des Präsidenten von der Brisanz des

Themas zu überzeugen. Für Clarke geht es auch um seine eigene Zukunft als leitender Mitarbeiter im Nationalen Sicherheitsrat, und er ist ebenfalls guter Dinge, den Regierungswechsel unbeschadet zu überstehen. Bevor er unter Clinton zum leitenden Sicherheitsexperten im Weißen Haus aufgestiegen war, hatte er in gleicher Funktion im Pentagon gearbeitet, und das schon zu Zeiten des Präsidenten Ronald Reagan, als Bush senior dessen Stellvertreter war.

Clarke gilt deshalb in Washingtoner Sicherheitskreisen als Fossil. Die Mitarbeiter in seinem Stab reißen schon Witze darüber, daß auf der Rückseite der Präsidentenfotos in seinem Büro bereits das Konterfei des möglichen Nachfolgers klebe, so daß er nach Amtsantritt des neuen das Foto nur noch umzudrehen brauche. Clarke selbst ist ein eher humorloser Karrierebeamter, der im Ruf steht, vom Thema al-Qaida besessen zu sein. Sein Einfallsreichtum wird jedoch geschätzt. Andererseits ist er auch als ein Energiebündel bekannt, das sich stets in seine Aufgabe verbeißt und dabei nicht mehr nach links und rechts schaut. Clarke gilt als schwierig und unsensibel, ein Mann, der jeden wie eine Dampfwalze überrollt, der sich ihm in den Weg stellt, und sei es auch unabsichtlich. Letztlich hält man ihn wegen seiner kratzbürstigen Art für unfähig, Skeptiker von der akuten Terrorgefahr zu überzeugen.

Um Condoleezza Rice zu überzeugen, hat er eine PowerPoint-Präsentation vorbereitet. Als er anhand der ersten Folie beginnt, ihr die Problematik zu verdeutlichen, steht Sandy Berger auf und verläßt den Raum. Er geht mit dem Eindruck, daß seine Nachfolgerin die Brisanz des Themas erkannt hat und hoffentlich ganz oben auf ihre Prioritätenliste setzen wird.

Mit der Folie Nummer 14 verdeutlicht Clarke, um was es seiner Meinung nach geht: »Die Antwort auf al-Qaida: roll back.« Sein Plan sieht vor, die Zellenstruktur der al-Qaida aufzubrechen und die Anhänger zu verhaften sowie dem Terrornetzwerk das Geld zu entziehen. Dabei will Clarke auch systematisch gegen die Finanziers der al-Qaida vorgehen und deren Vermögen weltweit einfrieren. Genauso will er kompromißlos gegen jene muslimischen Wohltätigkeitseinrichtungen vorgehen, die als Tarnorganisationen weltweit Gelder für das Terrornetzwerk sammeln. Länder wie Usbekistan, die Philippinen oder der Jemen, in denen sich nachweislich al-Qaida-Zellen eingenistet haben, sollen von den USA Unterstützung erhalten, um die Terroristen bekämpfen zu können. Als am wichtigsten erachtet Clarke jedoch, den »afghanischen Sumpf auszutrocknen«. Der Sicherheitsexperte fordert die »Eliminierung des Allerheiligsten«[93] der al-Qaida. Clarke macht deutlich, daß die Trainingscamps der Terrororganisation in Afghanistan so schnell wie möglich zerstört werden müssen. Jährlich würden dort Hunderte, vielleicht sogar Tausende junger Männer zu Killern ausgebildet. Clarke plädiert deshalb für den Einsatz von Spezialkommandos und der Luftwaffe.

Für fast ebenso gefährlich wie die al-Qaida erachtet er das Taliban-Regime. Die radikalen Islamisten waren 1996 in Afghanistan an die Macht gekommen und gewährten seitdem Osama Bin Laden und dessen Terrororganisation Unterschlupf und Schutz. Clarke empfiehlt deshalb der neuen Sicherheitsberaterin, in Afghanistan die Nordallianz und deren charismatischen Führer Ahmed Massoud massiv zu unterstützen. Clarke plädiert dafür, Massoud die Möglichkeit zu geben, eine schlagkräftigere Streitmacht aufzubauen. Er spekuliert darauf, daß dieser die Taliban in heftige Kämpfe verwickeln könnte und al-Qaida-Männer dann ihren Waffenbrüdern zur Seite stehen würden. »So binden wir die Terroristen an die Heimatfront, und sie kommen nicht dazu, Afghanistan zu verlassen und irgendwo auf der Welt Terroranschläge durchzuführen.«[94]

Der einzige Wermutstropfen in Clarkes Plan ist die Tatsache, daß dessen Umsetzung nach seinen Berechnungen mehrere hundert Millionen Dollar kosten würde. Aber auf eine Diskussion über Kosten will sich Clarke erst gar nicht einlassen. Er ist der felsenfesten Überzeugung, daß jeder Cent gut investiert wäre. Denn die finanziellen Folgen eines Anschlags in den USA würden diese Investition mit Sicherheit um das zigfache übertreffen.

Condoleezza Rice läßt sich nicht anmerken, was sie über Clarkes Ausführungen und Einschätzungen denkt. Sie läßt den Sicherheitsexperten lediglich wissen, daß sie sich mit ihren Leuten zunächst einen größeren Überblick verschaffen müsse, bevor sie eine Entscheidung fällen könne, ob die Umsetzung des Planes in Angriff genommen werde.

Einen Tag nach Clarkes Power-Point-Show präsentiert das FBI schriftlich die Beweise, daß nach nun vorliegenden Erkenntnissen eindeutig al-Qaida hinter dem Anschlag auf den Zerstörer *USS Cole* stecke. Von der neuen Regierung ist dazu nichts zu hören. Direkt nach dem Anschlag war dies noch anders. Damals war Wahlkampf, und Bush hatte, ohne daß es Hinweise auf die Täter gegeben hatte, die Zurückhaltung der Regierung im Weißen Haus gegeißelt und vollmundig gefordert: »Das muß Konsequenzen haben.«[95] Aber nun, nachdem Beweise vorliegen, kommt ein militärischer Vergeltungsschlag für die Bush-Administration noch nicht in Frage. Dafür ist es zu früh. Nach nur sechs Tagen im Amt könnte die Bush-Administration solch eine weitreichende Entscheidung der Weltöffentlichkeit nicht als ihre eigene verkaufen.[96] Clarke ist enttäuscht. Er befürchtet, daß sein Plan irgendwo in den Mühlen der Washingtoner Bürokratie zerrieben werden könnte.

Washington D. C., Anfang Februar 2001

Aber es gibt auch gute Nachrichten für Clarke: Er darf seinen Job tatsächlich behalten. Seine Power-Point-Präsentation hat nicht dazu geführt, daß Rice seinen Plan gleich dem Präsidenten vorlegte, seine Ausführungen scheinen die neue

Sicherheitsberaterin jedoch davon überzeugt zu haben, daß er der richtige Mann für diesen Job ist. Er wird also weiterhin im Nationalen Sicherheitsrat als leitender Beamter für den Bereich Terrorismus zuständig sein.

In dieser Funktion hat Clarke Anfang Februar die Gelegenheit, auch dem Vizepräsidenten Dick Cheney seinen Plan zu erläutern. Cheney ist etwa so alt wie Clarke. Er ist finanziell unabhängig, da er in der freien Wirtschaft ein Vermögen gemacht hat. Dafür jedoch hat er, im Gegensatz zu Clarke, schon mehrere Herzinfarkte hinter sich. Der Vizepräsident hört sich Clarkes Ausführungen geduldig an. Der ist sich anschließend aber gar nicht sicher, wie ernst seine Warnungen genommen werden. Cheney wie auch die meisten Kabinettsmitglieder der neuen Regierung stammen aus einer anderen Zeit. Viele haben bereits unter Reagan im Weißen Haus gearbeitet, der neue Verteidigungsminister Donald Rumsfeld gar schon unter Nixon. Sie sind Kalte Krieger, in einer Zeit zu Macht und Einfluß gekommen, als die USA nur *einen* wirklichen Feind hatte, der Sowjetunion hieß. Als sie 1993 nach der Wahlniederlage von Bush senior das Weiße Haus für acht Jahre verlassen mußten, war der Kalte Krieg vorbei, der neue Feind hieß Saddam Hussein, und von Osama Bin Laden und al-Qaida hatte damals kaum einer etwas gehört.

Aber in den vergangenen Jahren hat sich nicht nur die Welt dramatisch verändert, auch die Schwerpunkte der amerikanischen Sicherheitspolitik haben sich gezwungenermaßen verschoben. Osama Bin Laden und seine Terrororganisation sind mittlerweile nicht nur in den Augen von Clarke eines der größten und drängendsten sicherheitspolitischen Probleme – dennoch hat Clarke den Eindruck, die neue Regierung wolle nichts davon hören. Wenn er von der Gefahr durch Osama Bin Laden spricht, hört man ihm scheinbar interessiert zu, fragt dann aber nicht selten schnell nach Saddam Hussein. Die Kalten Krieger am Kabinettstisch haben mit dem irakischen Diktator noch eine Rechnung offen. Im Golfkrieg war es ihnen wohl gelungen, die Besatzungstruppen des Diktators aus Kuwait zu vertreiben, Saddam Hussein aber hatten sie damals nicht stürzen können, weil die UNO-Resolution dafür keinen Spielraum gegeben hatte.

Für Clarke wird schnell offensichtlich, daß die neue Regierung seinem Lieblingsthema nicht einmal die Bedeutung einräumt, die es für die Vorgängerregierung hatte – wobei er weit davon entfernt ist, das Engagement der Clinton-Administration in Sachen Terrorismus als ausreichend zu erachten. In der Bush-Regierung aber wird das Terrorismus-Problem fast völlig außer acht gelassen. Statt dessen ist der gesamte Mitarbeiterstab des neuen Sicherheitsrates davon besessen, ein nationales Raketenabwehrsystem zu installieren. Die Ressortchefs des Kabinetts sind ebenfalls mit anderen Dingen beschäftigt. Verteidigungsminister Donald Rumsfeld konzentriert sich auf eine lang angelegte Überprüfung der Militärstruktur, während Justizminister John Ashcroft sein Amt mit dem Versprechen angetreten hat, die Kriminalität bekämpfen zu wollen. Condoleezza Rice wiederum ist damit ausgelastet, eine einheitliche Linie in der Sicherheitspolitik herauszuarbeiten, und muß dafür so unterschiedliche Charaktere wie Vizepräsident Cheney und vor allem Verteidigungsminister Rumsfeld und Außenminister Colin Powell unter einen Hut bringen.

Aber es gibt noch weitere Gründe, weshalb Clarkes Plan nicht die notwendige Aufmerksamkeit bekommt. Viele der ausgeschiedenen Mitarbeiter aus dem Nationalen Sicherheitsrat haben das Weiße Haus mit dem Eindruck verlassen, daß die Bush-Leute den »Clintonites«, wie sie abschätzig genannt werden, unterstellen, das Thema Terrorismus viel zu hoch gehängt zu haben. Zudem hat Clarkes Aktionsplan zur Bekämpfung der al-Qaida den Makel, unter der Regie der Vorgängerregierung entstanden zu sein. Die Bush-Administration will aber auf dem Gebiet der Sicherheitspolitik ein eigenes Profil entwickeln. Rice weist Clarke deshalb an, eine neue »politische Überprüfung« der terroristischen Bedrohung durchzuführen.

Clarke stürzt sich geradezu auf diese Aufgabe und bemerkt dabei nicht, daß er damit seinen eigenen Plan beerdigt. Und auch mit seiner neuen Aufgabe setzt er sich, wie es seine Art ist, zwischen alle Stühle. Das Pentagon akzeptiert es nicht, daß der Nationale Sicherheitsrat und damit letztlich das Weiße Haus ihm Pläne vorlegt. Und das State Department wiederum will das Ganze in einem größeren, politischen Zusammenhang sehen und plädiert dafür, daß etwa die Afghanistan-Frage in die südasiatische Politik der USA eingebunden werden solle. Die Südostasienexperten des Außenministeriums setzen sich dafür ein, daß der Kashmir-Konflikt, die nukleare Proliferation sowie die Stabilisierung der Regierung Musharraf in Pakistan als mindestens ebenso drängende Probleme erachtet werden wie Osama Bin Laden und al-Qaida. Clarke fährt aus der Haut. Für ihn sind das politische Floskeln und die Regierung des General Pervez Musharraf, der erst vor zwei Jahren durch einen Putsch an die Macht gekommen ist, nichts anderes als eine Militärdiktatur, die die Taliban in Afghanistan dulden und damit indirekt auch Osama Bin Laden unterstützen. »Diese Leute versuchen uns umzubringen«, sagt er während des Treffens. »Ich scheiß' darauf, daß Musharraf ein angeblich demokratisch gewählter Staatschef ist. Mich bekümmert es viel mehr, daß Pakistan die Taliban unterstützt und dabei auch nicht sehen will, wie im Hinterland ihres Nachbarn das terroristische Krebsgeschwür wuchert.«[97]

New York, 5. Februar 2001

Mitten in Manhattan beginnt gegen 9.10 Uhr im US-Distriktgericht der Prozeß gegen Osama Bin Laden. Dem Terrorpaten wird von den New Yorker Staatsanwälten vorgeworfen, für die Anschläge auf die US-Botschaften in Ostafrika vor eineinhalb Jahren die Verantwortung zu tragen. In Abwesenheit soll ihm der Prozeß gemacht werden. Neben

Bin Laden werden noch drei weitere Terroristen beschuldigt, die auf der Anklagebank des New Yorker Distriktgerichtes Platz genommen haben. Es handelt sich um den Attentäter, der beim Anschlag auf die Botschaft in Kenia im letzten Moment aus dem Auto mit der Bombe gesprungen ist. Sein anschließender Anruf bei al-Mihdhars Schwiegervater hatte die CIA einst auf die Spur von al-Mihdhar gebracht. Ebenfalls angeklagt sind zwei arabischstämmige US-Bürger, die beschuldigt werden, die Drahtzieher der Botschaftsanschläge zu sein. Über einen von ihnen, den vermeintlichen Reifenhändler aus Texas, war die CIA einst auf die Spur eines Netzwerkes gestoßen, dessen Verknüpfungen bis nach Hamburg reichten.

Im Laufe des Prozesses kommen Beweise auf den Tisch, die erahnen lassen, wie gefährlich al-Qaida mittlerweile geworden ist. Ein Kronzeuge, früher selbst Mitglied der Terrororganisation, berichtet über Bin Ladens Besessenheit von Flugzeugen und wie er einmal im Auftrag des Terrorchefs versucht hatte, im Sudan atomare Massenvernichtungswaffen zu kaufen.

Der Prozeß gegen die Terroristen stößt auf großes Medieninteresse. Ständig wird über den Fortgang des Verfahrens berichtet. Eine staunende Öffentlichkeit nimmt wahr, welche Gefahr für die Vereinigten Staaten tatsächlich von Osama Bin Laden und seiner Terrororganisation ausgeht.

Das öffentliche Interesse hilft CIA-Direktor Tenet, sich mit dem Thema Bin Laden zu profilieren. In einem Kongreßausschuß entwirft er vor den Abgeordneten ein Horrorszenario: »Osama Bin Laden und sein globales Netzwerk von Mitgliedern und Anhängern bleiben die unmittelbarste Bedrohung für die Sicherheit der USA.« Fast im gleichen Atemzug aber versucht er dann den Eindruck zu erwecken, die CIA habe alles im Griff. »Wir haben die Sicherheitsvorkehrungen rund um Regierungs- und Militäreinrichtungen verstärkt. Die Terroristen werden ›weiche Ziele‹ suchen, weil dies größere Verluste garantiert.«[98] Die Realität ist jedoch eine andere. Weder CIA noch FBI haben ihre Anti-Terror-Abteilungen adäquat ausgebaut. Besonders bei der Bundespolizei wird mit dem Thema Terrorismus sehr nachlässig umgegangen. Das FBI hat insgesamt zwanzigtausend Mitarbeiter, verfügt aber lediglich über einen einzigen Analysten, der sich ausschließlich mit dem Thema al-Qaida beschäftigt.[99]

London, Mitte Februar 2001

Zacarias Moussaoui ist zurück aus Afghanistan. Dort wurde nun doch entschieden, den Franko-Marokkaner zumindest in die USA zu entsenden, wo er versuchen soll, eine Pilotenausbildung zu absolvieren. Bislang verfügen die Operationschefs der al-Qaida lediglich über vier Piloten in den USA, die auf ihren Märtyrereinsatz warten. Es kann also nicht schaden, wenn noch ein weiterer Mann zur Verfügung steht.[100]

Auf diesen Einsatzbefehl hat Zac lange gewartet. Er träumt davon, wie sein Freund, der »Dokumentarfilmer des Dschihad«, als Märtyrer ins Paradies einziehen zu können. Umgehend schreibt er eine E-Mail an »Mrs. Brenda«, die Flugschulenbetreiberin aus Norman bei Oklahoma City, mit der er schon einmal Kontakt hatte: »Zunächst möchte ich Ihnen ein schönes neues Jahr wünschen (ein bißchen spät, gebe ich zu), ich hoffe, jeder in der Schule ist bei bester Gesundheit und in der Stimmung zu fliegen. Ich entschuldige mich für die lange Verzögerung, aber im Leben ist nichts so, wie man es plant«, schreibt er. »Hoffentlich bin ich dieses Mal bereit.«[101]

Diesmal scheint es zu klappen. Bevor er abfliegt, schreibt er noch einmal eine E-Mail an »Mrs. Brenda«: »DRINGEND!« heißt es darin, »komme am 23. Februar in Oklahoma an, um 17.35, einem Freitag.« Es wäre nett, beendet er die Nachricht, wenn ihn jemand am Flughafen abholen könnte. Alles läuft wie geplant. Zac ist bestens präpariert. Problemlos erhält er ein Neunzig-Tage-Visum und verzollt die 35000 Dollar bei seiner Einreise vorschriftsmäßig. Mit dem vielen Geld erregt er keinerlei Verdacht. Schließlich kann er sein Bestätigungsschreiben vorlegen, das ihn als Repräsentanten einer Firma aus Malaysia ausweist.

Allerdings macht sich Zac gleich nach seiner Ankunft in Norman verdächtig. Einen Angestellten der Flugschule, der ihn wunschgemäß am Flughafen abholt, bittet er darum, ihn in einem möglichst billigen und unauffälligen Apartment unterzubringen. Zac verlangt, daß es über einen separaten, nicht einzusehenden Eingang verfügen soll. Der Flugschulenangestellte findet dies zwar etwas merkwürdig, tut aber, wie ihm geheißen.

In der Norman-Flugschule ist Zacarias Moussaoui schnell als schlechter und verschlossener Schüler bekannt. Er gibt sich wortkarg und geheimnisvoll, erklärt nicht, warum er lernen möchte, wie man eine Cessna fliegt. Statt für den Unterricht zu pauken, verbringt er die meiste Zeit in einer Moschee ganz in der Nähe der Flugschule. Dort offenbart er sich als radikaler Moslem, kritisiert, daß die Frauen nicht voll verschleiert seien, und wird wütend, als die alten Männer den Cheerleadern des örtlichen Football-Teams hinterherschauen.[102] Den anderen Besuchern in der Moschee hält er ausgiebige Vorträge darüber, warum ein gläubiger Moslem in den Dschihad ziehen müsse. Zac gibt sich nicht die Mühe, sich unauffällig zu verhalten, und in der Flugschule fällt er vor allem durch schlechte Leistungen auf. Sowohl im theoretischen als auch im praktischen Unterricht macht er gegenüber seinen Mitschülern kaum Fortschritte. Seine Lehrer beginnen an ihm zu zweifeln. Normalerweise kann selbst ein nur durchschnittlich begabter Schüler spätestens nach vierzig Flugstunden eine Cessna fliegen, ohne daß der Lehrer ständig eingreifen muß. Zac aber ist selbst nach siebenundfünfzig Übungsstunden weit davon entfernt, eine Maschine allein fliegen zu können. Sein Lehrer ist bald nur noch gegen eine Extrabezahlung bereit, ihn länger zu unterrichten. Er verlangt hundert Dollar die Stunde. Zac fühlt sich in seinem Stolz verletzt und lehnt ab.

Washington D. C., März 2001

Richard Clarke wird das Gefühl nicht los, es im Weißen Haus nur mit Trotteln zu tun zu haben.[103] Sein Plan zur Bekämpfung der al-Qaida wie auch der Niederschlagung des Taliban-Regimes scheint niemanden ernsthaft zu interessieren. Dabei genügt es in diesen Tagen, irgendeinen Nachrichtenkanal im Fernsehen einzuschalten, um zu sehen, wie wenig die Taliban mit Worten zu beeindrucken sind. Trotz Protestnoten aus der ganzen Welt sprengen sie am 1. März 2001 die zwei riesigen Buddhastatuen in Bamian. Buddhistische Mönche hatten die Kunstwerke vor Jahrhunderten aus einer sechzig Meter hohen Felswand in einem Hochtal am Hindukusch herausgehauen. Die Zerstörung dieses Kulturdenkmales begründeten die Taliban mit der Verletzung ihres religiösen Ehrgefühls.

Clarke fragt sich, wie lange die Vereinigten Staaten dem Treiben des Regimes in Kabul eigentlich noch zuschauen wollen. Schließlich treten die Taliban die Menschenrechte mit Füßen, zwingen ihre eigenen Frauen, einen Ganzkörperschleier zu tragen, und bestrafen die kleinsten Vergehen gegen ihren rigiden Verhaltenskodex mit dem Tode. Aber vor allem beherbergen sie Osama Bin Laden und schauen zu, wie der saudische Multimillionär von Afghanistan aus Anschläge gegen die USA vorbereitet und durchführen läßt.

Bush ist erst drei Monate im Amt, aber Clarke hat die Nase bereits gestrichen voll. Er ist es leid, gebetsmühlenartig vor Bin Ladens Terrornetzwerk zu warnen. Die Bush-Leute im Nationalen Sicherheitsrat wollen einfach nicht verstehen, welche Gefahr von der al-Qaida ausgeht und wie sehr die Vereinigten Staaten dadurch bedroht sind. Clarke geht zu Rice und bittet die Sicherheitsberaterin des Präsidenten um einen anderen Job. Er hat sogar schon eine Idee, was er machen könnte. Er will sich künftig um Computersicherheit kümmern. Rice gibt ihm zu verstehen, daß sie ihn gehen lasse, wenn er ihr einen akzeptablen Nachfolger präsentiere. »Na ja«, sagt Clarke, »da gibt es eigentlich nur eine Person, die dafür in Frage kommt.«[104] Er denkt an John O'Neill vom FBI.

Bereits seit längerem versucht Clarke, O'Neill als seinen Nachfolger ins Gespräch zu bringen. Seit dem Ärger mit der US-Botschafterin im Jemen ist der FBI-Obere etwas ins Abseits geraten. Clarke bedauert dies. Er hält O'Neill für einen der fähigsten Köpfe des FBI. Zudem teilen sie das Interesse für Bin Laden. Sie sind sich einig darüber, daß der saudische Multimillionär längst den nächsten Anschlag vorbereitet, der in der Brutalität den vorherigen übertreffen wird.

Clarke ist sich sicher, daß es keinen besseren Nachfolger gibt als O'Neill. Bei dem FBI-Beamten wüßte er die Aufgabe in guten Händen. Er scheint jedoch zu ignorieren, daß O'Neill nicht gerade der Prototyp des Washingtoner Beamten ist. Er würde schon rein äußerlich im Weißen Haus anecken, wo ein eher konservativ geprägter Dresscode gilt. Zu Dienstgesprächen mit Vorgesetzten erscheint O'Neill hingegen öfter in seiner für ihn typischen »Nacht-Club-Garderobe«, bestehend aus einem schwarzen Zweireiher, schwarzen Seidensocken und Slippern. Dazu kommt noch, daß O'Neill seine schwarzen Haare nach hinten gelt und mit seinen manikürten Fingern gerne mal eine dicke Zigarre genüßlich zum Mund führt. Viele erinnert er eher an Al Capone als an einen hochrangigen FBI-Beamten. Aber O'Neill erfüllt auch noch andere Kinoklischees. Beispielsweise trägt er zusätzlich zu seiner Dienstwaffe eine 9-Millimeter-Automatik in einem Spezialholster am Fußgelenk.

O'Neill ist zunächst nicht abgeneigt, Clarkes Nachfolge anzutreten. Bei all seinem bisherigen Tun hat er stets auch die eigene Karriere im Auge gehabt. Innerhalb des FBI gibt es für ihn nur zwei Jobs, die ihn reizen: entweder der Posten des stellvertretenden FBI-Direktors in Washington oder die Leitung des New Yorker Büros, die mächtigste und prestigeträchtigste Außenstelle des FBI im ganzen Land.

O'Neill rechnet sich aus, daß es in absehbarer Zeit auch die Möglichkeit geben könnte, einen dieser beiden Posten zu ergattern. Es ist ein offenes Geheimnis, daß FBI-Direktor Freeh spätestens im Juni in den Ruhestand geschickt werden und somit in der Chefetage im FBI das große Stühlerücken beginnen wird. Demnach wäre es vielleicht der falsche Zeitpunkt, das FBI zu verlassen.

Andererseits ist die Vorstellung verlockend, im Weißen Haus federführend für das Thema Terrorismus zuständig zu sein. Überhaupt hätten die anvisierten Posten beim FBI den Nachteil, daß er sich nicht mehr wie bisher um Terrorismus kümmern könnte. Bei allem Prestige, das das Amt eines Vizedirektors beim FBI mit sich bringt, ist sich O'Neill auch im klaren darüber, daß er sich dann vorwiegend mit Verwaltungsaufgaben herumschlagen müßte. Auch deshalb findet er Clarkes Angebot durchaus reizvoll. Allerdings hat der Posten im Nationalen Sicherheitsrat – so muß er erfahren – einen entscheidenden Nachteil. Er würde dort keinen Cent mehr verdienen als in seinem bisherigen Job. Das kann sich O'Neill nicht leisten. Sein Lebensstil verschlingt jetzt schon mehr Geld, als er verdient. Seine finanziellen Probleme rühren daher, daß er verheiratet ist und Kinder hat, aber auch zwei Freundinnen, eine in New York, die andere in Washington. Nach langem Hin und Her sagt er Clarke ab. Finanziell ist dessen Job einfach nicht attraktiv. Clarke ist enttäuscht. Ihm bleibt vorerst nichts anderes übrig, als sich weiterhin an der Bürokratie der Bush-Administration aufzureiben. Ohne geeigneten Nachfolger läßt Rice ihn nicht gehen.

USA, Mitte März 2001

Weitere al-Qaida-Leute kommen in die USA. Die jungen Saudis, alle Anfang Zwanzig, haben keinerlei Probleme bei der Einreise, denn sie verfügen über gültige Visa. Für saudiarabische Staatsbürger in ihrem Alter ist es kein Problem, eine Aufenthaltserlaubnis für die Vereinigten Staaten zu bekommen. Die US-Botschaft in Saudi-Arabien stellt jährlich Tausende solcher Visa aus. Es ist durchaus üblich für junge Menschen aus dem arabischen Königreich, zum Studium oder einfach nur zum Shopping in die USA zu fliegen.

Aber diese jungen Männer haben etwas anderes im Sinn. Sie haben eine Mission zu erfüllen, von der sie selbst nicht genau wissen, was ihr Ziel sein wird. Man hat ihnen lediglich mitgeteilt, daß sie als Märtyrer ihr Leben für den Dschihad geben werden.[105]

Die jungen Männer sind sogenannte Kämpfer. Sie sollen bei den geplanten Flugzeugentführungen den Piloten zur Hand gehen und dabei helfen, die Besatzung zu überwältigen und dann die Passagiere so lange in Schach zu halten, bis die Piloten ihre Mission verrichtet haben. Jedem Piloten sollen drei bis vier Kämpfer zur Seite gestellt werden. Ihre Aufteilung organisiert und koordiniert zum Teil al-Hazmi. Nach bewährter al-Qaida-Manier ist darauf zu achten, daß die Gruppen von den anderen nichts oder zumindest nur das Nötigste wissen. Zu den Kämpfern, die nun einer nach dem anderen eintreffen, gehört auch al-Hazmis Bruder Salim, dessen Mitgliedschaft in der al-Qaida zumindest der NSA längst bekannt ist. In der riesigen Datenbank von Fort Meade in Maryland, dem Hauptsitz der NSA, sind sowohl die Daten von Nawaf als auch von Salim al-Hazmi gespeichert. Dem auf Abhörmaßnahmen spezialisierten Nachrichtendienst ist es sogar schon gelungen, gelegentliche Telefonate zwischen den Brüdern abzufangen. Aber wie bereits bei seinem Bruder hat die Tatsache, daß US-Geheimdienste ihn im Visier haben, auch Salim al-Hazmi keinerlei Schwierigkeiten bei der Einreise in die USA bereitet. Der Zwanzigjährige konnte wie ein herkömmlicher Tourist ins Land kommen.

Für Nawaf al-Hazmi steht jetzt schon fest, daß er zusammen mit seinem Bruder Salim und Hani Hanjour, einem der Piloten, ein Team bilden wird. Gemeinsam mit seinem jüngeren Bruder will er als Märtyrer ins Paradies einziehen. Für

Nawaf al-Hazmi muß diese Vorstellung ein erhebendes Gefühl sein. Aber bis es soweit ist, gibt es noch viel zu tun. Al-Hazmi ist deshalb ständig in seinem alten Toyota unterwegs. Dabei achtet er nicht immer auf Geschwindigkeitsbegrenzungen. Am 1. April 2001 rast er auf der Interstate 40 im Westen Oklahomas in eine Radarfalle. Er wird von der Polizei gestoppt, muß Ausweis, Führerschein und Zulassung des Wagens zeigen.

Über Funk fragt der Streifenpolizist nach, ob gegen den Fahrer etwas vorliege. In der Zentrale werden die Personalien al-Hazmis in den Computer eingegeben. Aber weil die CIA die Polizeibehörden noch immer nicht darüber informiert hat, daß sich mit al-Hazmi ein gefährlicher Terrorist in den USA aufhält, können die Beamten in der Datenbank keinen Eintrag finden. Er bekommt deshalb lediglich einen Strafzettel für zu schnelles Fahren. 138 Dollar soll er bezahlen. Nachdem ihm der Polizeibeamte den Strafzettel ausgehändigt hat, darf al-Hazmi weiterfahren. Das Bußgeld begleicht er später mit einer Postüberweisung.

Washington D. C., April 2001

Zum großen Verdruß von Richard Clarke liegt sein Aktionsplan zur Bekämpfung von al-Qaida und der Niederschlagung des Taliban-Regimes nun schon seit vier Monaten unbeachtet auf den Schreibtischen unterer Entscheidungsträger im Weißen Haus herum. Wertvolle Zeit wird einfach verschenkt, während die Terrororganisation wahrscheinlich längst ihren nächsten Schlag plant, davon ist Clarke felsenfest überzeugt.

Aber Anfang April 2001 kommt endlich etwas Bewegung in die Sache. Sein Plan kommt auf die Tagesordnung. In einem der Sicherheitsgremien muß Clarke wieder einmal vortragen, was sein Plan beinhaltet, was die Umsetzung kosten würde und welche Risiken damit verbunden wären. Clarke wird dabei schmerzlich bewußt, wie viele Gremien und Instanzen sein Plan noch durchlaufen muß, bis er möglicherweise einmal George Bush als *National Security Presidential Directive* (NSPD) zur Ratifizierung vorgelegt wird.

Die nächste Hürde, die Clarke nun nehmen muß, ist der sogenannte Stellvertreterausschuß des Nationalen Sicherheitsrats, dem die Vizechefs aller wichtigen Ministerien und Nachrichtendienste angehören. Die Sitzung nimmt einen positiven Verlauf. Zumindest Richard Armitage, der stellvertretende Außenminister, ist von Clarkes Plan angetan, in Afghanistan die Nordallianz zu benutzen, um die Taliban und deren Waffenbrüder aus den Reihen der al-Qaida an die Heimatfront zu fesseln. Aber es gibt auch andere Stimmen. Besonders die CIA hat Bedenken. Die Truppenstärke der Taliban wird auf rund fünfundvierzigtausend Soldaten und Freiwillige geschätzt, während die Nordallianz lediglich auf zwanzigtausend Soldaten kommt. Dies ist ein Kräfteverhältnis von zwei zu eins – zugunsten der Taliban und damit auch zum Vorteil für al-Qaida.

Straßburg, 4. April 2001

Im Europaparlament in Straßburg bittet der Führer der afghanischen Nordallianz, Ahmed Massoud, um Unterstützung für seinen Freiheitskampf. Nachdem die Frühjahrssonne den Schnee in den Bergen Afghanistans langsam zum Schmelzen gebracht hat, befürchtet er nun eine Offensive der Taliban, unterstützt von al-Qaida-Kämpfern, und versucht, dies den Europaparlamentariern deutlich zu machen. Massoud hofft, die Europäer dazu bewegen zu können, bei den Vereinigten Staaten zu intervenieren. Denn seine eigenen Emissäre stießen in Washington bislang auf taube Ohren. Stets kamen sie mit dem Eindruck zurück, daß die neue Regierung den Problemen in Afghanistan nicht annähernd die gleiche Bedeutung beimißt wie etwa denen im Irak, im Iran oder auch in Indien.

Dabei ist die Situation äußerst dramatisch, wie Massoud zu erläutern versucht. Seine Nordallianz kann der Übermacht der Taliban nicht viel entgegensetzen, die Streitkräfte sind schwach und zu schlecht ausgerüstet. Gleichzeitig scheint die Chance für einen Umsturz in Afghanistan so günstig wie schon lange nicht mehr. Die Bevölkerung leidet unter dem brutalen Regime der Taliban. Höchstens zwanzig Prozent der Bevölkerung, so schätzt der Führer der Nordallianz, unterstützen noch die rigiden Herrscher. Allerdings hat Massoud den Eindruck, daß die westliche Welt den Einfluß Osama Bin Ladens und seiner al-Qaida auf die Taliban völlig unterschätzt. Die Pläne der al-Qaida, sagt Massoud, beschränken sich nicht nur auf Afghanistan. »Wenn uns Präsident Bush nicht hilft«, sagt er in Straßburg vor den versammelten Reportern, »werden diese Terroristen den USA und Europa bald schweren Schaden zufügen.«[106]

New York, 6. April 2001

Durch den Prozeß vor dem New Yorker Distriktgericht bekommt die Öffentlichkeit einen Einblick in das Netzwerk der al-Qaida und in die Gedankenwelt eines zu allem entschlossenen Terroristen. Auf der Zeugenbank sitzt Ahmed Ressam, der 1999 am Grenzübergang zwischen Kanada und den USA mit fast fünfzig Kilogramm Sprengstoff erwischt worden war. Ressam war damals auf dem Weg nach LA, wo er während der Millenniumsfeierlichkeiten einen Anschlag auf den Internationalen Flughafen verüben wollte. Seine Festnahme war wie ein Warnschuß für die amerikanische Geheimdienstgemeinde. Das Beispiel des inhaftierten Algeriers zeigte, daß al-Qaida tatsächlich dazu übergegangen war, Anschläge innerhalb der USA durchzuführen. Spätestens zu diesem Zeitpunkt mußten sich auch die letzten Skeptiker der CIA und des FBI eingestehen, daß Osama Bin Laden kein »Maulheld« ist, sondern es bitter ernst mit seinen Drohungen meint.

Ahmed Ressam drohte nun eine Gefängnisstrafe von 130 Jahren. Als der Algerier sich bewußt wurde, daß er so nicht als Märtyrer auf dem Elektrischen Stuhl sterben wird, sondern ein langes irdisches Dasein in einer amerikanischen Gefängniszelle verbringen soll, ließ er sich auf einen Handel mit der Staatsanwaltschaft ein. Seine Gefängnisstrafe wurde auf 27 Jahre reduziert. Dafür verpflichtete sich Ressam, den amerikanischen Behörden alles zu erzählen, was er über al-Qaida weiß, sowohl über Organisation und Struktur der Terrororganisation als auch über Hintermänner und Auftraggeber.

Für die Ermittler ist Ressam ein Glücksfall. Den letzten Überläufer aus den Reihen der al-Qaida hatte es vor mehr als sechs Jahren gegeben. Damals war Bin Laden gerade erst vom Sudan nach Afghanistan umgesiedelt und hatte damit begonnen, al-Qaida zu einem internationalen Netzwerk auszubauen. Wie weit er mittlerweile damit gekommen ist, schildert nun Ahmed Ressam den New Yorker Staatsanwälten.

Auch der Algerier war drei Jahre zuvor zur ideologischen und militärischen Ausbildung in einem Camp in Afghanistan gewesen. Mehrere Monate lang wurde er dort zusammen mit fünfzig, manchmal auch hundert Männern zum Killer ausgebildet. Seinen Schilderungen nach kamen die Rekruten aus Algerien, Jordanien, Jemen, Deutschland, Schweden, der Türkei und Tschetschenien. Sie arbeiteten und übten dort in kleinen Zellen, jede auf ihrem eigenen Gelände, eingeteilt nach Nationalitäten, erzählt Ressam.

Im ersten Monat lernten sie den Umgang mit »Pistolen, einem leichten Maschinengewehr und einem schweren«. Im zweiten Monat wurden sie im Umgang mit Sprengstoff unterrichtet sowie über die richtige Auswahl möglicher Ziele: »Militärische Einrichtungen, Elektrizitätswerke, Gasanlagen, Flughäfen, Eisenbahnen« oder auch »Hotels, in denen Konferenzen stattfinden«, schildert Ressam.

Im dritten Monat stand dann *urban warfare*, Kriegsführung in der Stadt, auf dem Stundenplan. »Trage die Kleidung der

Touristen«, wurde dabei den Nachwuchskillern eingetrichtert. Anschließend war er in ein Lager für Fortgeschrittene gekommen, wo er den letzten Schliff erhalten hatte. Dort waren ihm die Fertigung von Sprengstoffen sowie das nötige Grundwissen in Elektrotechnik beigebracht worden: »Wir lernten, elektrische Kreisläufe zu bauen«, sagt Ressam.

»Warum?« fragt der Staatsanwalt.

»Um Dinge in die Luft jagen zu können«, antwortet Ressam.[107]

Nach der Aussage von Ressam reagiert die FAA-Luftfahrtbehörde. Schließlich hat der Algerier unumwunden zugegeben, daß er auf den internationalen Flughafen von Los Angeles einen Anschlag verüben sollte. Die FAA gibt daraufhin eine Warnung an alle Fluggesellschaften heraus, wonach auch mit Sprengstoffanschlägen auf Passagier- und Frachtflugzeuge zu rechnen sei.

Aber im Justizministerium werden die Aussagen von Ahmed Ressam nicht ernst genommen. Zwischen Justizminister Ashcroft und FBI-Direktor Freeh kommt es deshalb während des alljährlichen Treffens leitender FBI-Beamter in der Polizeischule in Quantico zum Streit. Statt das Thema »Terrorismus« will Ashcroft »vor allem Schwerkriminalität und Drogen« ganz oben auf die Prioritätenliste des FBI setzen. Freeh entgegnet, daß er die Prioritäten des FBI auf dem Gebiet der Terrorismusbekämpfung sehe. Ashcroft kontert damit, daß das FBI glücklicherweise noch immer dem Justizministerium unterstehe.[108]

Washington D. C., Mai 2001

In der Zentrale der CIA wird man sich immer mehr darüber bewußt, daß es ein fataler Fehler war, damals in Kuala Lumpur die Terroristen nicht weiter observiert zu haben. Die Ermittler sind nach Auswertung aller vorliegenden Unterlagen und Fotos nun davon überzeugt, daß die Teilnehmer des Terrorgipfels zumindest indirekt am Anschlag auf die *USS Cole* beteiligt waren. Al-Mihdhar haben sie mittlerweile in Verdacht, seine Finger sogar bei den Vorbereitungen vor Ort im Spiel gehabt zu haben. Schließlich ist al-Mihdhar nach Informationen der CIA mit der Tochter eines wichtigen jemenitischen al-Qaida-Statthalters verheiratet. Der Telefonanschluß des Schwiegervaters wurde zudem des öfteren von der Terrororganisation benutzt, um Attentätern Informationen zukommen zu lassen.

Über al-Mihdhar ist die CIA sowieso bestens im Bilde. Seit eineinhalb Jahren hat die »Firma« eine Kopie seines Reisepasses. Daß der junge Saudi auch ein Visum für die Vereinigten Staaten besitzt und damit nachweislich in die USA eingereist ist, hatte die Ermittler nie sonderlich gekümmert. Zumindest hatte man es nicht für nötig erachtet, das FBI oder irgendeine andere Inlandsbehörde darüber zu informieren.

In Langley ist man offensichtlich noch immer der Überzeugung, daß das FBI von alldem nichts zu wissen brauche. Ansonsten liefe man auch Gefahr, daß die Versäumnisse der CIA bekannt würden. Umgekehrt jedoch interessiert sich die CIA mittlerweile brennend dafür, was das FBI weiß. Seit Monaten ermitteln die Bundespolizisten im Jemen und haben dabei auch schon Beweise herangeschafft, daß »der Einbeinige« Drahtzieher des Anschlags war. Es ist also nicht auszuschließen, daß das FBI inzwischen über al-Mihdhar und die anderen Teilnehmer des Terrorgipfels eigene Erkenntnisse gewonnen hat.

Um dies herauszufinden, haben sich CIA-Beamte mit einem *Intelligence Operations Specialist* (IOS) der Bundespolizei im FBI-Hauptquartier in Washington verabredet. Die CIA-Beamten haben die Fotos dabei, die damals von ihren Kollegen in Kuala Lumpur geschossen worden waren. Den Kollegen vom IOS bitten sie, einen Blick darauf zu werfen. Darunter befinden sich auch solche, auf denen al-Mihdhar zusammen mit »dem Einbeinigen« zu sehen ist, der bereits bei einem früheren Treffen von einem FBI-Beamten zweifelsfrei identifiziert werden konnte. Aber der IOS erkennt auf den Fotos nur einen weiteren Terroristen, den die CIA-Agenten ebenfalls längst verdächtigen, eine aktive Rolle bei den Vorbereitungen für den Anschlag auf das US-Kriegsschiff gespielt zu haben.[109] Damit scheint sich die Einschätzung der Analysten in Langley zu bewahrheiten, wonach bei dem Treffen in Malaysia die entscheidenden Absprachen für den Anschlag getroffen wurden. An dieser Erkenntnis aber lassen die CIA-Beamten ihren Kollegen vom FBI natürlich nicht teilhaben.[110]

Dabei interessiert sich der IOS brennend dafür, wer die übrigen Personen auf den Fotos sind, die ihm so beiläufig vorgelegt werden. Die CIA-Beamten erwähnen zwar den Namen al-Mihdhar, hüten sich jedoch davor, dem FBI-Kollegen mehr zu verraten. Sie verlieren weiterhin kein Sterbenswörtchen darüber, daß der Terrorist ein US-Visum besitzt und mit einem anderen Teilnehmer des Treffens bereits in die USA eingereist sein könnte.

Langley, Virginia, Juni 2001

Die Experten des *Counterterrorism Center* der CIA bekommen einen Bericht auf den Tisch, wonach kein geringerer als Khalid Scheich Mohammed in den vergangenen Monaten gleich mehrmals die USA besucht haben soll, zuletzt im März 2001. Die Nachricht sorgt für Verwirrung in Langley. KSM, wie der Scheich der Einfachheit halber nur genannt wird, ist für die Experten der CIA einer der gefährlichsten Terroristen überhaupt. Auf den Kopf des sechsunddreißigjährigen Pakistani ist eine Belohnung von zwei Millionen Dollar ausgesetzt.

KSM ist der Onkel von Ramzi Yousef, der 1993 einen Bombenanschlag auf das World Trade Center verübte und nach seiner Verhaftung damit drohte, statt seiner würden nun andere die Zwillingstürme im Süden Manhattans zum Einsturz bringen. Seit Jahren weiß die CIA, daß KSM der heimliche Drahtzieher des Anschlages war. Ermittlungen ergaben, daß er seinem Neffen noch kurz zuvor Geld überwiesen hatte. Zwei Jahre später, als nur mit viel Glück die Operation Bojinka vereitelt wurde, mußten die CIA wie auch das FBI mit Schrecken zur Kenntnis nehmen, daß KSM zusammen mit seinem Neffen den mörderischen Plan ausgeheckt hatte, binnen 48 Stunden elf Passagierflugzeuge US-amerikanischer Airlines über dem Pazifik explodieren zu lassen. Danach wollten sie umgehend einen anderen Plan in die Tat umsetzen und eine entführte Passagiermaschine auf das CIA-Hauptquartier in Langley stürzen lassen. Einen ausgebildeten Piloten hatten sie dafür bereits gefunden, durch Zufall war er Anfang Januar 1995 in Manila der Polizei ins Netz gegangen, samt dem Notebook von Yousef. Darauf fanden sich neben detaillierten Angaben zu der Operation Bojinka auch Briefentwürfe, aus denen deutlich hervorging, daß KSM direkt in die Anschlagsplanungen einbezogen war. Obwohl sich bei den damals sichergestellten Asservaten auch eine Visitenkarte des Schwagers von Osama Bin Laden fand, ging die CIA davon aus, daß KSM und sein Neffe auf eigene Rechnung arbeiteten. »Soweit wir wissen, haben Yousef und seine Helfershelfer wie etwa KSM keine Verbindungen zu organisierten Terrorgruppen«, hieß es in einem CIA-Vermerk.

Aber bereits 1996 mußte man sich bei der CIA korrigieren. Durch einen ausländischen Partnerdienst bekam die CIA die Information, wonach KSM zusammen mit Osama Bin Laden in Afghanistan herumreise. Damit war bewiesen, daß der Drahtzieher der Operation Bojinka wie auch des Anschlages auf das World Trade Center zur al-Qaida gehört. Aber während die US-Behörden Ramzi Yousef verhaften konnten, ging ihnen dessen Onkel immer wieder durch die Lappen. Dabei wurde offensichtlich, welche herausragende Rolle KSM bei den Vorbereitungen von Terrorattacken der al-Qaida spielte. Nach den Anschlägen auf die US-Botschaften 1998 in Ostafrika hatte die CIA von ihrem ausländischen Partnerdienst eine Liste mit Namen verdächtiger

Personen bekommen, die unmittelbar vor dem Attentat in Nairobi das Land verlassen hatten. Auf der Liste befand sich auch ein bekannter Aliasname von KSM. Unabhängig davon erhielt die CIA im gleichen Zeitraum von einem anderen Partnerdienst die Information, daß KSM längst zu einem der engsten Vertrauten von Osama Bin Laden aufgestiegen sei. Dem Bericht nach sollte KSM innerhalb der al-Qaida nur noch »Mukhtar« (arabisch für »das Gehirn«) genannt werden.

Als in Langley nun die Information eintrifft, der Terrorist sei gleich mehrmals wie ein herkömmlicher Tourist in die USA ein- und ausgereist, will man diese nicht recht glauben. Andererseits ist der Bericht so detailliert und besorgniserregend, daß man sich bei der CIA dafür entscheidet, die Angaben zumindest zu überprüfen. Schließlich soll KSM laut des Berichtes ausgebildete Kämpfer der al-Qaida in die USA einschleusen, damit sie umgehend Kontakt mit anderen Kämpfern aufnehmen, die sich schon länger in den Vereinigten Staaten zur Vorbereitung eines Anschlages aufhalten. KSM selbst, heißt es in dem Bericht, brüste sich gelegentlich damit, daß es ihm in den vergangenen Monaten gelungen sei, als gesuchter Terrorist unbemerkt in die USA ein- und auszureisen. »Wir bezweifeln, daß es sich bei dieser Person um KSM handelt«, heißt es in einem Vermerk der CIA zu dem Bericht. »Falls es sich jedoch um KSM handeln sollte, haben wir sowohl eine ernsthafte Bedrohung wie auch eine gute Möglichkeit, ihn endlich zu schnappen.«[111] Der Bericht wird an das FBI weitergeleitet, wo er jedoch keine Beachtung findet.

New York, 11. Juni 2001

Obwohl der Informationsfluß seitens der CIA bislang eher spärlich verlaufen ist, treffen sich FBI-Beamte aus dem Hauptquartier in Washington und dem New Yorker Außenbüro mit Kollegen von der CIA zum Informationsaustausch. Wieder einmal geht es um den Ermittlungsstand in Sachen *USS Cole.*

Die CIA-Agenten zeigen auch diesen FBI-Kollegen das Foto mit »dem Einbeinigen« und erklären den Polizisten, daß es sich ihren Informationen zufolge um den al-Qaida-Kommandeur Attash handle. Dabei können sie diese Erkenntnis dem FBI verdanken. Denn bereits vor Monaten hatte ein FBI-Ermittler »den Einbeinigen« auf den Fotos identifiziert. Aber vermutlich dient den CIA-Ermittlern das Foto nur als Vorwand. Beiläufig lassen sie wieder den Namen al-Mihdhar fallen, den FBI-Beamten jedoch sagt der Name nichts. Als sie von den CIA-Kollegen genauere Informationen verlangen, schweigen diese. Die Männer aus Langley weigern sich auch, ihren Kollegen vom FBI Kopien der Fotos zu überlassen. Sie speisen die Ermittler lediglich mit der Information ab, daß die Fotos in Malaysia aufgenommen worden seien. Schließlich will einer der FBI-Männer konkret wissen, warum die Personen auf den Fotos von so großem Interesse seien, daß man sie einst aufwendig in Südostasien observierte. Die CIA-Agenten wollen dazu nichts Näheres sagen.[112] Die Einreise von al-Mihdhar und al-Hazmi erwähnen sie mit keiner Silbe.

Jeddah, Saudi-Arabien, 13. Juni 2001

Die Operation tritt nun in die entscheidende Phase. Al-Mihdhar muß deshalb wieder zurück in die Vereinigten Staaten, aber sein Visum ist im April abgelaufen. Der junge Saudi sucht in Jeddah das amerikanische Konsulat auf und beantragt ein neues. Er benutzt diesmal einen anderen Paß als beim letzten Mal. Allerdings stimmen die Personalangaben in dem neuen Ausweisdokument mit denen im alten Paß überein: Khalid bin Muhammad bin Abdallah al-Mihdhar, geboren 1975 in Saudi-Arabien.

Der Konsularbeamte weiß nicht, daß er den Visumsantrag eines gefährlichen Terroristen vor sich liegen hat, über den sich zwei Tage zuvor noch Agenten der CIA und des FBI unterhalten haben. Er bearbeitet den Vorgang routinemäßig. Weltweit werden jährlich rund zehn Millionen Visums-Anträge in den zweihundertfünfzig US-Konsulaten bearbeitet. Im Durchschnitt benötigt ein Konsularbeamter drei bis fünf Minuten pro Antrag. Er ist dabei verpflichtet, streng nach Vorschrift vorzugehen. Dazu gehört, daß er die Angaben auf dem Antragsformular prüft und sich Notizen macht. Al-Mihdhar hat bei der Frage, ob er schon einmal die USA besucht habe, wahrheitswidrig »Nein« angekreuzt.

Als erstes jedoch tippt der Beamte den Namen des Antragstellers in seinen Computer, der mit der CLASS-Datenbank verbunden ist, die mehr als sechs Millionen Namen von Menschen verzeichnet, die entweder in kriminelle oder terroristische Machenschaften verwickelt sind oder aus anderen Gründen in den USA als »unerwünschte Personen« erachtet werden. Zur Sicherheit wird der Name des Antragstellers auch noch in die TIPPOFF-Datenbank des *State Departments* eingegeben. Auf dem Computerbildschirm des Konsularbeamten in Jeddah erscheint auch diesmal kein Warnhinweis. Es gibt für ihn also keinen Grund, al-Mihdhar die Aufenthaltserlaubnis zu verweigern oder gar Alarm zu schlagen. Der Terrorist bekommt ein neues Visum, gültig bis zum 3. Oktober 2001.

Washington D. C., 22. Juni 2001

Währenddessen alarmiert die FAA-Luftfahrtbehörde die Fluggesellschaften: »Unbestätigten Berichten zufolge sollen US-Einrichtungen im Visier von Terroristen sein.« Es sei auch möglich, so das FAA-Papier weiter, daß Flugzeugentführungen geplant seien, um inhaftierte Terroristen freizupressen. Der entscheidende Hinweis für diese Warnung kommt aus Fort Meade, dem NSA-Hauptquartier. In den vergangenen Wochen hat die NSA über ihre weltweit installierten Abhöreinrichtungen insgesamt 31 Telefon-, Fax- und E-Mail-Nachrichten abgefangen, woraus die Auswertungsspezialisten nur den Schluß ziehen konnten: »Der Terroranschlag steht wahrscheinlich unmittelbar bevor.«[113]

Die Warnung wird auch im Pentagon ernst genommen. Denn im Gegensatz zur CIA ist die NSA ein militärischer Nachrichtendienst und untersteht dem Verteidigungsministerium. Das Pentagon versetzt seine Truppen in Alarmbereitschaft und befiehlt sechs Schiffen der 5. Flotte, die in Bahrain vor Anker liegen, auszulaufen, damit sie nicht im Hafen Ziel eines Terrorangriffes werden können wie die *USS Cole* acht Monate zuvor.

Es wird mit allem gerechnet. Die Verantwortlichen fürchten, daß NATO-Stützpunkte im türkischen Incirlik oder auch in Rom oder Belgien, Deutschland oder Südostasien, vielleicht auf den Philippinen das Ziel eines Terrorangriffs sein könnten. Sogar ein Anschlag innerhalb der USA wird nicht mehr ausgeschlossen. Aufgrund des Hinweises der NSA gibt das *State Department* weltweit eine Warnung für US-Bürger heraus. Condoleezza Rice, die Sicherheitsberaterin des Präsidenten, meldet sich auch zu Wort. Sie spricht von einer »Bedrohungsspitze« und möglichen Anschlägen auf US-Bürger oder Einrichtungen in Übersee.

CIA-Direktor Tenet gerät dadurch unter Druck. Er kann dem Präsidenten keine genaueren Informationen über Ort, Zeitpunkt und Art des befürchteten Anschlags vorlegen. Intern rechnet man bei der CIA mit dem Schlimmsten. Schließlich muß man davon ausgehen, daß sich mit al-Mihdhar und al-Hazmi mindestens zwei hochgefährliche al-Qaida-Leute in den USA aufhalten. Obwohl sich die Situation zuspitzt, zieht man daraus noch immer nicht die Konsequenz, das FBI einzuschalten. Jedoch baut man für den Ernstfall vor und versucht sich formal abzusichern. Gegenüber führenden Regierungsmitgliedern geben CIA-Ermittler ihre Einschätzung preis: »Basierend auf der Durchsicht sämtlicher nachrichtendienstlicher Quellen und Berichte der vergangenen fünf Monate glauben wir, daß UBL [Osama bin Laden] einen bedeutenden Terroranschlag gegen US- und/oder israelische Interessen in den kommenden Wochen begehen wird. Der Anschlag wird spektakulär sein, vorsätzlich eine große Anzahl von Opfern fordern und gegen US-Einrichtungen oder Interessen gerichtet sein.«[114] Als voraussichtliches Datum wird der 4. Juli 2001 genannt, der amerikanische Unabhängigkeitstag.

Aber über das Datum des möglichen Anschlags scheint man in Langley unterschiedlicher Meinung zu sein. CIA-Direktor Tenet läßt jedenfalls am 28. Juni 2001 der Sicherheitsberaterin Rice ein Geheimpapier zukommen, das bezüglich des Anschlagstermins etwas weniger konkret ist. »Es ist ziemlich wahrscheinlich, daß ein bedeutsamer Anschlag von al-Qaida in naher Zukunft passieren wird, vermutlich sogar schon in wenigen Wochen.«[115]

Auch Tenet hält es nicht für ausgeschlossen, daß die Terroristen am Unabhängigkeitstag zuschlagen könnten. In Städten wie New York oder Washington werden dann Millionen Menschen auf den Straßen feiern. Solche Massen sind nicht umfassend zu schützen. Eine Autobombe, die kurz vor Beginn der Feierlichkeiten irgendwo in den Straßen deponiert würde, hätte eine verheerende Wirkung.

Aber trotz aller Hinweise und abgefangener Telefonate weiß die CIA noch immer nichts Genaueres. Fast panisch richtet Tenet am Vortag des Nationalfeiertages, am 3. Juli 2001, eine Eilanfrage an zwanzig befreundete Nachrichtendienste. Er hofft auf die Hilfe der Partnerdienste. Vom ägyptischen Geheimdienst beispielsweise weiß er, daß diesem kürzlich erst etwas gelungen ist, wovon die CIA nur träumen kann: Der ägyptische Nachrichtendienst hat es geschafft, einen Spitzel in die al-Qaida einzuschleusen. Über diese erfolgreiche Operation hatten die Ägypter umgehend ihren amerikanischen Partnerdienst informiert.[116] Bislang aber konnte der Spitzel noch nichts Konkretes in Erfahrung bringen. Der ägyptische Nachrichtendienst kann also Tenet nicht weiterhelfen.

Der läßt mit der Eilanfrage den zwanzig Partnerdiensten im Ausland zusätzlich eine Liste mit Namen von bekannten al-Qaida-Akteuren zukommen und bittet darum, diese Terroristen nach Möglichkeit zu inhaftieren. Eine vergleichbare Liste, auf der die Namen al-Mihdhar und al-Hazmi stehen, wird für die Polizeibehörden in den USA aus unerklärlichen Gründen nicht erstellt. Offensichtlich scheut man bei der CIA das Risiko, dadurch die folgenschweren Versäumnisse der Vergangenheit offenzulegen.

New York, 4. Juli 2001

Am amerikanischen Unabhängigkeitstag kehrt al-Mihdhar nach mehrmonatiger Abwesenheit mit Flug Nr. 53 der Saudi Arabian Airlines in die USA zurück. In der vergangenen Zeit war er zwischen dem Jemen und Afghanistan hin und her gereist, mit gelegentlichen Abstechern nach Saudi-Arabien, wo er sich in Jeddah am Roten Meer sein neues US-Visum besorgt hatte.[117]

Wie schon bei seiner Einreise vor eineinhalb Jahren, als man ihn kurz zuvor als Terroristen enttarnt hatte, hat al-Mihdhar auch diesmal keinerlei Probleme. Er legt am Schalter der INS-Einwanderungsbehörde seinen Paß mit dem neuen Visum vor. Der Schalterbeamte gleicht seine Personalien mit den diversen Datenbanken ab, ohne daß ein Warnhinweis erscheint, fragt den jungen Mann routinemäßig nach dem Grund seiner Einreise und läßt ihn nach einer halbwegs befriedigenden Antwort passieren.

Auf dem Einreiseformular hat al-Mihdhar angegeben, daß er in New York im Marriott Hotel absteigen wolle. Tatsächlich aber reist er sofort weiter nach Arizona, um sich dort mit seinem alten Kumpel al-Hazmi und den anderen Verschwörern zu treffen. Zusammen mit al-Hazmi, dessen Bruder Salim sowie dem Piloten Hanjour und einem weiteren Saudi wird al-Mihdhar eines von insgesamt vier Selbstmordkommandos bilden. Wenige Tage vor seiner Ankunft in den Vereinigten Staaten haben sich die Piloten in Las Vegas vermutlich zur Feinabstimmung getroffen. In den nächsten Tagen sollen die restlichen Helfer in die USA kommen und auf die einzelnen Kommandos verteilt werden. Insgesamt werden sie neunzehn Personen sein. Außer den drei Piloten der Hamburger Zelle sowie einem Helfer kommen alle aus Saudi-Arabien. Aber die Nationalitäten spielen jetzt keine Rolle. Sie sind vereint im Glauben an den Dschihad und wollen als Märtyrer den Vereinigten Staaten den vernichtendsten Schlag seit Pearl Harbour zufügen. Bis dahin sind es nur noch zwei Monate.

Washington, 5. Juli 2001

Im Weißen Haus ist allgemeine Erleichterung zu verspüren: Die Prognosen für den gestrigen Feiertag haben sich nicht bewahrheitet. Aber die Geheimdienste geben noch keine Entwarnung. Beim allmorgendlichen Briefing will Präsident Bush deshalb von seiner Sicherheitsberaterin wissen, was sie davon halte und was nun zu tun sei.

»Die Berichte über eine Bedrohung sind ausreichend robust, obgleich nicht immer sehr spezifisch«, sagt Condoleezza Rice und fügt in Anspielung auf die abgefangenen Telefonate durch die NSA hinzu: »Es war viel Geplauder im System.«

Genaueres kann auch sie nicht sagen. Aber das Interesse Bushs ist für die Sicherheitsberaterin Anlaß genug, umgehend ihren Stab zusammenzutrommeln. Im *Situation Room* des Weißen Hauses versammelt sich ein Dutzend Mitarbeiter der unterschiedlichsten Behörden, darunter Vertreter der Flugsicherheitsbehörde FAA, der Küstenwache, der Einwanderungsbehörde INS, des FBI sowie des *Secret Service*, zuständig vor allem für die Sicherheit des Präsidenten.

Richard Clarke ist ebenfalls mit dabei. »Irgend etwas wirklich Spektakuläres wird hier passieren«, sagt er in die Runde, »und es wird ziemlich bald geschehen.«[118]

Aber Clarke will nicht nur reden, irgendwelche Prognosen abgeben und ansonsten tatenlos zusehen, bis die Terroristen zugeschlagen haben. Er nutzt seine Kompetenzen als oberster Terrorismusexperte des Präsidenten und weist jedes Büro mit einer Anti-Terror-Abteilung an, sämtlichen Mitarbeitern vorerst den Urlaub zu streichen. Ebenso verlangt er, daß nicht unbedingt notwendige Reisen wie auch sämtliche anberaumte Übungen verschoben werden. In den Augen Clarkes ist der Ernstfall längst eingetreten. Von den schnellen Eingreiftruppen der Bundespolizei verlangt er, daß sie sich in Alarmbereitschaft halten. Für die nächsten sechs Wochen wird für alle US-Regierungsstellen in Übersee, aber auch innerhalb der USA, angesichts der Terrorgefahr die höchste Alarmstufe ausgerufen. Die amerikanische Öffentlichkeit erfährt davon nichts.

Die Bedrohung durch Terroristen ist natürlich auch am folgenden Tag, dem 6. Juli 2001, das bestimmende Thema im Nationalen Sicherheitsrat. Clarke hat die Mitarbeiter seiner Abteilung um sich versammelt. Sie sollen sich den Bericht eines CIA-Mannes anhören, den er eingeladen hat. Sein Name ist Ben Bonk. Er ist stellvertretender Direktor des CTC, des Anti-Terror-Zentrums der CIA. Clarke bittet Bonk darum, die versammelte Runde darüber zu unterrichten, was Osama Bin Laden nach Erkenntnissen des US-Geheimdienstes im Schilde führt. Bonks Aussagen sind wenig ermutigend. Al-Qaida plane »irgend etwas Spektakuläres«, sagt er.[119] Aber er weiß ebensowenig wie jeder andere im Raum, wann, wo und wie es passieren wird. Als sich mehr und mehr herauskristallisiert, daß weder die CIA noch eine andere Sicherheitsbehörde Genaueres über die »spektakulären Anschlagspläne« wissen, veröffentlicht das CTC einen Bericht mit der Überschrift: »Bedrohung durch einen bevorstehenden Anschlag der al-Qaida besteht auf unbestimmte

Zeit weiter.« Niemand soll im nachhinein sagen können, das CTC habe nicht ausreichend gewarnt.

Aber diese Vorgehensweise ist letztlich kontraproduktiv. Ohne konkrete Hinweise ist die Aufmerksamkeit der Mitarbeiter der Sicherheitsbehörden nicht auf unbestimmte Zeit aufrechtzuerhalten. Richard Clarke, dem innerhalb der CIA mittlerweile weitgehend Ablehnung entgegengebracht wird, versucht immer wieder, Interesse zu gewinnen, erreicht jedoch das Gegenteil, denn die wenigsten nehmen seine Warnungen noch ernst: »Der Junge hat zu viele Romane gelesen«, heißt es hinter vorgehaltener Hand. Andere glauben, Clarke mache diesen aufreibenden Job einfach zu lange, und er sei vom Thema Terrorismus schlicht besessen.

Dabei würde Clarke lieber heute als morgen seinen Job an den Nagel hängen. Aber die Suche nach einem geeigneten Nachfolger gestaltet sich weiterhin schwierig. Selbst der Stern des Karrierepolizisten John O'Neill – noch immer ganz oben auf Clarkes Wunschliste – ist am Sinken, denn er hat beim FBI mittlerweile mehr Feinde als Freunde. Gegen ihn laufen verschiedene hausinterne Untersuchungen, unter anderem wegen einer Dienstwagenaffäre. Der verheiratete O'Neill hatte sich dabei erwischen lassen, wie er eine seiner Geliebten mit einem Einsatzwagen nach Hause brachte.

Zudem wird er verdächtigt, dem Fernsehsender *ABC* die Information zugespielt zu haben, dem FBI sei es gelungen, einen Spitzel im unmittelbaren Umfeld Osama Bin Ladens zu plazieren. Daß diese Information nicht stimmt, spielt keine Rolle. O'Neill steckt bis über beide Ohren in Schwierigkeiten. Als hätte er nicht schon genügend Probleme, ist ihm auch noch ein unverzeihlicher Fehler unterlaufen. Während einer Konferenz sind ihm Unterlagen, klassifiziert als »streng geheim«, aus der Aktentasche verschwunden. Ihm blieb nichts anderes übrig, als das Verschwinden der vertraulichen Dokumente zu melden.

O'Neill ist seit fünfundzwanzig Jahren beim FBI. Bereits vor seinem High-School-Abschluß hatte er dort gejobbt. In

Khalid al-Mihdhar Nawaf al-Hazmi Salem al-Hazmi Hani Hanjour

Die FBI-Fahndungsfotos der Entführer der American-Airlines-Maschine 77, das FBI veröffentlichte sie bereits am 14. September 2001. (Foto: AP)

Eine Aufnahme aus der Hamburger al-Kuds-Moschee mit Ramzi Binalshibh (hinten, 4. v. r.) sowie Mohammed Atta (mitte, 1. v. r.) und Mounir el-Motassadeq (hinten, 6. v. r.). (Foto: privat)

MR. TEN

MR. BLACK

EXIT

Links: Der Flug 175 der United Airlines, gesteuert von al-Shehhi, kurz vor dem Einschlag in den Südturm des World Trade Centers. Um 9 Uhr, 2 Minuten und 54 Sekunden erfolgte der Aufprall der Boeing 767 in der 81. Etage. Der Turm wurde dabei derart beschädigt, daß er eine knappe Stunde später in sich zusammenstürzte. Um 10 Uhr 28 stürzte auch der Nordturm ein. Fast 3000 Menschen verloren dabei ihr Leben. (Foto: AP)

Linke Seite, oben: Die Aufnahme einer Überwachungskamera vor dem Pentagon zeigt den Feuerball, der durch den Einschlag der American-Airlines-Maschine am 11. September entstand. Von offizieller Seite konnte nicht erklärt werden, warum die Aufnahme auf 5 Uhr 37 nachmittags am 12. September datiert ist. Das Attentat fand bekanntlich einen Tag zuvor um 9 Uhr 37 vormittags statt. Vermutlich, so sagt man, wurde das falsche Datum bei Katalogisierungsarbeiten am darauffolgenden Tag eingegeben. (Foto: AP)

Linke Seite, Mitte: FBI-Ermittler durchkämmen am 12. September den Krater, den der Einschlag der Boeing 757 des United Airlines Fluges 93 hinterlassen hat. Die Maschine war als einzige der vier entführten Flugzeuge auf freiem Feld bei Shanksville, etwa 100 Kilometer von Pittsburgh entfernt, abgestürzt. Mehr als 200 Ermittler waren hier auf der Suche, die mehrere Wochen in Anspruch nehmen sollte. (Foto: AP)

Linke Seite, unten: Präsident Bush ruft am Morgen des 12. September 2001 den Nationalen Sicherheitsrat im Weißen Haus zusammen. Von links nach rechts: CIA-Direktor George Tenet, Justizminister John Ashcroft, Verteidigungsminister Donald Rumsfeld, Außenminister Colin Powell, Präsident George W. Bush, Vizepräsident Dick Cheney, General Henry Shelton sowie die Nationale Sicherheitsberaterin Condoleezza Rice. (Foto: AP)

Sep. 12, 2001, 17:37:21
#2 impact

Linke Seite, oben links: George Tenet wird am 17. Oktober 2002 vom Untersuchungsausschuß zu den Fehlern der CIA im Umfeld des 11. Septembers befragt. (Foto: AP)

Linke Seite, oben rechts: Cofer Black, ehemaliger Chef des »Counterterrorism Center« der CIA, am 26. September 2002 vor dem Untersuchungsausschuß. (Foto: AP)

Linke Seite, unten: Ziad Jarrah im Flugsimulator in den USA, vermutlich aufgenommen von seiner türkischen Freundin, die ihn dort besuchte. (Foto: privat)

Mohammed Atta (rechts) und Abdalaziz al-Umari passieren die Sicherheitsschleuse am Portland International Jetport. (Foto: AP)

Linke Seite, oben: FBI-Direktor Robert Mueller, CIA-Direktor George Tenet und NSA-Direktor Lt. Gen. Michael Hayden (von r. n. l.) während der Schlußanhörung vor dem Untersuchungsausschuß am 17. Oktober 2002. (Foto: AP)

Linke Seite, unten: Eleanor Hill, Chefermittlerin des Untersuchungsausschusses, legt am 18. September 2002 vor dem Komitee auf dem Capitol Hill einen ersten aufsehenerregenden Zwischenbericht vor. (Foto: AP)

Rechte Seite, links: Die aus Minneapolis stammende FBI-Juristin Coleen Rowley sagt vor dem »Senate Judiciary Committee« auf dem Capitol Hill am 6. Juni 2002 aus. Sie wirft dem FBI »ständig wachsenden Bürokratismus« vor, der jede Initiative ersticke. (Foto: AP)

Rechte Seite, rechts: Richard Clarke, früherer Sonderberater von Präsident George W. Bush und leitender Beamter im Nationalen Sicherheitsrat. (Foto: AP)

Um die Identität der CIA- und FBI-Agenten während der öffentlichen Anhörung vor dem Untersuchungsausschuß auf dem Capitol Hill am 20. September 2002 nicht preiszugeben, durften diese ihre Aussagen hinter einer Milchglasscheibe abgeben, die vom Zuschauerraum nicht eingesehen werden konnte. (Foto: AP)

der Abteilung für Spurensicherung kümmerte er sich um die Katalogisierung von Fingerabdrücken. Später, während seines Forensik-Studiums an der George-Washington-Universität, arbeitete er nebenher als Fremdenführer im Hauptquartier des FBI. 1976 fing er dann als vierundzwanzigjähriger FBI-Beamter im Außenbüro in Baltimore an und arbeitete sich stetig hoch, bis er sich in den neunziger Jahren im Hauptquartier und im New Yorker Außenbüro als erfolgreicher Terroristenjäger einen Namen machen konnte.

Aber O'Neill ist zu lange dabei, als daß er nicht wüßte, daß sich seine FBI-Karriere unwiderruflich in einer Sackgasse befindet, unabhängig davon, wie die hausinternen Untersuchungen ausgehen werden. Als er schließlich über seine guten Kontakte zur Presse erfährt, daß die *Times* eine Story über die Untersuchungen gegen ihn vorbereitet, sieht er förmlich schon die Schlagzeile: »FBI-Terroristenjäger im Visier der Kollegen.« O'Neill weiß, das ist das Ende. Er kündigt. Bereits seit Wochen liegt ihm ein lukratives Angebot aus der Privatwirtschaft vor. Er wird Sicherheitschef des World Trade Center. Dort kennt er sich bestens aus. Schließlich hat er die Festnahme von Ramzi Yousef federführend geleitet, der 1993 einen Bombenanschlag auf die Zwillingstürme verübt hatte. Als O'Neill seinen Jobwechsel bekanntgibt, sorgt dies für Witzeleien. »Na ja«, sagt einer seiner Freunde, »die werden wohl nicht noch einmal versuchen, das World Trade Center in die Luft zu jagen.« O'Neill aber ist bei diesem Thema überhaupt nicht zum Spaßen zumute. »Im Gegenteil«, sagt er prophetisch, »sie werden wahrscheinlich versuchen, ihren Job zu Ende zu bringen.«[120]

Clarke bedauert O'Neills Ausscheiden beim FBI wohl am meisten. Ihm bleibt nun nichts anderes übrig, als ernsthaft nach einem anderen Nachfolger Ausschau zu halten. Derweil verliert er innerhalb der Sicherheitsabteilungen des Weißen Hauses mehr und mehr an Reputation. Aber Clarke ist nicht der einzige, der wegen seines Interesses an Osama

Bin Laden ein Glaubwürdigkeitsproblem hat. George Tenet hat ebenfalls Probleme, für seine Warnungen vor der Gefährlichkeit der al-Qaida in Washington Gehör zu finden. Kaum ein Tag vergeht, an dem er nicht bei seinem Kollegen Tom Pickard vom FBI anruft, der die Bundespolizei kommissarisch leitet, seit FBI-Agent Freeh im Juni in den Ruhestand gegangen ist. »Hast du etwas gehört«, fragt Tenet immer. »Habt ihr beim FBI irgend etwas?«[121] Aber Pickard hat keinerlei Information. Dabei kursieren in seiner Behörde Papiere, die einmal das ganze Land schockieren und das FBI in Verruf bringen werden ob seiner Ignoranz.

Tarragona, Spanien, 8. Juli 2001

Seit einem halben Jahr besitzt Mohammed Atta nun schon den Pilotenschein. Alles läuft soweit nach Plan. Er ist bereit, die Ziele stehen fest. Allerdings müssen nun die Leiter und Koordinatoren der Operation dringend über die Details informiert werden. Dies kann natürlich nicht am Telefon oder per E-mail erledigt werden, will man nicht riskieren, daß alles noch im letzten Moment auffliegt. Atta macht sich deshalb auf den Weg nach Europa. Nach einem Zwischenstopp in Zürich landet er am 8. Juli 2001 gegen 16.20 Uhr auf dem Flughafen Madrid-Barajas.[122]

Währenddessen packt in der Hamburger Marienstraße Ramzi Binalshibh seinen Koffer. In wenigen Stunden geht sein Flug nach Reus in der spanischen Urlaubsregion Tarragona. Mit dem Charterflug IP 1408 der Fluggesellschaft Aerolloyd landet er schließlich gegen sieben Uhr abends auf dem katalanischen Flughafen. Drei Stunden später betritt Binalshibh die Empfangshalle des Hotels Mónica in der Calle Galcerán Marquet in Cambrils (Tarragona), nur hundert Meter vom Strand entfernt.

Etwa zur selben Stunde erreicht auch Atta die spanische Küstenstadt. Er quartiert sich im Hotel Sant Jordi ein. Das kleine Hotel befindet sich direkt am Strand und ist nur fünfzehn Minuten vom Quartier Binalshibhs entfernt. Dort hört man das Rauschen des Meeres.

Aber weder er noch sein Freund Binalshibh haben Sinn für die Schönheit der katalanischen Küste. Schließlich sind sie hier, um sich über die letzten Details des – wie sie hoffen – spektakulärsten Terroranschlags in der Geschichte abzustimmen. Zudem scheinen die Piloten, die vier Verkehrsflugzeuge gleichzeitig zum Absturz bringen sollen, bereits in andere Sphären entrückt. Atta jedenfalls erzählt seinem Freund, daß nach Ende der Flugausbildung Marwan al-Shehhi »eine wundervolle Vision« gehabt habe. Zusammen »mit großen grünen Vögeln« sei er »durch die Lüfte geflogen und in irgendein Ding gestürzt«.[123]

Binalshibh zeigt sich ergriffen. Ein solcher Traum kann kein Zufall sein. Er hält ihn für ein Zeichen und erklärt deshalb, Atta und die anderen Piloten sollten allein und völlig autonom über Zeitpunkt und Ziel der Anschläge bestimmen. Aber Atta hat längst entschieden, in welche Gebäude sie die entführten Verkehrsmaschinen lenken wollen: die Zwillingstürme des World Trade Center, das Pentagon sowie das Capitol in Washington. Lediglich der Zeitpunkt der Selbstmordaktion ist noch offen, weil erst die Flugpläne und Routen der amerikanischen Airlines ausgewertet werden müssen. Denn zum einen brauchen sie vier Flüge, die relativ zeitnah starten, damit die Anschläge kurz hintereinander erfolgen können. Zum anderen müssen die Flüge von Washington oder Boston aus starten, um zu gewährleisten, daß die Maschinen zum Zeitpunkt des Aufpralls noch volle Kerosintanks haben, was die Sprengkraft erheblich verstärkt. Atta geht davon aus, daß sie spätestens Mitte September zuschlagen können.

Auch die Frage, wie sie die Verkehrsflugzeuge in ihre Gewalt bringen, muß noch erörtert werden. In Dreier- oder Vierergruppen wollen sie zusammen mit dem jeweiligen Piloten auf eine Maschine buchen und mit Teppichmessern das Flugpersonal überwältigen. Von den Helfern, die dazu benötigt werden, ist eine ganze Reihe schon in den USA eingetroffen. Außerdem werden sich al-Hazmi und al-Mihdhar, der Ehemann von Binalshibhs Cousine, ebenfalls einem der vier Selbstmordkommandos anschließen und bei der Flugzeugentführung helfen, die Piloten zu überwältigen und die Passagiere unter Kontrolle zu halten.

Um zur Not auch am Telefon oder per E-Mail über das weitere Vorgehen kommunizieren zu können, vereinbaren Atta und Binalshibh Codewörter. Die Terrorziele benennen sie nach Fakultäten. Das Capitol nennen sie »Fakultät des Rechts«, das Pentagon die »Fakultät der Künste« und das World Trade Center »Fakultät für Stadtplanung«[124], das Studienfach von Atta in Hamburg.

Als sich Binalshibh von Atta verabschiedet, muß er davon ausgehen, seinen Freund in dieser Welt nicht mehr wiederzusehen. Binalshibh fliegt kurz darauf nach Deutschland zurück, er will sich um den Ersatzpiloten kümmern. Atta bleibt drei Tage länger in Spanien und fliegt dann in die USA weiter. Alles läuft nach Plan. Die Operation tritt nun in die letzte und entscheidende Phase.

Norman, Oklahoma, Juli 2001

Nach seinem überhitzten Abgang aus der Flugschule von »Mrs. Brenda« in Norman, Oklahoma, bleibt Zacarias Moussaoui nichts anderes übrig, als sich anderswo nach einer Ausbildungsmöglichkeit umzuschauen. Schließlich will er bereit sein, falls der Einsatzbefehl erfolgt. Er kontaktiert deshalb die PanAm-Flugakademie in Miami, die in ganz Amerika Flugschulen unterhält. Per E-Mail erkundigt sich Zac über Trainingsmöglichkeiten in einem Flugsimulator. Er stellt sich als »Mr. Zacarias« vor und schreibt, daß er »die großen Vögel fliegen« und sich damit einen Traum erfüllen wolle. Damit könne man schließlich das »Ego aufbauen«. Deshalb würde er gerne lernen, wie man eine Boeing oder einen Airbus fliegt, je nachdem, was schneller ginge. Große Ansprüche hat er dabei nicht. Er wolle lediglich starten und landen, mit dem Tower kommunizieren und ein Flugzeug »erfolgreich von Punkt A nach Punkt B (JFK nach Heathrow zum Beispiel) navigieren« können. Zac ist noch so ehrlich und gesteht, daß er bislang nur wenige Flugstunden Erfahrung mit einer Cessna gesammelt hat. Allerdings macht er sich keine Sorgen, sondern ist sich sicher, PanAm könne etwas für ihn tun – »schließlich sind wir in Amerika, und (hier) ist alles möglich«. Seine E-Mail beendet er erwartungsvoll mit: »Have a nice day, waiting for a positive fly.«[125]

In der Moschee in Norman hat sich Zac mit zwei jungen Muslimen angefreundet, mit denen er auch seit einiger Zeit zusammen wohnt. Von einem borgt sich Moussaoui einen Laptop und recherchiert damit im Internet nach Anleitungen für den Einsatz von Sprühflugzeugen. Bei dem zweiten Mitbewohner handelt es sich um den neunzehnjährigen Hussein al-Attas, der in Zacs Pläne zumindest teilweise eingeweiht ist. Al-Attas hat sich bereit erklärt, Zac zu begleiten, wenn der Franko-Marokkaner das beschauliche Städtchen Norman verlassen sollte, um irgendwo anders bei einer Flugschule unterzukommen.

Aber zuerst brauchen sie Geld. Zac kümmert sich darum und ruft in Deutschland an. Am anderen Ende der Leitung hebt Binalshibh den Hörer ab. Moussaoui trägt ihm sein Anliegen vor, und Binalshibh verspricht, alles in die Wege zu leiten. Wenig später erhält Zac 14 000 Dollar in zwei Tranchen, überwiesen von Reisebanken an den Hauptbahnhöfen in Düsseldorf und in Hamburg. Auf den Überweisungsformularen ist ein Ahad Sabet als Aussteller angegeben.

Ahad Sabet ist ein junger Mediziner aus den USA, dem 1998 bei einem Aufenthalt in Barcelona sein amerikanischer Paß gestohlen worden war. Mit den Geldüberweisungen an den Terroristen hat Sabet nichts zu tun. Dahinter verbirgt sich Binalshibh, der jetzt Sabets gestohlene Papiere benutzt.[126]

Zac kennt Binalshibh vermutlich gar nicht unter seinem richtigen Namen. Jedenfalls hat er dessen deutsche Telefonnummer in seinem Adreßbuch unter »Sabet« notiert, gleich neben der Mobilnummer eines weiteren Mitglieds der Hamburger Zelle.

Für Zac aber ist es gleichgültig, wie sein Ansprechpartner in Deutschland wirklich heißt. Entscheidend ist nur, daß das Geld postwendend eintrifft. Er kann sich nun weiter nach einer neuen Flugschule umschauen, möglichst mit Flugsimulator. Allerdings weiß der Franko-Marokkaner noch immer nicht genau, wofür das alles letztlich gut sein soll. Sabet alias Binalshibh hat ihn bislang im unklaren gelassen, wie die Mission genau ablaufen soll. Zac informiert sich vorsichtshalber weiterhin im Internet über Sprühflugzeuge. Auf die Festplatte seines Mitbewohners lädt er Texte, in denen detailliert beschrieben wird, wie man Pestizide mit einem Sprühflugzeug verteilen kann. Bevor er den Laptop wieder zurückgibt, lädt sich Moussaoui schnell noch einen Routenplaner herunter. Wie die Mission letztlich auch immer aussehen mag, es ist höchste Zeit, Oklahoma zu verlassen. Sein neues Ziel ist Minneapolis im US-Bundesstaat Minnesota. Dort unterhält PanAm eine Flugschule.

5. Kapitel

Phoenix, Arizona, 10. Juli 2001

Kenneth J. Williams, Special Agent des FBI, überfliegt zum letzten Mal das Memo, das er endlich per E-Mail an das Hauptquartier in Washington und die Anti-Terror-Abteilung in New York schicken will. Die New Yorker Kollegen gelten seit dem Anschlag auf das World Trade Center 1993 als Experten auf dem Gebiet des islamischen Extremismus. Williams ist erst einundvierzig, aber seine Haare sind bereits ergraut. Seit bald zwanzig Jahren ist er beim FBI, die meiste Zeit davon im Außenbüro in Phoenix, wo er als Spezialist beim *Squad 16,* der Anti-Terror-Einheit seines Bundesstaates arbeitet.

Bereits vor fast zwei Jahren hat er mit seinen Aufzeichnungen begonnen. Immer wieder mußte er jedoch die Arbeit an diesem Memo unterbrechen, seinen Vorgesetzten waren andere Fälle wichtiger. Aber jetzt ist er endlich fertig. Der Text ist keine Zeile zu lang geworden, hat lediglich fünf Seiten. Williams weiß aus leidvoller Erfahrung, wie begrenzt die Aufmerksamkeit der Kollegen in Washington und New York ist.

»Zakaria Mustapha Soubra; IT-OTHER (Islamic Army of the Caucasus)«, tippt er in die Betreffzeile seines Schreibens.[127] Überhaupt hat er das Memo unter Hochdruck verfassen müssen, immer mit der Angst im Nacken, von seinem Chef wieder für einen anderen Fall abgestellt zu werden. Aber nun kann er nicht länger warten. Seit zwei Jahren beobachtet er mit Sorge, daß sich in Arizona zahlreiche junge Muslime aus dem Mittleren Osten zu Piloten ausbilden lassen. Gleich eingangs weist er ausdrücklich darauf hin, daß es sich bei ihnen um Islamisten handle, speziell um »Unterstützer von Osama Bin Laden, die an Luftfahrt-Universitäten und Colleges in Arizona studieren«.[128]

Vorschriftsmäßig codiert Williams sein Memo mit »Derived from G3«, einem Code, den auch das Justizministerium gebraucht und der es als »streng geheimes« Dokument ausweist. In diesem geht es nicht um Vermutungen oder vage Hinweise, das ist nicht Williams' Art. Er haßt Kollegen, die immer bloß heiße Luft produzieren und damit den FBI-Apparat blockieren. Williams hat harte Fakten vorzulegen. Vor allem aber liefert er neben seiner Analyse die passenden Ermittlungsansätze gleich mit. Er empfiehlt, sämtliche Flugschulen des Landes überprüfen zu lassen. Das FBI-Hauptquartier soll eine Liste aller Ausbildungsstätten erstellen und die Außenbüros anweisen, die Sache vor Ort in die Hand zu nehmen.

Seine Idee ist allerdings nicht ganz neu. Bereits 1998 hatte das Hauptquartier in Washington eine entsprechende Weisung an alle Außenbüros erteilt. Damals war dem FBI einer der Drahtzieher der Botschaftsanschläge in Ostafrika ins Netz gegangen. Es handelte sich um einen amerikanischen Staatsbürger arabischer Abstammung, der in Norman, Oklahoma, an der Flugschule von »Mrs. Brenda« einen Pilotenschein gemacht hatte. Ein FBI-Beamter aus Oklahoma, selbst Pilot, hatte damals ebenfalls ein Memo verfaßt, in dem er auf die Gefahr hinwies, daß Terroristen mit Ultraleichtflugzeugen versuchen könnten, Giftgas zu versprühen. Dieses Horrorszenario wurde damals im Hauptquartier als nicht abwegig angesehen. Schließlich lag es noch nicht lange zurück, daß Ramzi Yousef verhaftet worden war, der nicht nur das World Trade Center mit einer Autobombe zum Einsturz hatte bringen wollen, sondern auch mit seiner Operation Bojinka den mörderischen Plan ausgetüftelt hatte, elf Flugzeuge binnen achtundvierzig Stunden in die Luft zu sprengen. Danach sollte einer seiner Leute, der über eine Pilotenlizenz verfügte, ein Flugzeug entführen und es in das CIA-Hauptquartier stürzen lassen.

Sowohl CIA als auch FBI mußten damals mit Schrecken feststellen, daß Ramzi Yousef und dessen Komplizen nicht nur den festen Willen zu einer solchen Operation hatten, sondern auch das nötige Wissen und die Mittel besaßen, sie durchzuführen. Es war also alles andere als abwegig, die Flugschulen im Lande unter die Lupe zu nehmen. Aber das FBI-Hauptquartier wurde bei der breit angelegten Untersuchung von seinen Außenstellen sträflich im Stich gelassen. Flugschulen nach Terroristen abzusuchen sei, wie »nach Öl zu bohren«, hieß es damals. Der Erfolg sei sehr ungewiß, die meisten Agenten würden nichts finden, und nur einige wenige könnten am Ende vielleicht ein paar Lorbeeren ernten. Auf dem Gebiet der Verbrechensbekämpfung oder Drogenkriminalität sei es einfacher, Erfolge zu verbuchen.

Nachdem es also so gut wie keinen Rücklauf von den Außenbüros gegeben hatte, wurde die Untersuchung der Flugschulen vom Hauptquartier abgebrochen. Frustriert und entnervt schickte der verantwortliche FBI-Beamte eine Mitteilung an die Außenstellen: Die Einsatzzentrale käme zu dem Schluß, daß weitere Ermittlungen der Außenbüros in den Flugschulen »unklug« seien.[129] Die Mitteilung wurde im November 2000 verschickt. Damals befanden sich die drei Mitglieder der Hamburger Zelle in Florida kurz vor dem Abschluß ihrer Pilotenausbildung.

Von alldem weiß Williams nichts, als er sein Memo tippt. Eine Anweisung aus Washington, die örtlichen Flugschulen auf verdächtige Schüler arabischer Herkunft abzuklopfen, ist nie auf seinem Schreibtisch gelandet. Aber das ist nicht ungewöhnlich. Oft fühlt er sich in der amerikanischen Provinz abgeschottet wie auf einer Insel.[130] Er bekommt kaum etwas mit von den Ermittlungen im Rest des Landes, und seine direkten Vorgesetzten interessieren sich nicht besonders für seine Arbeit. Seit elf Jahren arbeitet er in der Terrorismusabwehr. Fast die ganze Zeit über hatte er das Gefühl, daß die Terrorabwehr beim FBI ein »Bastard, ein Stiefkind« sei, da sie nicht dieselben Erfolgsquoten erbringe wie etwa der Kampf gegen das organisierte Verbrechen. Ein Kollege sagt sogar, daß die Terrorabwehr die niedrigste Priorität beim FBI in Phoenix habe. Gute Statistiken und Quoten brächten nun mal mehr Budgetzuschüsse, was wiederum höhere Chancen auf noch bessere Ermittlungsergebnisse bedeute. Regelmäßige Verhaftungen und eine positive Presse sind dem FBI wichtig, auch hier in Arizona, im weiten, ehemals wilden und immer heißen Westen.

Phoenix ist eine Stadt, von der kaum ein Amerikaner versteht, warum sie gebaut wurde. Dabei wächst sie weiter und weiter, immer entlang der schnurgeraden Hauptstraße. Mitten in der Wüste im Bundesstaat Arizona gelegen, breitet sich die Stadt wie ein riesiger Teppich aus, eingeschlossen von braunen Bergketten. Phoenix ist im Sommer wie ein Backofen. Oft steigen die Temperaturen auf über vierzig Grad. Ausgerechnet hierher wurde Kenneth Williams, der früher einmal in San Diego an der Pazifikküste als Polizist gearbeitet hatte, direkt nach seiner Ausbildung an der FBI-Akademie geschickt.

Allerdings hatte er hier die besten Aufstiegschancen. Williams arbeitete zuerst in der Abteilung für Verbrechensbekämpfung und wechselte dann in die Anti-Terror-Abteilung. Dort fand er seine Bestimmung. Er war so ehrgeizig, daß er sich gleichzeitig noch dem mobilen Einsatzkommando, dem »SWAT-Team«, zuteilen ließ. Selbst mit einer Lungenentzündung trat er einmal seinen Dienst an und half, zwei Polizistenmörder in den Bergen zu jagen. Die Kollegen schätzen Williams wegen seines Mutes, die Vorgesetzten wegen seines Instinkts und analytischen Verstandes – und seiner Loyalität.[131] Auf das FBI läßt er nichts kommen, auch wenn er sich schon oft in interne Streitereien verstrickt hat oder verklagt, versetzt und manchmal von einem wichtigen Fall einfach abgezogen worden ist. Die Wut über seine Vorgesetzten schluckt er hinunter.

Aber das alles spielt jetzt keine Rolle. Williams geht es allein um die Sache. Nur aus diesem Grund schreibt er das Memo für die höhergestellten Kollegen in Washington und

New York. Dabei ist die Situation für ihn und seine Abteilung alles andere als rosig. Im Juli 2001 sind von den 230 FBI-Agenten in Phoenix lediglich 16 mit Terror-Fällen beschäftigt. Die meisten Kollegen jagen Drogendealer und Schmuggler, obwohl dies eigentlich die Aufgabe der DEA wäre. Doch die nahe Grenze zu Mexiko macht es nun mal zu einer lohnenden Aufgabe. Ein FBI-Beamter auf Dealerjagd hat hier weit größere Aussichten, seine Erfolgsstatistik schnell nach oben zu schrauben, als einer wie Williams, der sich in mühsamer Kleinarbeit die Indizien zusammensuchen muß, um grünes Licht für seine Ermittlungen gegen mutmaßliche Terroristen zu bekommen.

Dabei sind Terrorakte in der Wüstengegend um Phoenix durchaus ein Thema: Seit Williams beim FBI arbeitet, sind sie immer wieder auf Spuren islamistischer Terroristen gestoßen, die sich eine Basis in Arizona aufbauen wollten. Vielleicht weil ihnen die Hitze so vertraut war oder sie vermuteten, daß die Polizei der Ungläubigen besonders träge sei.

Hier, am südlichen Rand der USA, richteten die Dschihadis, die Heiligen Krieger, eine ihrer ersten drei US-Basen ein – und das FBI bekam das genau mit. In Tucson sammelte die Gruppe Alkhifa Geld für den Kampf der Mudschaheddin in Afghanistan und rekrutierte zudem Kämpfer für den Krieg gegen die Sowjetarmee. Alkhifa, so vermutet das FBI, wurde nach 1989 von al-Qaida unterwandert und schließlich ganz von Bin Ladens Organisation geschluckt. In dieser Phase kam Williams zur Anti-Terror-Einheit. Schon bald nach seinem Dienstantritt in den frühen neunziger Jahren stieß er auf arabische Verdächtige, die im Luftfahrtbusiness arbeiteten. Er untersuchte den Fall von zwei Libyern, die auf dem Flughafen im sogenannten sensiblen Bereich arbeiteten.

Williams hatte sich auch mit Terroranschlägen der Vergangenheit beschäftigt, vor allem der Fall von Lockerbie – die tödliche Bombe an Bord der PanAm Maschine – war dem

Agenten nicht aus dem Kopf gegangen.[132] Er wollte mit seiner Arbeit sicherstellen, daß Terroristen nie wieder zu nah an amerikanische Flugzeuge gelangen sollten.

1994 kamen Williams und das FBI ein gutes Stück voran. Sie hatten es geschafft, einen Informanten in die Islamistenszene einzuschleusen. Eines Tages wurde dieser von einem Verdächtigen in die Wüste gefahren – und im Bombenzünden unterwiesen. Die Explosion konnte das FBI in aller Ruhe von einem nahe gelegenen Berg filmen. Der Islamist stand in Verbindung mit einem der Hintermänner des Bombenanschlags auf das World Trade Center. Der Informant lieferte damit den Beweis, daß Williams und seine Einheit nicht phantasierten. Die Gefahr war real, auch hier, mitten in Amerikas Westen.

Obwohl sie immer wieder über al-Qaida-Verbindungen wie diese stolperten, blieb die Terrorismusbekämpfung für die FBI-Leitung in Phoenix wie im Rest des Landes doch nur eine Aufgabe, die sie geringschätzten. Williams fehlte das Budget, um diese neue, schwer einzuschätzende Bedrohung richtig zu untersuchen. Die FBI-Führung glaubte nicht an islamistische Netzwerke in den USA. Überwachungen konnten nicht im geplanten Umfang durchgeführt werden, und schließlich verklagte ein Informant aus der Szene Williams und andere Agenten auf Zahlung des gesamten Honorars, das ihm angeblich noch zustand, das das FBI aber nach Budgetkürzungen nicht mehr zahlen konnte. Doch seinen Biß hatte Williams dadurch nicht verloren. Für ihn drehte sich alles um Bin Laden, der als Führer des al-Qaida-Netzwerks immer mehr an Bedeutung gewann.

Ende 1999 war Williams auf eine Spur gestoßen, aufgrund der er die Arbeit an dem Memo begonnen hatte. Im Oktober 1999 war jedem Fluggast klargeworden, wie anfällig ein gestartetes Flugzeug, mehrere tausend Meter über dem Meeresspiegel, ist. Der ägyptische Kopilot des Fluges 990 der Egypt Air auf dem Weg von Los Angeles nach Kairo via New York ließ sechzig Meilen südlich von Nantucket die Boeing 767 in den Atlantik stürzen. Der Mann hatte gewartet, bis zwei seiner Kollegen das Cockpit verlassen hatten, um dann den Autopiloten auszuschalten und einen Sturzflug einzuleiten. Der Pilot neben ihm versuchte damals vergeblich, die Maschine hochzuziehen, während sein Nebenmann den Steuerknüppel mit Gewalt nach vorn preßte und immer wieder murmelte: »Ich verlasse mich auf Gott. Ich verlasse mich auf Gott. Ich verlasse mich auf Gott.«[133]

Die Ägypter waren außer sich, als die US-Flugbehörde behauptete, daß der Kopilot die Maschine mit Absicht hatte abstürzen lassen. Eine Verschwörung der Amerikaner wurde vermutet. Aber der Stimmenrecorder im Cockpit wischte später jeden Zweifel weg. Die verkürzte Erkenntnis: Ein Araber, der bereit war, selber zu sterben, riß mit seiner Tat viele Amerikaner in den Tod.

Nur wenig später, am 19. November 1999, kam es während des Inlandflugs der Linie America West von Phoenix nach Washington zu einem erneuten Zwischenfall, der Williams noch einmal in seinen schlimmsten Befürchtungen bestätigte.

Auf halbem Weg, mitten über dem amerikanischen Kontinent, hatte eine Flugbegleiterin des America-West-Fluges beobachtet, wie sich einer der Passagiere, ein arabisch aussehender Mann, an der Cockpit-Tür zu schaffen machte. Vorher hatte er sich bereits umgesetzt, näher zum Bug des Flugzeugs. Offensichtlich versuchte er, zum Piloten vorzudringen. Davor hatte er immer wieder gefragt: »Wann kommen wir in Washington an?«

Die Flugbegleiter verhinderten schließlich, daß der Mann ins Cockpit gelangte, und brachten ihn zurück auf seinen Sitz, wo ein Freund, ein zweiter Araber, aufgeregt auf ihn wartete. Er habe nur die Toilette gesucht, verteidigte sich der verdächtige Mann. Trotzdem entschied der Pilot, auf dem nächsten Flughafen zu landen. »Eine außerplanmäßige Flugzeuginspektion«, hieß es über den Bordfunk. In Columbus, Ohio, setzte die Maschine auf. Polizisten kamen herein, legten den Arabern Handschellen an und führten die beiden ab.

Die verdächtigen Fluggäste wurden in Cincinnati im Gebäude der Flughafenpolizei von FBI-Agenten verhört. Beide Männer, ein Saudi und ein Mann aus den Vereinigten Arabischen Emiraten, sagten aus, sie seien auf dem Weg zu einer islamischen Konferenz der königlich-saudischen Botschaft in Washington gewesen. Einzig die Toilette habe er gesucht, schimpfte der Saudi und gab sich entrüstet. »Krank«, »paranoid« und »rassistisch« nannte er das FBI.[134] Die Polizisten hatten keine Beweise, daß der Araber tatsächlich versucht hatte, gewaltsam in das Cockpit einzudringen. Folglich mußten sie die beiden nach wenigen Stunden wieder laufenlassen. Der Fluglinie war der Zwischenfall schließlich peinlich, und sie bot den beiden Arabern Erste-Klasse-Tickets an, die diese jedoch ablehnten.

Nun klemmte sich Williams dahinter. Das war sein Fall. Zudem hatte er eine örtliche Zuständigkeit. Schließlich studierten die beiden Araber in Arizona. Williams nahm dies zum Anlaß, die örtliche Studentenszene einmal genauer unter die Lupe zu nehmen. Allerdings mußte er vorsichtig sein. Die beiden Männer hatten sich via CNN über die Behandlung und den Rassismus des FBI beschwert und die Fluggesellschaft verklagt. Williams ließ sich davon nicht abschrecken. Er überprüfte in aller Stille den Bekanntenkreis der beiden auffälligen Fluggäste. Sein Instinkt als erfahrener Polizist sagte ihm, daß er auf eine Spur gestoßen war – eine terroristische Verschwörung in großem Stil. Denn Williams war sich sicher, daß die beiden Araber gewaltsam in das Cockpit eindringen wollten, um die Maschine zu entführen und vielleicht sogar über Washington zum Absturz zu bringen. Die Ausrede, sie hätten die Tür zur Pilotenkanzel mit der Toilettentür verwechselt, nahm er ihnen nicht ab. Er entsann sich, daß einer der beiden, unmittelbar bevor er an der Cockpit-Tür rüttelte, einen der Flugbegleiter gefragt hatte: »Wann kommen wir in Washington an?«[135]

Parallel zur Untersuchung des Umfelds der beiden Araber stieß Williams auf eine weitere heiße Spur. Ein junger Student aus dem Libanon wurde auf einem Schießübungsplatz mit einem Mann gesehen, den die jungen muslimischen Studenten in Phoenix nur Abu Muhajid, »Vater der Kämpfer«, nannten. Muhajid, ein weißer Amerikaner, rekrutierte offensichtlich Nachwuchskräfte für den Dschihad. Ständig sprach er über seine Erlebnisse in Bosnien und über den Heiligen Krieg weltweit. Im April 2000 schließlich verhörte Williams den Mann, der mit »dem Kämpfer« Schießen geübt hatte. Er hieß Zakaria Mustapha Soubra. Diesen Namen sollte Williams ein Jahr später in die Betreffzeile seines Memos tippen. Soubra studierte Luffahrttechnik an der Embry Riddle University in Arizona und belegte vor allem Kurse in Luftfahrtsicherheit. Zuvor hatte er in London Islamwissenschaften an einer radikalen Scharia-Koranschule studiert. Die plötzliche Hinwendung zu einem rein technischen Studiengang in den USA kam Williams verdächtig vor. Er entschied sich, aus der Deckung zu gehen und Soubra zu verhören.[136]

Normalerweise sind junge Ausländer eingeschüchtert, wenn sie vom FBI verhört werden. In diesem Fall jedoch war es anders. Soubra erzählte Williams schon während des ersten Gesprächs, daß er die US-Regierungseinrichtungen und das Militär für legitime Ziele der Islamisten halte. In seinem Apartment sah Williams zudem ein Plakat mit dem Konterfei Bin Ladens und das Poster eines verwundeten Tschetschenien-Kämpfers an der Wand hängen – für den Ermittler deutliche Warnsignale. Schließlich fand er heraus, daß der fünfundzwanzigjährige Libanese Anhänger der britischen al-Muhajiroun-Bewegung war, deren geistiger Anführer als wichtiger Unterstützer Bin Ladens galt und auch einige Fatwas erlassen hatte, die Angriffe auf die USA und US-Flughäfen rechtfertigten. Soubra hatte zudem Anti-Israel- und Anti-USA-Demos auf dem Campus der Universität organisiert und dabei offen zum Dschihad aufgerufen. Williams hatte also recht behalten.

Der Student könnte ihn zum Kern der eigentlichen Verschwörergruppe führen. Er beschattete Soubra weiterhin. Dabei fiel ihm auf, daß dieser mit einem geliehenen Auto durch Arizona fuhr. Als Williams den Halter des Wagens ermittelte, konnte er es zunächst nicht glauben: Der Autobesitzer war so etwas wie ein Altbekannter – einer der beiden Araber, die versucht hatten, in das Cockpit des America-West-Fluges zu gelangen.

Williams war es gelungen, den Kreis zwischen Soubra, einem Anhänger Osama Bin Ladens, und zwei in seinen Augen mutmaßlichen Flugzeugentführern zu schließen. Ohne es in der gesamten Tragweite abschätzen zu können, war Williams auf eine Spur gestoßen, die direkt zur der größten terroristischen Verschwörung führte, die jemals auf amerikanischem Boden stattfinden sollte. Wie sich erst viel später herausstellte, gehörten auch die beiden Araber der al-Qaida an. Vermutlich hatten sie damals gar nicht die Absicht gehabt, das Flugzeug zu entführen. Wahrscheinlich war es nur ein Test gewesen, um herauszufinden, wie schwer es ist, in das Cockpit einer Passagiermaschine zu gelangen. Diese Erfahrung war wichtig für eine andere, viel größere Operation.

Williams jedenfalls hielt einen Zipfel dieser Verschwörung in den Händen. Er mußte nur dranbleiben, um an den eigentlichen Kern vorzustoßen. Doch bevor er die Ermittlungen vertiefen und die vielen neuen Fahndungsstränge verknüpfen konnte, wurde er Ende 2000 von dem Fall abgezogen und in eine Abteilung versetzt, die überhaupt nichts mit dem Thema Terrorismus zu tun hatte, so daß er nicht einmal mehr nebenher an seinem Fall arbeiten konnte. Statt Terroristen mußte er nun einen Brandstifter jagen, der acht Luxusvillen in einem noblen Vorort von Phoenix am Rande von Naturschutzgebieten in Brand gesteckt hatte – normalerweise ein Job für die örtliche Polizei. Doch das FBI wurde eingeschaltet. Williams sträubte sich. Er wollte weiter an seinem Fall arbeiten. Aber gegen die Anweisung seines Vorgesetzten war er machtlos. Vielleicht handle es sich bei dem Brandstifter ja um einen dieser verrückten »Öko-Terroristen«, ließ man ihn wissen. Mit einer DNA-Analyse gelang es ihm schließlich, den Täter zu überführen – ein arbeitsloser PR-Berater, der das erste Haus angesteckt hatte, weil es seinen Lieblingsjoggingpfad blockierte. Danach hatte er Geschmack an der Brandstiftung gefunden. Williams kostete dieser Fall fast die erste Hälfte des Jahres 2001, in der es in den USA ständig zu Drohungen und Terrorwarnungen kam.

Erst im Mai 2001 wurde Williams wieder seiner Terror-Fahndungsgruppe zugeteilt. Sofort stürzte er sich auf seinen Fall und ermittelte weiter. Von den Warnungen, die sich immer mehr verdichteten, bekam er jedoch nichts mit. Seit die Personaldecke in Washington immer dünner wurde, waren die Außenbüros regelrecht abgeschnitten vom Informationsfluß.

Aber auch ohne die Geschehnisse detailliert zu kennen, arbeitete Williams unter Hochdruck. Er wußte, daß die Lunte längst brannte, und hoffte, die Bombe noch rechtzeitig entdecken zu können. Fieberhaft studierte er seine Notizen aus dem Vorjahr und ließ sich die Akten alter Fälle kommen. Dabei fiel ihm die hohe Zahl verdächtiger Personen im Luftfahrtbetrieb auf. Er kam auf insgesamt zehn Männer, die er und seine Kollegen schon einmal genauer untersucht hatten. Alles Sunniten, darunter Studenten aus Kenia, Pakistan, Algerien, den Vereinigten Arabischen Emiraten, Indien und Saudi-Arabien. Einige hatten Flugunterricht genommen, andere studierten Flugzeugbau, und Soubra befaßte sich mit internationaler Flugsicherheit. Allein durch ihn waren sie auf sechs weitere Verdächtige gestoßen, darunter die Araber des America-West-Fluges.

Jeder dieser zehn Männer pflegte Kontakte zu radikalen Islamisten oder potentiellen Terroristen. Williams war viel zu lange beim FBI, um jetzt noch an Zufall zu glauben. Gedanklich ging er einen Schritt weiter: Wenn es allein zehn Verdächtige in seinem Einsatzgebiet in Arizona gab, wie viele waren es dann in anderen Bundesstaaten, etwa Florida oder Oklahoma, wo es ebenfalls von Flugschulen nur so wimmelte?

Williams entscheidet sich schließlich, das Memo zu verfassen. Allerdings ist ihm klar, daß es konkrete Ermittlungsvorschläge beinhalten muß. Deshalb schlägt er vor, systematisch alle Flugschulen in den USA auf verdächtige Studenten und Schüler aus dem Nahen Osten und muslimischen Ländern zu überprüfen. Bevor er das Memo »Soubra IT« losschickt, ruft er einen Freund in Washington an, der im Hauptquartier des FBI an der Pennsylvania Avenue arbeitet. Von ihm will Williams wissen, wohin er es schicken soll, ohne von vornherein davon ausgehen zu müssen, daß es in dem riesigen Hauptquartier verlorengeht. Weil er nicht alle Verdächtigen klar einer Gruppe wie etwa der al-Qaida zuordnen kann, empfiehlt ihm der Kollege, das Memo an zwei Stellen zu schicken: die sogenannte *Radical Fundamentalism Unit* (RFU), die gegen radikale Fundamentalisten insgesamt ermittelt, sowie an die *Usama* [das FBI benutzt diese Schreibweise des Vornamens Osama] *Bin Laden Unit* (UBLU).[137]

Williams adressiert das Memo an insgesamt sechs Personen in den beiden Einheiten, darunter auch an die beiden leitenden Beamten. Außerdem will er es an zwei Experten im New Yorker Außenbüro schicken, die innerhalb des FBI als Fachleute für islamistischen Terror gelten. Am 10. Juli hat er alles beisammen. Er drückt die »Senden«-Taste seines Computers. Sein Dokument, an dem er zwei Jahre gearbeitet hat, in dem Hunderte Stunden Beschattung, Befragung, Analyse, Nachforschung und vor allem viel Erfahrung, Gespür und Instinkt stecken, ist auf dem Weg. Williams rechnet jedoch nicht mit einer schnellen Antwort. Dazu kennt er den trägen Apparat des FBI zu gut. Für den Fall, daß er gar keine Reaktion erhält, hat er sich vorgenommen, spätestens nach neunzig Tagen im Hauptquartier anzurufen.[138] Derweil hofft er, endlich einmal Zeit mit seinen Kindern verbringen zu können und sie für die »Little League« vorzubereiten, denn Baseball ist Williams' einziges Hobby.

Seine Befürchtungen, das Memo könnte verlorengehen,

wird noch dadurch übertroffen, daß die New Yorker Kollegen es schlicht für »spekulativ« halten und Williams dies nicht einmal wissen lassen.[139] In Washington kommt das Memo in den Mail-System-Verteiler des FBI und landet irgendwann im Ordner einer Sekretärin. Die sieht in aller Ruhe die Mails durch und schickt das Papier schließlich weiter an einen Assistenten, der ein offizielles Verfahren eröffnen kann. Zwanzig Tage später findet der endlich Zeit, das Memo zu lesen. Er überfliegt die Betreffzeile und entscheidet sich, den Fall an eine Kollegin weiterzugeben. Daß ausgerechnet eine vierundzwanzigjährige Anfängerin des RFU das Memo bekommt, ist dem Umstand geschuldet, daß ihr Name ganz oben auf der alphabetisch geordneten Mitarbeiterliste steht. Die unerfahrene Agentin tut, was sie kann. Sie telefoniert mit ein paar Kollegen in anderen Außenbüros, stößt aber überall auf Desinteresse. Am 7. August ist der Fall schließlich erledigt. Williams' Ausführungen kommen zu den Akten – und die werden geschlossen. »Keine Maßnahmen zu diesem Zeitpunkt, wir werden auf das Thema zurückkommen«, lautet der Vermerk.[140] Eine fatale Entscheidung. Später wird sich herausstellen, daß einer der Flugschüler, die Williams näher überprüfen lassen wollte, ein Bekannter von Hani Hanjour war, dem Piloten aus dem Selbstmordkommando um al-Hazmi und al-Mihdhar.

Washington D. C., Mitte Juli 2001

George Tenet setzt sich Mitte Juli mit Condoleezza Rice und deren Mitarbeitern zusammen. Er unterrichtet die Sicherheitsberaterin und ihren Stab darüber, daß voraussichtlich ein großer Anschlag unmittelbar bevorstehe. Allerdings kann er der Runde wieder einmal nichts Genaueres darüber sagen. Der CIA-Direktor geht jedoch davon aus, daß al-Qaida wahrscheinlich in Übersee zuschlagen wird. Um seine vagen Aussagen wenigstens optisch zu untermauern, packt er eine große Schautafel aus, an der er den Anwesenden erläutern will, was die CIA alles über al-Qaida zusammengetragen hat.

Das ist nicht viel, der CIA-Chef überspielt jedoch geschickt, daß sein Geheimdienst so gut wie keine eigenen Erkenntnisse über die Terrororganisation besitzt. Obwohl Tenet persönlich schon vor Jahren Bin Laden und al-Qaida den Krieg erklärt und in seinem Rundschreiben betont hatte, weder Personal noch Kosten scheuen zu wollen, ist nichts passiert. Es war, angesichts der verheerenden Anschläge auf die US-Botschaften in Ostafrika 1998, lediglich ein Lippenbekenntnis. Der CIA war es weder gelungen, al-Qaida zu schwächen, noch einen Terroristen aus dem Umfeld von Osama Bin Laden anzuwerben. Man ist nach wie vor abhängig von ausländischen Partnerdiensten, wie etwa dem ägyptischen Geheimdienst, die über ihre Spitzel teilweise an aufschlußreiche Informationen kommen und diese gegen Bezahlung auch der CIA zur Verfügung stellen.

Eine dieser Informationen lautet, daß al-Qaida einen Anschlag auf das anstehende Gipfeltreffen der G-8-Staaten plane, das am 20. Juli 2001 in Genua stattfinden soll und an dem auch George W. Bush teilnehmen wird. Mangels eigener Undercover-Agenten hat die CIA keine Möglichkeit, diese Information zu verifizieren. Tenet geht jedoch davon aus, daß der Hinweis stimmt, und unterrichtet Condoleezza Rice und ihren Mitarbeiterstab, daß nach ernst zu nehmen Geheimdienstquellen in Genua ein Anschlag auf den Präsidenten geplant sei.

Die Aufregung ist groß, als Tenet von den Plänen der al-Qaida berichtet. Die CIA sorgt dafür, daß diese Informationen auch den italienischen Behörden zukommen. Die wiederum treffen alle nur erdenklichen Vorsichtsmaßnahmen. Es gilt die höchste Sicherheitsstufe. Der Hafen von Genua wird abgeschottet, damit von der Seeseite her ein Anschlag unmöglich wird. Froschmänner tauchen das gesamte Hafenbecken nach Bomben ab. Der Luftraum über der Stadt wird während des G-8-Gipfels vollständig gesperrt, und Flugabwehrraketen werden in Stellung gebracht. Die italienische Polizei wittert überall Gefahr und geht deshalb um so brutaler gegen Demonstranten vor. Es gibt einen Toten und unzählige Verletzte, die von der italienischen Polizei zuerst in die Enge getrieben und dann mit Knüppeln zusammengedroschen werden.

Ein Hinweis, daß Terroristen versuchten, einen Anschlag zu verüben, findet sich nicht. CIA-Direktor Tenet ist blamiert. Binnen drei Wochen hat er sich zweimal festgelegt. Zuerst hatte er für den Unabhängigkeitstag einen Anschlag vorhergesagt, nun für das G-8-Gipfeltreffen. Beide Male ist er offensichtlich Falschmeldungen oder Panikmache seiner eigenen Leute aufgesessen. Tenet hat im Weißen Haus fortan ein Glaubwürdigkeitsproblem.

Die Folgen bekommt auch das FBI zu spüren. Die Anti-Terror-Abteilung der Bundespolizei leidet unter chronischem Geldmangel, es fehlt an geeignetem Personal. Noch immer verfügt das FBI lediglich über einen einzigen Analysten unter ihren zwanzigtausend Mitarbeitern, der sich ausschließlich mit der Bedrohung durch die al-Qaida beschäftigt. Alle übrigen werden ständig für andere Fälle herangezogen. Die Abteilung hat auch weiterhin nicht annähernd genug Leute, die Arabisch sprechen. Abhöraktionen in der islamistischen Szene finden deshalb nach wie vor äußerst selten statt. Zudem ist die Informationstechnologie des FBI nicht mehr auf dem neusten Stand. Die Computer sind veraltet, eine angemessene Kommunikation ist deshalb äußerst schwierig, zumal die Anti-Terror-Spezialisten des FBI dezentral arbeiten, verteilt auf 56 Außenbüros im ganzen Land.

Der amtierende FBI-Direktor Thomas Pickard wird deswegen bei Justizminister Ashcroft vorstellig. Er bittet ihn um zehn Millionen Dollar für das Anti-Terror-Programm der Bundespolizei. Aber Pickard leitet das FBI nur kommissarisch, bis der Präsident nach dem Abgang von Freeh endlich einen neuen Direktor beruft. Nicht zuletzt deswegen hat Pickard einen schweren Stand bei Ashcroft. Zudem setzt dieser bekanntlich andere Prioritäten. Deswegen war es schon mit dem ausgeschiedenen FBI-Direktor zum Zerwürfnis gekommen. Ashcroft hält das Gerede über anstehende Terrorszenarien für Panikmache der CIA und lehnt es deshalb strikt ab, dem FBI mehr Geld zu bewilligen.

Persönlich jedoch nimmt Ashcroft die Warnungen über anstehende Terroraktionen durchaus ernst. Nachdem das FBI mal wieder eine Warnung über mögliche Flugzeugentführungen herausgegeben hat, entschließt sich Ashcroft am 26. Juli 2001, nicht, wie sonst üblich, mit einer Linienmaschine ins Wochenende zu fliegen. Aus Angst vor Anschlägen oder einer Entführung läßt sich der Justizminister statt dessen eine Privatmaschine chartern, auf Staatskosten, versteht sich.

In seiner Not veranlaßt FBI-Direktor Pickard noch einmal eine schriftliche Anfrage bei Ashcroft. Aber der läßt sich mit der Antwort viel Zeit. Erst am 10. September 2001 wird er auf das Schreiben reagieren – mit einem schlichten Nein.

Crawford, Texas, 6. August 2001

US-Präsident George W. Bush macht Urlaub. Den ganzen Monat will er auf seiner Ranch in Texas verbringen. Jeden Morgen steht aber weiterhin das *Presidential Daily Briefing* auf dem Programm, in welchem dem Präsidenten von hochrangigen CIA-Mitarbeitern die Sicherheitslage dargelegt wird. An diesem Morgen unterrichtet George Tenet persönlich den Präsidenten. Er ist dafür extra zu dessen Ranch nach Texas geflogen.

Tenet hat auch allen Grund, den weiten Weg auf sich zu nehmen. Das PDB-Papier umfaßt statt der sonst üblichen zwei bis drei diesmal elfeinhalb Seiten und trägt die Überschrift: »Bin Laden Determined to Strike in U. S.« – aus Tenets Sicht eine Aussage, die er in dieser Deutlichkeit gegenüber dem Präsidenten noch nicht getroffen hat.[141] Der

CIA-Chef führt in dem PDB-Papier aus, daß al-Qaida dazu übergegangen sei, auch innerhalb der USA Anschläge durchführen zu wollen, und sich vermutlich längst Mitglieder der Terrororganisation in den Vereinigten Staaten befänden. »Gib mir einen Überblick darüber, was al-Qaida in den USA anrichten kann«, sagt Bush.

Tenet holt daraufhin zu einem umfassenden Vortrag aus. Sein Bericht ist präzise. Der Anschlag von Ramzi Yousef auf das World Trade Center bleibt nicht unerwähnt, genausowenig wie der Fall Ressam mit dem fehlgeschlagenen Sprengstoffattentat auf den internationalen Flughafen von Los Angeles. Weitere Details der Unterredung, die unter vier Augen stattgefunden hat, werden später zum Staatsgeheimnis erklärt. Es ist allerdings nicht auszuschließen, daß Tenet den Präsidenten darüber unterrichtet hat, daß Terroristen wie Ramzi Yousef schon vor Jahren daran arbeiteten, Flugzeuge zu entführen, um sie als Raketen zu benutzen.

Norman, Oklahoma, 9. August 2001

Am 9. August verläßt Zacarias Moussaoui das verschlafene Norman. Al-Attas, sein Mitbewohner und Freund, sitzt am Steuer. Sie haben einen weiten Weg zurückzulegen, denn Zac hat sich für die PanAm-Flugschule in Minneapolis entschieden. Dort will er in einem Flugsimulator lernen, wie man Maschinen vom Typ Boeing 747, »die großen Vögel«, fliegt.[142] Mit seiner Visa-Kreditkarte hat er bereits über tausend Dollar angezahlt, die Schule hat ihm im Gegenzug seinen Stundenplan geschickt. Einführungen sind für den 13. und 14. August geplant. In den Tagen danach soll er die Möglichkeit haben, insgesamt zwölf Stunden im Flugsimulator zu üben.

Fast zwei Tage fahren Moussaoui und sein Freund mit einem alten Subaru mehrere tausend Meilen durch die USA. Sie durchqueren dabei drei Bundesstaaten. Schließlich erreichen sie Eagan, eine kleine Ortschaft vor den Toren Minneapolis', im Norden der Vereinigten Staaten. In Eagan dreht sich fast alles um Flugzeuge und Piloten. Der kleine Ort liegt neben einem internationalen Flughafen. Die Gesellschaft Northwestern Airlines hat dort ihr Hauptquartier. Von Eagan aus versorgt die Linie den gesamten Nordwesten mit Billigflügen. Bis tief in die Nacht hinein jagen zwei, manchmal drei Jets gleichzeitig über das Städtchen hinweg. Sie kommen entweder aus Minneapolis oder steuern mit einem Höllenlärm direkt darauf zu.

Von Eagan aus ist es nicht mehr weit bis zur kanadischen Grenze. Obwohl kaum Autos fahren, sind die Highways sechsspurig. Die Häuser ducken sich in die grüne, flache Landschaft. Die Winter sind in diesem Landstrich kalt und lang, die Sommer heiß und kurz. Aber sommers wie winters herrschen ideale Bedingungen zum Fliegen. Die Luft ist klar, die Sicht ebenso, und der Himmel scheint unendlich weit.

Nach der langen und mühsamen Autofahrt gönnen sich Moussaoui und al-Attas ein komfortables Zimmer im Residence Inn, mit Küche, Pay TV, King-Size-Betten und einem Pool vor der Tür. Die beiden fallen in der Motelanlage nicht weiter auf. Ausländer sind hier nichts Ungewöhnliches. Meist handelt es sich um Flugschüler. In einem Regal an der Rezeption stehen Flugzeugmodelle. Manche der angehenden Piloten bringen ihre Familien mit und steigen gleich für mehrere Wochen in dem Motel ab, vor dem eine riesige amerikanische Fahne im Wind flattert. Ansonsten herrscht Einöde. Die Nachbarschaft besteht aus weiteren Hotels, einem Burger-King-Restaurant sowie Filialen anderer Fast-Food-Ketten und einer kleinen Einkaufsmall.

Die *PanAm International Flight School* ist nur ein paar Autominuten vom Residence Inn entfernt. Moussaoui kann es kaum erwarten. Gleich am Abend ihrer Ankunft, noch bevor das offizielle Programm der Flugschule beginnt, üben sie für den Ernstfall. Dafür legen sich die beiden Schienbeinschoner und Boxhandschuhe an. Moussaoui geht auf seinen Freund los. Sie üben, wie man Flugbegleiter überwältigt. Am besten packt man blitzschnell zu, wirft den Gegner zu Boden und setzt ihn mit einem gezielten Schlag außer Gefecht. Wie dies funktioniert, weiß Zac genau. Schließlich hat er in Afghanistan eine Nahkampfausbildung genossen. Und wenn er erst am Flugsimulator geübt hat, ist auch der Rest ein Kinderspiel. Nachdem er mit Hilfe von Komplizen die Flugbegleiter und Piloten überwältigt hat, wird er sich selbst ans Steuer der Boeing setzen. Von diesem Augenblick an ist es seiner Vorstellung nach nicht mehr weit bis ins Paradies.

Doch jede große Verkehrsmaschine fliegt sich anders. Eine Boeing 747 beispielsweise verhält sich anders als eine Boeing 767. Daher kommen viele Piloten zur PanAm-Akademie, um im Flugsimulator ein erstes Gefühl für den jeweiligen Flugzeugtyp zu entwickeln. Meist zahlen die Airlines ihre Schulungskosten. Manchmal sind auch Anfänger unter den Schülern, die gerade erst in den Pilotenjob eingestiegen sind. Schüler wie Zacarias Moussaoui jedoch erlebt man bei PanAm selten. Er hat nicht einmal einen Privatpiloten-Schein, nur ein paar Stunden in einer Cessna hinter sich und ist noch nie allein geflogen, nicht mal mit einer einmotorigen Maschine. Doch Moussaoui zahlt weitere 6300 Dollar bar im voraus für die Übung im Simulator und den technischen Unterricht.[143] Das überzeugt die PanAm-Schule.

Eagan, Minnesota, 13. August 2001

Bei seiner ersten Unterrichtseinheit fällt Zacarias Moussaoui sofort auf. Das Klassenzimmer befindet sich in einem braunen Flachbau mitten in einem Gewerbegebiet. Außer Zac sind alle professionelle Piloten, die meisten haben mindestens zweitausend Flugstunden hinter sich. Komplizierte technische Aspekte werden behandelt. Eigentlich ein Thema, das nur die Profis interessieren müßte. Aber Zac, der sich unfreiwillig als wenig begabter Hobbypilot zu erkennen gegeben hat, interessiert sich plötzlich für Details, etwa wie die Verriegelungsmechanismen der Türen bei einer Boeing funktionieren. Zur Überraschung des Lehrers will er auch mehr darüber wissen, wie man das MCP, eine neue Software in der Boeing 747, bedient, die es ermöglicht, per Autopilot die riesige Maschine mit nur zwei statt mit drei bis vier Piloten, wie üblich, zu fliegen. Für einen Flugschüler, der bislang nicht einmal eine Cessna am Himmel halten kann, kennt Moussaoui zum Erstaunen seines Seminarleiters die technischen Details einer Boeing überraschend gut.[144]

Am folgenden Tag, dem 14. August 2001, ist Zac bei der monatlich stattfindenden PanAm-Mitarbeitersitzung ein Thema. Es sei schon merkwürdig, meint ein Seminarleiter, daß dieser junge Mann so daran interessiert sei zu lernen, wie man mit dem Tower kommuniziert. Dabei habe er, was den praktischen Umgang mit den großen Maschinen angehe, schlicht keine Ahnung. Die Möglichkeit, daß es sich um einen Entführer handeln könnte, wird diskutiert.

Auch am Tag darauf stellt Moussaoui wieder viele Fragen. Nach dem Unterricht beratschlagen die PanAm-Manager erneut, wie mit dem seltsamen Flugschüler zu verfahren sei. Einer von ihnen kennt einen Agenten im örtlichen FBI-Büro und bittet den Direktor, ihn anrufen zu dürfen. Aber der zögert noch – PanAm will demnächst umziehen in eine größere Halle mit drei Flugsimulatoren. Sie sind deshalb auf jeden Dollar angewiesen, den sie einnehmen können. Und Spinner wie dieser Zac bringen der Akademie viel Geld. Zudem gebe es keine Vorschriften darüber, wen man in einem Flugsimulator üben lassen dürfe und wen nicht.

Washington D. C., 15. August 2001

Cofer Black, der Leiter des Terrorabwehrzentrums der CIA, hat an diesem Tag einen Termin im Verteidigungsministerium. Er hält ein Referat im Pentagon auf dem alljährlichen Kongreß zum Thema »Bekämpfung des Terrorismus«. Der burschikose CIA-Mann vermittelt den Eindruck, er habe seherische Qualitäten, und verkündet: »Wir werden sehr bald angegriffen, sehr viele Amerikaner werden sterben, und es wird vermutlich innerhalb der Vereinigten Staaten passieren.«[145]

Eagan, Minnesota, 15. August 2001

In Eagan steigt Zac zum ersten Mal in seinem Leben in einen Flugsimulator. Da die PanAm-Akademie selbst keines dieser Geräte besitzt, mietet sie jedesmal die Schule vom Trainingszentrum der North-Western-Airlines an, das auf der anderen Seite des Highways liegt, idyllisch an einem See inmitten eines kleinen Waldes. Ohne jeglichen Sicherheitscheck darf Zac den Flugsimulator der Kategorie »low fidelity« benutzen. Der Simulator sieht aus wie ein kleines Spaceshuttle auf hydraulischen Stelzen und kann den Anflug auf jeden beliebigen Flughafen Amerikas simulieren, egal, ob auf den JFK-Airport in New York oder den Ronald-Reagan-Flughafen in Washington. Zac ist fasziniert.

Für den übernächsten Tag steht die Übungsstunde im Simulator der Kategorie »high fidelity« an. Er sagt aber schon jetzt zu seinem Fluglehrer, einem ehemaligen Navy-Piloten, daß er dann üben wolle, wie man in London-Heathrow startet und in New York auf dem JFK-Airport landet.[146] Bei der Simulation will Zac auch jede notwendige Funkkommunikation proben. Er beabsichtigt, sogar noch weitere Stunden zu buchen. Das Training kann er tatsächlich gebrauchen. Selbst in einem Simulator ist der Flug ohne jegliche Vorkenntnisse normalerweise nicht zu schaffen. Der Fluglehrer ist jedoch erstaunt, wie gut Zac sich bereits mit dem Autopiloten-Programm auskennt, das sogar eine Boeing automatisch landen kann.

Mit der Beherrschung des Simulators ist Moussaoui dann allerdings überfordert. Doch der Fluglehrer macht ihm Mut. Er hält Zac für einen reichen Geschäftsmann oder einen Angeber. Aber er will ihm etwas bieten für sein Geld und verspricht ihm, daß er bislang noch jedem Schüler beigebracht habe, im Notfall ein Flugzeug über dem Atlantik übernehmen zu können. »Ich würde lieber den Fallschirm nehmen und rausspringen«, antwortet Zac.[147] Das geht nicht, erwidert der Fluglehrer. Der Kabinendruck mache das unmöglich. Er erzählt ihm die Geschichte von einer Pilgergruppe, die auf dem Weg nach Mekka im Flugzeug einen Gasherd entzündete. Alle Pilger sind erstickt, erklärt der Fluglehrer, weil man die Flugzeugtür eben nicht öffnen konnte. Dies sei während des Ramadan geschehen, sagt er und fragt Moussaoui: »Was ist Ramadan? Sind Sie ein Moslem?« – »Ich bin nichts«, antwortet Zac und errötet.[148]

Auch dem Fluglehrer ist der junge Franko-Marokkaner bald nicht mehr ganz geheuer. Er findet dessen spezifische Kenntnisse und Interessen am Fliegen einer Boeing mehr als merkwürdig. Nach der Unterrichtsstunde geht er zum Direktor, der jetzt ebenfalls kalte Füße bekommt. Auch auf die Gefahr hin, daß der Schule Einnahmen verlorengehen, bittet er einen Mitarbeiter, nun doch beim FBI anzurufen.

Das FBI-Außenbüro in Minneapolis ist in einem neuen Bankgebäude in der Washington Avenue untergebracht – ein anonymes, unauffälliges Haus mit einer grauen Außenfassade, der Mississippi fließt fast direkt daran vorbei. Hier ist der Arbeitsplatz von Dave Rapp, Special Agent des FBI. Bevor er zum FBI ging, diente Rapp in der US-Luftwaffe. Er ist selbst Pilot und weiß deshalb die Schilderungen des Anrufers aus der PanAm-Akademie einzuschätzen. Rapp findet es zumindest verdächtig, daß ein Moslem ohne Pilotenschein mit einem Simulator Anflüge auf New York übt. Die Äußerung, daß es sich bei diesem Zac um einen möglichen Flugzeugentführer handeln könnte, nimmt der FBI-Ermittler jedenfalls ernst. Er entschließt sich, seinem Vorgesetzten davon zu berichten.

Aber Jay Brunn, Special Agent in Charge, hat andere Sorgen. Im FBI-Büro in Minneapolis geht es drunter und drüber. Der bisherige Special Agent in Charge seiner Abteilung ist befördert worden, ein Nachfolger ist noch nicht in Sicht. Also muß Brunn das Amt in der Zwischenzeit kommissarisch ausfüllen, obwohl er eigentlich vom Rang her nur Assistent Agent in Charge ist. Brunn hat deshalb auch kaum Kontakte zum Hauptquartier in Washington, ohne die man in der mittleren Ebene dieses riesigen Apparates verloren ist. Special Agent Rapp wiederum ist durch den personellen Aderlaß des FBI-Büros zum Supervisor aufgestiegen, nachdem sein Vorgänger in dieser Funktion ebenfalls versetzt wurde.

Im Fall von Jay Brunn kommt noch erschwerend hinzu, daß er erst seit einem knappen Jahr in der Anti-Terror-Abteilung arbeitet. Er hat auf diesem Gebiet noch nicht viel Erfahrung. Zuvor hatte er gewöhnliche Verbrecher gejagt. Die gesamte Abteilung ist in Sachen Terrorismus nicht sonderlich erfahren, denn in Minneapolis gab es bislang dafür kaum etwas zu tun. Von den vielen Warnungen vor Flugzeugentführern, die fast täglich in Washington herausgegeben werden, hat man auch hier noch nichts gehört.

Aber trotz ihrer Unerfahrenheit begreifen Brunn und Rapp sofort, daß sie den Anruf aus der PanAm-Akademie nicht auf die leichte Schulter nehmen dürfen. Brunn ruft deshalb im Washingtoner Hauptquartier an. Er will vorfühlen, ob sie überhaupt eine Chance haben, auf Grundlage der vorliegenden Verdachtsmomente einen Haftbefehl zu bekommen. Die Antwort ist nicht sonderlich ermutigend: Eher nicht, heißt es aus Washington. Die rechtlichen Hürden seien hoch, zudem handle es sich bei dem Verdächtigen um einen französischen Staatsbürger. Aus Washington empfiehlt man den Kollegen in Minneapolis, den FISA-Paragraphen anzuwenden. FISA ist ein in den späten siebziger Jahren erlassenes Gesetz, das es dem FBI leichter machen sollte, allein aus einem Anfangsverdacht heraus gegen potentielle politisch motivierte Straftäter vorgehen zu können, bevor diese überhaupt eine Straftat begehen konnten.

Special Agent Rapp kennt sich im Umgang mit FISA nicht gut aus. Trotz seiner geringen Erfahrung will er der Sache mit dem seltsamen Flugschüler auf den Grund gehen. Seine Kenntnisse reichen aus, um auf der Basis der vorliegenden Informationen zumindest ein Ermittlungsverfahren einzuleiten. Zac Moussaoui wird sowohl als eine potentielle Bedrohung für die nationale Sicherheit wie auch als ein möglicher Fall von »internationalem Terrorismus« eingestuft. Die CIA und der FBI-Verbindungsbeamte an der US-Botschaft in Paris werden eingeschaltet. Ebenso werden die Kollegen von der Einwanderungsbehörde INS hinzugezogen sowie die *Joint Terrorism Task Force* (JTTF), ein Zusammenschluß von INS, FAA, CIA und FBI, die es überall im Land gibt und die in den USA den fehlenden Inlandsgeheimdienst ersetzt.

Die Entscheidung, die Einwanderungsbehörde hinzuzuziehen, stellt sich als richtig heraus. Die INS-Beamten checken das Visum von Zac. Es ist seit Mai abgelaufen. Rapp und sein Vorgesetzter Brunn sind erleichtert. Jetzt haben sie etwas gegen den Franzosen in der Hand, womit sie ihn trotz rechtlicher Hürden erst einmal festnageln können. Moussaoui hält sich illegal in den Vereinigten Staaten auf. Damit können sie ihn vorerst festnehmen und Zeit gewinnen, um nach weiteren Beweisen zu suchen. Sie hoffen etwas zu finden, das wegen des Verdachts auf Mitgliedschaft in einer terroristischen Vereinigung einen Haftbefehl erwirken könnte.

Bereits am nächsten Tag, dem 16. August 2001, meldet sich die PanAm-Akademie noch einmal telefonisch beim FBI-Außenbüro in Minneapolis. Der Angestellte der Flugschule will von Brunn wissen, was mit Zac passiere, der sich weiterhin recht merkwürdig verhalte. Der Franko-Marokkaner habe erneut darauf bestanden, im Simulator den Flug von London nach New York zu üben. Brunn hat nun genug. Er will kein Risiko eingehen, daß ihnen dieser seltsame Flugschüler durch die Lappen geht. Er schickt Special Agent Rapp und ein Team nach Eagan. Sie sollen diesen Typen festnehmen.

Die FBI-Agenten fahren über den Highway 35 nach Süden zum Motel von Zac. Eigentlich haben sie nichts gegen ihn in der Hand, außer daß sein Visum abgelaufen ist. Offiziell fallen Visa-Vergehen nicht in ihre Zuständigkeit. Deshalb haben sie Beamte der Einwanderungsbehörde dabei, als sie an der Tür des Zimmers 1414 im Residence Inn klopfen. Das Zimmer des Verdächtigen liegt genau neben dem Haupteingang im Erdgeschoß. Die Agenten haben Glück. Sie treffen Zac an. Erst wenige Minuten zuvor ist er von einer Simulator-Übungseinheit zurückgekommen. Special Agent Rapp und die anderen stellen sich vor. Moussaoui bittet sie unwirsch herein.

Die INS-Beamten fordern ihn auf, sich auszuweisen. Daraufhin kramt Zac in seiner Brieftasche und zieht seinen britischen Führerschein hervor.[149] Erst nach Aufforderung händigt er ihnen auch seinen französischen Paß aus. Dazu präsentiert er den Agenten das Schreiben einer Bank aus Oklahoma, wonach er dort 32000 Dollar auf einem Konto liegen hat. Moussaoui gibt sich gelassen, teilweise sogar überheblich. Er ist sich seiner Sache offensichtlich sicher. Als ihn die Agenten darauf aufmerksam machen, daß sein Visum abgelaufen sei, sucht er nach einer Überweisungsquittung, die belegen soll, daß er bereits die 120 Dollar für das neue Visum bezahlt hat. Seine alte Flugschule in Norman, Oklahoma, habe sich darum gekümmert. Tatsächlich besitzt er ein Antwortschreiben der INS. Zac geht also davon aus, daß alles in Ordnung ist. Special Agent Rapp weiß, daß die Ermittler jetzt schlechte Karten haben. Trotzdem ist ihm der Typ nicht geheuer. Den INS-Beamten geht es wohl ähnlich. Sie finden einen Kniff, Zac zumindest vorläufig dranzukriegen. Mit diesem Visum sei er gar nicht berechtigt, in den USA zu studieren oder eine kommerzielle Flugschule zu besuchen. Zac zögert. Schließlich macht er einen entscheidenden Fehler. Als ihn Special Agent Rapp ganz direkt fragt, ob er plane, ein Flugzeug zu entführen, antwortet Zac lediglich: »Ich will einen Anwalt.«[150] Für Rapp klingt das so gut wie ein Geständnis. Ein Flugschüler, der nichts zu verbergen hat, reagiert auf eine solche Frage anders.

Rapp hakt also nach. Er will von Moussaoui wissen, woher er das viele Geld für die Flugausbildung habe und was es mit dem malaysischen Callcenter auf sich habe, für das er eigentlich arbeitet. Rapp fragt, ob er einmal einen Blick in die Tasche von Zac sowie in dessen Computer und Notizbücher werfen könne. Zac lehnt zunächst ab. Erst als man ihm damit droht, ihn sonst sofort auszuweisen, willigt er ein, daß seine Tasche und sein Computer mit in das INS-Büro genommen werden. Allerdings ist es den FBI-Beamten aus rechtlichen Gründen so lange untersagt, den Computer und die Notizbücher in Augenschein zu nehmen, bis sie konkret etwas gegen ihn in der Hand haben. Nur ein Visa-Vergehen reicht dafür nicht aus.

Unter seinen Sachen finden die Beamten ein kleines Fahrtenmesser. Unter dem Vordersitz des Subaru, der vor der Tür parkt, entdecken die Agenten ein weiteres, großes Klappmesser. Zac gibt zu, daß ihm beide Messer gehören. Er hat sie erst kurz vor der Abfahrt aus Norman gekauft, ebenso die Boxhandschuhe, die Schienbeinschoner, ein Mobiltelefon, das Luftfahrtradio und Schulungsvideos über die Bedienung einer Boeing 747. Rapp hat vorerst genug gesehen und gehört. Er läßt Zac abführen. Im FBI-Büro soll er weiter verhört werden. Auch der Begleiter Moussaouis, sein Freund al-Attas, wird mitgenommen – dessen Visum ist ebenfalls abgelaufen.

Al-Attas Festnahme erweist sich als Glücksfall. Schon während der ersten Befragung bricht der Neunzehnjährige zusammen und fängt an auszupacken. Zac kenne er nur als »Shaqil«, der habe ihm oft gesagt, daß er sich darauf vorbereite, in den Kampf zu ziehen. Er habe auch keinen Hehl daraus gemacht, daß er Märtyrer verehre. Shaqil sei eben ein fundamentalistischer Muslim. Er habe gesagt, es sei akzeptabel, Zivilisten zu töten, die Muslimen Schaden zugefügt hätten. Die FBI-Beamten bohren weiter. Sie wollen von al-

Attas wissen, ob Zac nur rede oder auch bereit sei, zu töten und für die muslimische Sache als Märtyrer zu sterben. Al-Attas weicht aus. Das wisse er nicht, sagt er. Es sei nicht in seinem Herzen, so etwas zu tun, sagt al-Attas. Daher habe er nicht zugehört oder Zac nicht richtig verstanden, was der damit gemeint habe, als er sagte, man müsse als Muslim aktiv einen Beitrag für den Dschihad erbringen. Doch al-Attas sagt aus, daß er mindestens einmal gesehen habe, wie Zac im Internet irgendwelche Fatwas gelesen habe. Beide würden sich mit Computern auskennen, gesteht er und zeigt den Beamten die Karte, die sie ausgedruckt haben, um den Weg von Norman nach Minnesota zu finden.

Am nächsten Tag, dem 17. August 2001, unterschreibt al-Attas eine eidesstattliche Erklärung. Darin äußert er die Überzeugung, Zac wolle Ungläubigen, »Juden und Christen«, Schaden zufügen. Die Agenten wissen inzwischen, daß al-Attas über seine eigene Einstellung zum Dschihad gelogen hat. Bei ihm haben sie ein Testament gefunden. Es steckte in einem frankierten Umschlag und war adressiert an seine Eltern in Saudi-Arabien. »Der Tod ist nahe«, heißt es darin.

In Minneapolis machen sich die Agenten Sorgen. Noch am selben Tag knöpfen sie sich Zac vor. Sie fragen ihn wieder und wieder, was er in Malaysia gemacht habe. »Geschäfte«, antwortet Zac. »Was für welche?« wollen die FBI-Beamten wissen. »Geschäfte eben, ich bin ein Geschäftsmann«, antwortet er. Danach wollen die Ermittler den Grund seines Pakistan-Aufenthalts erfahren. »Persönliche Gründe«, gibt der zu verstehen. Später sagt er, er habe eine Frau zum Heiraten gesucht. Die FBI-Beamten machen ihn darauf aufmerksam, daß zwischen seinem Pakistan-Aufenthalt und seiner Einreise in die USA nur sechzehn Tage lägen. Zac zuckt mit den Schultern. Aber die Ermittler wissen Bescheid. Pakistan ist das Schleusentor zu den Camps der al-Qaida in Afghanistan.

Sie konfrontieren den Franko-Marokkaner mit weiteren Fragen: Warum er so eifrig in einem Flugsimulator übe, was er mit den Videos über die Jumbo-Cockpits wolle und was mit den Bedienungshandbüchern? Warum all die Informationen über den Autopiloten des Jumbos? Zac reagiert cool. Wenn er freikomme, wolle er weiter lernen, wie man »die großen Vögel« fliegt. Warum die Boxhandschuhe? Er absolviere seit kurzem ein Kampfsporttraining, antwortet Moussaoui. Dann schweigt er.

Die Agenten sind sich sicher, einen hartgesottenen Terroristen vor sich zu haben. Sie müssen die Erlaubnis bekommen, die Sachen von Zac, seinen Computer und seine Notizen, unter die Lupe nehmen zu dürfen. Jeder Hinweis ist wichtig, denn diese Geschichte ist ernst. Doch sie brauchen Zeit. Die FBI-Ermittler überreden ihre Kollegen von der Einwanderungsbehörde schließlich, Zac länger als die üblichen vierundzwanzig Stunden für ein Visa-Vergehen in Gewahrsam zu halten. Die INS-Beamten sagen zu, Zac sieben, vielleicht auch zehn Tage in Haft zu behalten. Aber mehr können sie nicht tun. Und sie untersagen den Männern vom FBI, Zac ohne richterlichen Beschluß noch einmal zu verhören. Ein Wettlauf mit der Zeit beginnt. Zac hofft derweil noch immer, ungeschoren davonzukommen. Er glaubt allen Ernstes daran, die Mission zu Ende führen zu können. Jedenfalls fragt er einen der Beamten, ob er nach seiner Freilassung weiter bei PanAm lernen dürfe.

Al-Attas ruft am nächsten Tag, dem 18. August 2001, vom Gefängnis in Sherburne County aus den Imam der Moschee in Norman an. Dort hatte er einst Zac kennengelernt. »Ich habe gehört, du willst in den Dschihad ziehen?« sagt der Imam. Al-Attas reagiert hektisch und bittet, darüber jetzt nicht zu sprechen. Denn Telefongespräche wie dieses werden im Gefängnis aufgezeichnet. Dabei wird festgestellt, daß der Imam dem FBI bereits aus anderen Ermittlungen bestens bekannt ist.

Das FBI-Außenbüro in Minneapolis schickt noch am 18. August ein detailliertes Memo über Zac an das Hauptquartier in Washington. Darin heißt es, Moussaoui und al-

Attas »sowie unbekannte weitere Personen« hätten geplant, die Kontrolle über ein Flugzeug zu übernehmen. Man gehe inzwischen von einer größeren Verschwörung aus. Die Belege dafür seien die gefundenen Messer, die Flugausbildung und die Kontakte zu dem einschlägig bekannten Imam. Das FBI in Washington weiß nun Bescheid.

Special Agent Rapp ist etwas wohler. Denn in Minneapolis stehen sie noch immer vor dem Problem, daß sie keine Möglichkeit sehen, einen Durchsuchungsbefehl gegen Zac zu erwirken, obwohl sie sich ihrer Sache sicher sind. Aber noch hat sich dieser Franko-Marokkaner nicht strafbar gemacht. Rapp ist überzeugt, daß sich das ändern wird, sobald der Kerl wieder auf freiem Fuß ist.

Mit seinen Kollegen hat er sogar schon darüber nachgedacht, Zac einfach nach Frankreich abzuschieben. Schließlich ist er französischer Staatsbürger. Die französischen Kollegen könnten dort seinen Computer und die Notizbücher durchsuchen und dann das FBI informieren. Schließlich einigen sie sich aber, es mit der Sonderregelung FISA zu versuchen. Seit 1999 hat das FBI in zwölftausend Fällen die Erlaubnis von den zuständigen Richtern bekommen, FISA anzuwenden. Nur ein einziger Antrag wurde abgelehnt. Die Chancen stehen also nicht schlecht. Trotzdem vergehen drei Tage, ohne daß der Fall vorankommt.

Die FBI-Agenten in Minneapolis arbeiten sich in der Zwischenzeit immer tiefer in die Materie ein, zerbrechen sich den Kopf darüber, was Zac eigentlich im Schilde führt. Warum wollten die potentiellen Hijacker lernen, ein Flugzeug selber zu fliegen? Und warum hatte der andere Verdächtige ein Testament geschrieben? Die möglichen Antworten lassen das Schlimmste befürchten. Rapp erscheint es angesichts der Bedrohung absurd, daß sie sich von Rechts wegen weder den Computer noch die Notizbücher einmal genauer anschauen dürfen.

Am 21. August 2001 schicken sie eine E-Mail an ihren Vorgesetzten im Hauptquartier, der für sämtliche Anti-Terror-

Abteilungen in den Außenbüros zuständig ist. In der Nachricht bringen die FBI-Beamten aus Minneapolis deutlich zum Ausdruck, daß man ihrer Ansicht nach nichts mehr ausschließen dürfe. Sie sorgen sich sogar um das persönliche Wohl des Präsidenten und wollen deshalb den *Secret Service* eingeschaltet wissen: »Es ist unumgänglich, daß der *Secret Service* über das Bedrohungspotential, das durch die Beweise angedeutet wird, informiert ist. Wenn [Zac Moussaoui und al-Attas] ein Flugzeug in ihre Hand bekommen sollten, das von Heathrow nach New York fliegt, dann hat es genügend Treibstoff an Bord, um auch Washington zu erreichen.«[151] Damit halten es die FBI-Beamten für möglich, daß Passagiermaschinen von Terroristen mit Flugerfahrung oder Pilotenausbildung entführt werden könnten, um sie gegen Ziele in Washington zu lenken.

Langley, Virginia, 21. August 2001

Auf Geheiß von George Tenet werden beim CIA noch einmal alle Akten durchgeforstet. Der CIA-Direktor verlangt von seinen Mitarbeitern, daß sie jeder offenen Frage, jeder Spur nachgehen, die sie finden können. Tenet ist im Zugzwang. Die Warnungen, daß ein Anschlag unmittelbar bevorstehe, überschlagen sich. Aber er hat weiterhin nichts Konkretes in der Hand, nichts, was er dem Präsidenten vorlegen könnte. Es ist grotesk und frustrierend, zu wissen, daß etwas passieren wird, aber nichts dagegen tun zu können.

Auch die Meldungen über das Terroristentreffen in Malaysia kommen auf den Tisch. Die Aufgabe, diese Meldungen noch einmal durchzuarbeiten, fällt ausgerechnet einem Ermittler des FBI zu, der gerade von der Bundespolizei an das *Counterterrorism Center* der CIA abgestellt worden ist. Nachdem der Ermittler sämtliche Korrespondenz zu dem Fall durchgelesen hat, ist es für ihn ein leichtes, endlich zwei entscheidende Informationen miteinander zu verknüpfen:

Dies ist zum einen die Nachricht, daß ein gewisser al-Mihdhar, offensichtlich Mitglied der al-Qaida, zum Zeitpunkt des Malaysia-Treffens im Besitz eines US-Visums war. Mit Erstaunen nimmt der FBI-Mann zur Kenntnis, daß diese Information der CIA seit achtzehn Monaten vorliegt. Zum anderen kann er das Puzzlestück, daß mit Nawaf al-Hazmi ein weiterer Teilnehmer des Malaysia-Treffens ein US-Visum besitzt und damit bereits im Januar 2000 in die Vereinigten Staaten eingereist ist, in das Bild einfügen. Ihn befremdet ebenfalls, daß auch diese Nachricht der CIA seit März 2000 vorliegt. Mit Hilfe eines Beamten der INS, der wie er gerade an das CTC abkommandiert wurde, findet der FBI-Ermittler schnell heraus, daß al-Mihdhar am 15. Januar 2001 in die USA eingereist ist, wahrscheinlich zusammen mit al-Hazmi. Für die Polizisten ist es offensichtlich, daß die beiden etwas im Schilde führen. Nur wissen sie nicht, was.

Zumindest eine gute Nachricht können sie weitergeben. Zur Erleichterung der beiden Beamten hat al-Mihdhar laut vorliegender Unterlagen die USA am 10. Juni 2000 verlassen. Allerdings müssen sie mit Sorge feststellen, daß es keinerlei Unterlagen darüber gibt, daß al-Hazmi ebenfalls ausgereist ist. Offensichtlich befindet er sich seit über achtzehn Monaten in den USA.[152]

Die nächste Hiobsbotschaft folgt umgehend. Aus der Datenbank der Einwanderungsbehörde geht zweifelsfrei hervor, daß al-Mihdhar vor eineinhalb Monaten, am 4. Juli 2001, doch wieder eingereist ist. Dies war dem Terroristen nur möglich, weil es die CIA versäumt hatte, ihn auf die Fahndungsliste setzen zu lassen. Kein Konsularbeamter hätte al-Mihdhar ein Visum erteilt, wenn dessen Name in den einschlägigen Datenbanken gespeichert gewesen wäre. Al-Mihdhars Visum ist gültig bis zum 22. August 2001, dem morgigen Tag.

Nachdem der FBI-Beamte seine Kollegen vom CTC über diese Entdeckungen und seine Schlußfolgerungen informiert hat, bricht hektische Betriebsamkeit in der Anti-Terror-

Abteilung der CIA aus. Sie befürchten nun das Schlimmste. Zudem werden die Beamten durch die Tatsache aufgerüttelt, daß die Einreise der beiden Terroristen etwa im gleichen Zeitraum stattfand, als durch einen Zufall an der kanadischen Grenze der algerische Terrorist und Bin-Laden-Anhänger Ahmed Ressam mit Sprengstoff verhaftet wurde. Da al-Mihdhar und al-Hazmi über Los Angeles eingereist sind, überlegen die Ermittler des CTC nun fieberhaft, ob dies etwas miteinander zu tun haben könnte. Die örtliche und zeitliche Nähe spricht dafür, daß die beiden beabsichtigen könnten, die Sache zu Ende zu führen, die dieser Ressam begonnen hatte.

Aber was auch immer die beiden tatsächlich im Schilde führen, jedem im CTC ist klar, daß diese Terroristen nicht nach LA gekommen sind, um am Strand in Venice ein paar entspannte Tage zu verbringen. Im *Counterterrorism Center* entscheidet man sich, endlich das zu tun, was man bereits vor achtzehn Monaten hätte tun sollen. Das Außenministerium, die Einwanderungsbehörde, die Zollbehörde und das FBI sollen darüber informiert und angehalten werden, die beiden umgehend in ihre Fahndungslisten aufzunehmen.

World Wide Web, 22. August 2001

Mohammed Atta trifft sich von einem Internetcafé aus mit Ramzi Binalshibh in einem Chatroom. Er gibt sich als junger Deutscher aus, der sich mit seiner Freundin in Hamburg über den Studienaufenthalt in den USA austauscht. »Hallo Jenny«, schreibt Atta. »Wie geht's Dir? Mir geht's gut.«[153] Er schreibt auf deutsch und verwendet den vereinbarten Code. »Wie ich Dir letztes Mal gesagt habe, beginnen die Erstsemester in drei Wochen. Keine Änderungen! Alles läuft gut. Da ist viel Hoffnung und heftiges Wunschdenken! Zwei Hochschulen und zwei Universitäten. Alles geht nach Plan. Dieser Sommer wird bestimmt heiß werden.«[154]

Mittlerweile sind auch die übrigen Helfer eingetroffen. Überwiegend kommen sie aus Saudi-Arabien. Sie haben keine Ahnung, was bevorsteht, sie wissen lediglich, daß es sich um eine Märtyreraktion handelt.[155] Die meisten von ihnen wurden erst ein Jahr zuvor in Afghanistan ausgebildet. Danach sind sie nach Saudi-Arabien zurückgekehrt und haben auf den Einsatzbefehl gewartet.[156]

Der Großteil der jungen Männer hatte sich bereits im Herbst 2000 ein Visum besorgt. Sie alle hatten nichts zu befürchten gehabt. Zum einen sind sie noch nirgends als Mitglieder der al-Qaida in Erscheinung getreten. Zum anderen sind die US-Konsulate bei der Visa-Vergabe in Saudi-Arabien weit großzügiger als in anderen arabischen Ländern. Denn bei jungen Männern aus dem wohlhabenden Königreich ist die Gefahr geringer, daß sie nach ihrer Einreise illegal in den USA bleiben.

Über die Ankunft der Helfer unterrichtet Atta auch Binalshibh. Der Logistiker in Hamburg erfährt jedoch nur verklausuliert, daß die vier Selbstmordkommandos inzwischen komplett sind und insgesamt neunzehn Personen umfassen, davon vier Piloten: »Ich will mich mit Dir über einige Kleinigkeiten unterhalten. 19 Scheine für das Spezialstudium und 4 Klausuren.« Zum Abschluß bittet Atta noch darum, den Operationschef Khalid Scheich Mohammed, den Onkel von Ramzi Yousef, zu grüßen: »Schöne Grüße an deinen Professor. Bis dann.«

Minneapolis, Minnesota, 22. August 2001

Special Agent Rapp bekommt Nachricht aus Paris. Der FBI-Verbindungsbeamte an der dortigen US-Botschaft teilt mit, Moussaoui habe nach Erkenntnissen der französischen Behörden vermutlich Verbindungen zu den tschetschenischen Rebellen. Rapp ist zufrieden. Damit können sie diesen Zac endlich drankriegen und einen Durchsuchungsbefehl für den

Computer und seine Notizbücher erwirken. Aber Rapp hat sich zu früh gefreut. Aus dem Hauptquartier in Washington kommt die ernüchternde Nachricht, Moussaouis Kontakte zu tschetschenischen Rebellen reichten nicht aus, um den FISA-Paragraphen anwenden zu können. Um überhaupt gegen Zac vorzugehen, müsse nachgewiesen werden, daß er beispielsweise Verbindungen zu al-Qaida habe, da die Terrororganisation als feindliche »ausländische Macht« erachtet werde.

In Washington geht man wegen des Falles im fernen Minneapolis auf Nummer sicher. Der zuständige Beamte im Hauptquartier kontaktiert mehrere FBI-Juristen, die ihm alle bestätigen, daß es bislang nicht genug Beweise gebe, Moussaoui mit einer »ausländischen Macht« in Verbindung zu bringen. Die eidesstattliche Erklärung al-Attas, daß Zac zu einer Gewalttat bereit sein könnte, die Messer, die Auslandsreisen, die Informationen – dies alles reicht den Juristen nicht. Niemand will sich in Washington in diesem Moment die Finger verbrennen. Anfang des Jahres, als der alte FBI-Direktor noch im Amt war, nahmen es die Juristen nicht so genau mit den Bürgerrechten. Doch die Zeiten im FBI-Hauptquartier haben sich geändert. Der neue Direktor Robert Mueller war bislang ausgerechnet Inspektor im Justizministerium. Er galt dort als penibler Jurist, für den das Recht unter keinen Umständen gebeugt werden durfte.

Für Rapp widerspricht das jedem gesunden Menschenverstand. Alles weist darauf hin, daß dieser Zac ein Terrorist ist und eine Flugzeugentführung plant. Trotzdem dürfen sie nicht an seinen Computer und die Notizbücher, um vielleicht Genaueres über den Plan zu erfahren und mögliche Hintermänner enttarnen zu können. Aber so einfach will Rapp nicht aufgeben. Nach Rücksprache mit seinen Kollegen in Minneapolis will er das Unmögliche möglich machen. Sie müssen es irgendwie schaffen, vom Außenbüro in Minneapolis aus den Beweis zu erbringen, daß die tschetschenischen Rebellen Verbindungen zu al-Qaida unterhalten. Damit könnten sie Zac unter Verdacht stellen, Mitglied einer internationalen Terrororganisation zu sein. Doch das ist ein schwieriges Unterfangen. Sie werden mehr als drei Wochen damit beschäftigt sein, von den tschetschenischen Rebellen eine halbwegs überzeugende Verbindung zur al-Qaida zu rekonstruieren. Ohne es zu ahnen, verlieren sie dadurch kostbare Zeit.

Bereits am nächsten Tag, am 23. August 2001, bittet Rapp zwei FBI-Kollegen im fernen Oklahoma, zur früheren Flugschule von Zac nach Norman hinauszufahren, um dort Erkundigungen einzuholen. Vielleicht können sie vor Ort einen Hinweis finden, der ihnen in Minneapolis weiterhilft.

Einer der beiden FBI-Beamten fährt nicht das erste Mal zur Flugschule von »Mrs. Brenda« raus. Bereits vor zwei Jahren mußte er dort Informationen über einen früheren Flugschüler einholen, damals allerdings für das FBI-Hauptquartier in Washington. Die genaueren Hintergründe hatte er damals nicht gekannt. Er sollte lediglich ein paar Personalien abgleichen und die Ergebnisse nach Washington melden. »Need to know basis«, heißt das im FBI-Slang. Jeder muß nur so viel wissen wie nötig. Das führt jedoch mitunter dazu, daß die Beamten nicht genug wissen, um entscheidende Zusammenhänge erkennen zu können. Bei dem ehemaligen Flugschüler, über den sich der Ermittler damals erkundigen mußte, handelte es sich um einen der Drahtzieher der Botschaftsanschläge in Ostafrika. Zac war also nicht der erste mutmaßliche Terrorist der al-Qaida, der an der Schule von »Mrs. Brenda« Flugerfahrungen gesammelt hatte. Dieses Indiz hätte Special Agent Rapp sicherlich weitergeholfen, Zac die Mitgliedschaft in der al-Qaida nachzuweisen.

Special Agent Rapp werden derweil die juristischen Spitzfindigkeiten der Kollegen in Washington einfach zu bunt. Er zieht ebenfalls eine Juristin hinzu. Es handelt sich dabei um Coleen Rowley. Sie ist seit einundzwanzig Jahren beim FBI, anfangs als Polizistin, nach einem zwischenzeitlichen Jurastudium nun als Juristin. Zusammen mit Rapp verbeißt sich die zweifache Mutter in den Fall und wälzt Akten und Gesetzestexte. Verzweifelt sucht sie nach Wegen, wie man gegen diesen Zac einen Durchsuchungsbefehl erwirken kann. Sie überlegt ernsthaft, wie man Washington vielleicht elegant umgehen könnte, da man dort offensichtlich aus irgendwelchen Gründen nicht willens ist, ihnen zu helfen. Aber auch Rowley findet keine Lösung.

Langley, Virginia, 23. August 2001

Die CIA schickt einen sogenannten *Central Intelligence Report* an das Außenministerium, FBI, INS und andere Regierungsstellen und ersucht darum, al-Mihdhar und al-Hazmi sowie zwei weitere Teilnehmer des Malaysia-Treffens auf die Fahndungsliste zu setzen und ihre Namen in den Datenbanken der entsprechenden Computersysteme zu speichern.

In dem Telegramm an die US-Behörden ist von »Bin Laden nahestehenden Personen« die Rede, die »beschuldigt werden, enge Beziehungen zu Akteuren des Ägyptischen Islamischen Dschihad zu unterhalten und während einer Reise nach Ostasien an verdächtigen Aktivitäten beteiligt gewesen zu sein«.[157] Die CIA empfiehlt deshalb, die Personen umgehend auf die Fahndungslisten zu setzen und ihnen gegebenenfalls die Einreise in die USA zu verweigern.[158] Es ist jedoch bereits sehr spät, als die Meldung an die anderen Behörden hinausgeht. Die Terroristen werden deshalb erst am 24. August 2001 zur Fahndung ausgeschrieben.

Aber so genau nimmt man es bei der CIA nicht. Beispielsweise bleibt unerwähnt, daß man in Langley längst darüber Bescheid weiß, daß sich zumindest al-Mihdhar und al-Hazmi bereits in den USA aufhalten. Offensichtlich versucht man bei der CIA auch jetzt noch, die eigenen Versäumnisse und Fehler zu vertuschen.

Laurel, Maryland, 25. August 2001

Seit einem Tag stehen al-Mihdhar und al-Hazmi auf der Fahndungsliste. Im ganzen Land wird jetzt nach den beiden Terroristen gesucht. Die beiden Saudis quartieren sich derweil im Valencia Motel in Laurel ein. Sie bewohnen das Zimmer 343. Die Miete für das Zimmer inklusive Küche beträgt 280 Dollar zuzüglich der Steuer. Aber sie sind nicht allein. Bei ihnen sind al-Hazmis Bruder Salim, der Pilot Hani Hanjour sowie Majed Moqed, ein vierundzwanzigjähriger Saudi, der das Selbstmordkommando komplettiert.

Die fünf verlassen ihre Unterkunft selten. Wenn das Zimmermädchen anklopft und die Betten machen will, öffnen sie die Tür nur einen Spaltbreit und nehmen frische Handtücher entgegen. »Wir dachten, die sind schwul, fünf Mann in einem Raum«, wird später ein Nachbar sagen. Aber die fünf haben anderes im Sinn. Sie planen den schlimmsten Terroranschlag in der amerikanischen Geschichte.

Der genaue Zeitpunkt wie auch der Ablauf des Attentats stehen jetzt fest. Sie werden am 11. September den Flug 77 von American Airlines entführen, der eigentlich von Washington nach Los Angeles fliegen soll. Nachdem sie die Maschine gekapert haben, wird sich Hani Hanjour im Cockpit an den Steuerknüppel setzen und die Maschine auf einen anderen Kurs bringen, zurück nach Washington.

Der Plan steht. Sie beginnen nun, sich die Tickets zu besorgen. Als erstes kauft sich al-Mihdhar seinen Passagierschein. Er bekommt den Sitz 12B. Danach kauft Moqed sein Ticket, dann al-Hazmis Bruder Salim, der über Internet bei travelocity.com bucht und per Visa-Card bezahlt, unter Angabe der Adresse Linwood Plaza in Fort Lee, New Jersey. Bei travelocity.com bucht er dann eine zweite Reservierung, gibt dafür aber eine Adresse in Wayne, New Jersey, an. Am 27. August 2001 kauft sich auch Nawaf al-Hazmi sein Ticket. Lediglich Hani Hanjour, der Pilot, wartet noch.

Minneapolis, Minnesota, 27. August 2001

Die Nerven von Special Agent Rapp sind mittlerweile zum Zerreißen gespannt. Er weiß immer noch nicht, wie es mit Zac Moussaoui weitergehen soll. Aus Washington ist nichts zu hören. Die Kollegen dort stellen sich einfach taub. Rapp greift zum Telefonhörer. Er ruft einen Kollegen aus der RFU-Abteilung in Washington an, wo die Akte Moussaoui eigentlich vorliegen müßte. Aber der Kollege reagiert genervt: »Sie machen hier alle verrückt mit diesem Moussaoui«, sagt er zu Rapp. Dem platzt nun der Kragen. Sie haben in Minneapolis einen Terroristen an der Angel, der vermutlich mit Komplizen ein Flugzeug entführen will, und die Kollegen in Washington fühlen sich genervt. Scheinbar stört sich im Hauptquartier niemand daran, daß man Zac bald wieder laufenlassen muß, wenn nicht schleunigst neue Beweise gefunden werden. »Ich mache das Hauptquartier verrückt, weil ich verhindern will, daß Moussaoui die Kontrolle über ein Flugzeug bekommt und damit in das World Trade Center fliegt«, antwortet Rapp.[159]

Doch seine Befürchtungen lassen die Kollegen in Washington kalt. Vermutlich halten sie den Special Agent aus dem fernen Minnesota für ein Landei, das sich da in etwas verrannt hat. David Frasca, der Chef der RFU-Abteilung, ist mittlerweile eingeschaltet. Er läßt Rapp nochmals mitteilen, daß sie einen Beleg für Zacs Verbindung mit der al-Qaida brauchen. Vorher gibt es keinen Durchsuchungsbefehl für den Computer und die Notizbücher.

Mit Hilfe von Coleen Rowley hat Rapp bis zum nächsten Tag, dem 28. August 2001, ein Papier zusammengeschustert, das belegen soll, daß Zac über seine Verbindung zu den tschetschenischen Rebellen auch Kontakt zur al-Qaida hat. Die Antwort aus Washington kommt umgehend und ist niederschmetternd: Das Papier reiche nicht aus, läßt man Rowley und Rapp wissen. Die FBI-Beamten im Hauptquartier verlangen einen glasklaren Beweis. Die beiden unermüdlichen

Ermittler sind wütend und verzweifelt zugleich. Was sollen sie tun? Al-Qaida ist eine Terrororganisation. Da gibt es keine Namenslisten oder Mitgliederausweise.

Der Antrag wird nun an den FBI *Deputy General Counsel* weitergeleitet, der sich der Meinung des RFU-Agenten anschließt. Rapp und Rowley bleibt nur noch eines übrig. Bevor sie Zac wieder laufenlassen, schieben sie ihn lieber nach Frankreich ab. Vielleicht sind die Franzosen weniger bürokratisch und schauen sich einfach mal den Computer und die Notizen an.

Während man im FBI-Hauptquartier kein Interesse an diesem Fall zeigt, wird man jedoch in Langley hellhörig. Über einen Verbindungsbeamten beim FBI ist man auf Moussaoui aufmerksam geworden. Die CIA-Agenten finden den Fall so interessant, daß sie sogar George Tenet darüber informieren.

New York, 29. August 2001

Beim FBI wiederum interessiert man sich jetzt brennend für den CIA-Fall um al-Mihdhar. Denn soeben hat man sich in Langley dazu durchgerungen, die anderen Behörden darüber zu informieren, daß sich al-Hazmi wie auch al-Mihdhar längst in den USA aufhalten. Zudem teilt die CIA mit, daß al-Mihdhar bei seiner zweiten Einreise in die USA auf dem Einreiseformular das Mariott Hotel in New York als Wohnadresse angegeben habe. An diesem Morgen wird deshalb das New Yorker Außenbüro vom FBI-Hauptquartier in Washington umfangreich über al-Mihdhar unterrichtet. Die New Yorker Beamten erhalten die Order, alles in Bewegung zu setzen, um den Terroristen ausfindig zu machen.[160]

Die FBI-Ermittler schwirren umgehend aus. Die Hotelkette hat gleich mehrere Ableger in Manhattan. Aber das Ergebnis ist ernüchternd: In keinem der Hotels ist jemals ein al-Mihdhar abgestiegen. Offensichtlich hat er bei seiner Einreise falsche Angaben gemacht. Die Möglichkeit, daß er unter falschem Namen in einem New Yorker Hotel eingecheckt hat, halten die FBI-Beamten für unwahrscheinlich. Schließlich war er abgebrüht genug, unter seinem richtigen Namen in die USA einzureisen. Warum sollte er ausgerechnet beim Einchecken in ein Hotel einen anderen verwenden?

Trotzdem wollen sie im New Yorker FBI-Außenbüro nichts unversucht lassen. Doch für eine umfangreiche Fahndung haben sie zu wenige Leute. Ein FBI-Beamter ruft deshalb das Hauptquartier in Washington an und bittet um Verstärkung. Er will die Fahndung nach al-Mihdhar auf jeden Fall weiter ausdehnen. Der Ermittler weiß um die Gefährlichkeit von al-Mihdhar. Bereits seit Monaten ist er der Sonderermittlungsgruppe zugeteilt, die noch immer den Anschlag auf die *USS Cole* untersucht.

In diesem Zusammenhang hatten ihn einmal Kollegen von der CIA aufgesucht und ihm mehrere Fotos vorgelegt. Dabei war auch der Name al-Mihdhar gefallen. Der FBI-Beamte kann sich deshalb so gut an die Sache erinnern, weil die Kollegen der CIA äußerst seltsam reagiert hatten, als er fragte, was es mit al-Mihdhar auf sich habe. Jetzt ist ihm klar, warum die CIA-Männer plötzlich so einsilbig wurden. Schon damals hatten sie gewußt, daß sich al-Mihdhar in den USA aufhält, und wollten dem FBI-Beamten nichts davon sagen, weil ihre Vorgesetzten dies offensichtlich noch nicht an das *State Department* und an das FBI gemeldet hatten.

Sein Ärger über das geradezu sträfliche Verhalten der CIA ist noch nicht verraucht, als ihm auch noch seine Vorgesetzten in Washington die Zornesröte ins Gesicht treiben. Mit einer hanebüchenen Begründung wird ihm die angeforderte Verstärkung untersagt: Die Fahndung nach al-Mihdhar sei nur aufgrund von Geheimdienstinformationen erfolgt. Dies sei nicht erlaubt, sagen die Juristen der *National Security Law Unit* des FBI. Vom Gesetz her sei eine strikte Trennung zwischen geheimdienstlichen und polizeilichen Ermittlungen vorgeschrieben. Diese gesetzlichen Grenzen müßten strikt eingehalten werden.

Der New Yorker FBI-Beamte versteht die Welt nicht mehr. Schlimm genug, daß die CIA die anderen Behörden erst nach Monaten über die Einreise al-Mihdhars informiert hatte. Und nun darf das FBI nicht nach einem gefährlichen Terroristen suchen, der schon bei dem Anschlag auf die *USS Cole* die Finger im Spiel hatte und frei in den USA herumläuft, um vermutlich das nächste Attentat durchzuführen. Fassungslos schreibt er eine E-Mail an das FBI-Hauptquartier in Washington. »Eines Tages wird jemand sterben – gesetzliche Grenzen hin oder her –, und die Öffentlichkeit wird dann nicht verstehen, warum wir nicht effektiver waren und alle uns verfügbaren Mittel zur Lösung bestimmter Probleme eingesetzt haben«, tippt er in seinen Computer. »Lassen Sie uns hoffen, daß die *National Security Law Unit* dann hinter ihren Entscheidungen stehen wird, insbesondere da jetzt die größte Bedrohung für uns, UBL [Osama bin Laden], letztlich dadurch den meisten ›Schutz‹ erhält!«[161]

Hamburg, 29. August 2001

Bei Ramzi Binalshibh in Hamburg klingelt morgens um drei Uhr das Telefon. Verschlafen nimmt er den Hörer ab und hört eine vertraute Stimme: »Ich habe einen Witz zu erzählen und ein kleines Rätsel«, sagt Atta. »Ein Kumpel nervt mich mit diesem Rätsel, und ich hoffe nun, daß du mir bei der Lösung helfen kannst: zwei Stöcke, ein Strich und ein Kuchen mit einem Stock nach unten. Was ist das?«[162]

Ziemlich verdattert über eine derartige Frage zu dieser Zeit, ist Binalshibh zunächst nicht in der Lage, eine Antwort zu finden. Aber der Freund läßt ihm Zeit und wiederholt das Rätsel noch einmal. Dann plötzlich kapiert er, was ihm dieser sagen will: Mit zwei Stöcken ist offenbar die Zahl 11 gemeint. Ein Strich ist ein Strich. Und ein Kuchen mit einem

Stock nach unten könnte die Zahl 9 sein. Binalshibh ist nun hellwach. Er begreift, was ihm sein Freund gerade mitteilt, das Datum der Anschläge: 11-9. »Das klingt nach einem süßen Rätsel«, sagt Binalshibh zu Atta. »Laß deinen Kumpel wissen, daß er sich keine Sorgen machen muß.«[163]

Die Nachricht kommt nicht überraschend. Einige Mitglieder der Hamburger Zelle haben sich schon seit längerem darauf eingestellt, daß sie aus Deutschland verschwinden müssen. Schließlich ist davon auszugehen, daß nach den Anschlägen die Polizei früher oder später auf ihre Spur kommen wird. Als erster verläßt Said Bahahji, der frühere Mitbewohner von Binalshibh und Atta, Deutschland. Bereits im Sommer hatte er seinen Hamburger Arbeitgeber wissen lassen, daß er im September nach Afghanistan reisen werde. Am 3. September fliegt er dann via Istanbul nach Karachi, um sich von dort nach Afghanistan durchzuschlagen. Zurück läßt er seine Frau und sein sechsmonatiges Kind.

Binalshibh reist am 5. September nach Düsseldorf. Dort erledigt er noch mehrere Telefonate, u. a. ruft er um 12.35 Uhr eines der Mitglieder des Selbstmordkommandos in den USA an. Danach fliegt er mit der Lufthansa LH 4398 nach Madrid.[164] Über Umwege reist er von Spanien nach Pakistan, wo er sich schließlich mit Khalid Scheich Mohammed trifft, »dem Gehirn« der al-Qaida und Drahtzieher der geplanten Anschläge.

Totowa, New Jersey, 31. August 2001

Nun ist es an Hani Hanjour, sich endlich einen Passagierschein für den Flug AA 77 zu besorgen. Als letzter der Gruppe kauft er sich ein Erste-Klasse-Ticket in einem Reisebüro in Totowa. Majed Moqed hilft ihm dabei. Wegen Hanjours schlechtem Englisch wickelt Moqed den Ticketkauf ab. Nun sind alle fünf für den Flug 77 der American Airlines gebucht, der am 11. September planmäßig vom Dulles-Airport in Washington nach Los Angeles geht. Allerdings soll Flug AA 77 sein Ziel nie erreichen, dafür wollen die fünf sorgen.

Doch es wird nicht einfach werden, die Piloten und Flugbegleiter an Bord auszuschalten. Die fünf stemmen deshalb im Gold's Gym an der Greenbeld Road fleißig Gewichte. Der kleine Hanjour, dessen Name mit »Zufriedenheit« übersetzt wird, sagt dem Trainer, sein Name sei »Krieger«. Die Trainingsstunden im Gold's Gym sind nicht sonderlich teuer, zehn Dollar zahlen die al-Hazmi-Brüder pro Tag. Hanjour, Moqed und al-Mihdhar haben gleich für eine ganze Woche gebucht, pro Person dreißig Dollar in bar. Alle fünf tragen ihre echten Namen ins Register ein. Offenbar rechnet keiner mehr damit, daß jetzt noch etwas schiefgehen kann. Hanjour, der Pilot, muß lediglich noch das Ziel treffen. Aber es ist eigentlich kaum zu verfehlen. Schließlich ist es ein riesiges fünfeckiges Gebäude und liegt, wenn man vom Norden kommt, rechts vom Potomac. Es ist das Pentagon. Sie wollen das Verteidigungsministerium, das Zentrum der Militärmacht USA, angreifen so wie die Japaner im Zweiten Weltkrieg Pearl Harbour.

Washington D. C., 4. September 2001

Vizepräsident Cheney, Sicherheitsberaterin Rice und andere Topleute des Nationalen Sicherheitsrats haben sich getroffen, um über den Clarke-Plan zu sprechen. Zwischenzeitlich hat sich einiges getan in den Köpfen im Weißen Haus. Sie wollen sogar weit über das hinaus, was Clarke vor neun Monaten entworfen hatte. Es ist nun nicht mehr davon die Rede, al-Qaida nur »zurückzudrängen« und an die Heimatfront in Afghanistan fesseln zu wollen. Es wird offen darüber diskutiert, al-Qaida ein für allemal zu »eliminieren«.[165] Aber die Bush-Administration hat viel zuviel Zeit verstreichen lassen. Bei seinem ersten Entwurf hatte Richard Clarke der Nordallianz im Kampf gegen al-Qaida und deren afghanische Herbergsväter, die Taliban, eine wichtige Rolle zugedacht. Mittlerweile aber sind die Rebellen um den Guerillaführer Massoud in einem so desolaten Zustand, daß auf die Schnelle von ihnen keine große Hilfe zu erwarten ist. Zudem ist die Lage in Afghanistan ungewiß. Seit Oktober 2000 ist kein »Predator«, d. h. unbemannte Drohne, mehr zur Spionage nach Afghanistan geschickt worden, um Aufklärungsfotos aus der Luft zu machen. Es ist also völlig unklar, in welchem der al-Qaida-Lager Osama Bin Laden sich augenblicklich befindet. Seit dem Amtsantritt von Bush scheint sich niemand mehr ernstlich für Afghanistan interessiert zu haben. Aber das soll sich jetzt schlagartig ändern. Die Runde um Rice und Cheney beschließt, daß der CIA 125 bis 200 Millionen Dollar zur Verfügung gestellt werden sollen, um damit die Nordallianz zu bewaffnen. Rice hat den Clarke-Plan mittlerweile auch so in Form gebracht, daß sie ihn jetzt als *National Security Presidental Directive* (NSPD) George W. Bush vorlegen kann. Sie will dies am 10. September tun. Allerdings hat diese NSPD keine Priorität. Die Tischvorlage mit den Grundzügen des Clarke-Plans hat die Laufnummer 9. Bevor sich Bush also mit al-Qaida beschäftigen kann, wird er erst noch acht andere Themen mit Rice abarbeiten müssen.

Langley, Virginia, 4. September 2001

Bei der CIA nimmt das Interesse an Zacarias Moussaoui immer mehr zu. Über den Verbindungsmann beim FBI werden weitere Details besorgt. Der CIA-Beamte dort macht keinen Hehl daraus, daß ihn im Gegensatz zu den Washingtoner FBI-Beamten der Fall besonders beunruhigt. Er ist ein Mann vom Fach. Normalerweise arbeitet er im *Counterterrorism Center* der CIA. Den Job als Verbindungsbeamter macht er nur vorübergehend. Besonders beunruhigt den CIA-Ermittler, daß dieser Zac gegenüber seinem Fluglehrer geleugnet hat, Moslem zu sein, und daß er immer wieder im Simulator die Strecke von London-Heathrow nach New York hatte üben wollen. Dies deutet darauf hin, daß der Franzose nichts anderes als ein möglicher Hijacker ist. Vorsichtshalber weist er jede Station, jedes CIA-Büro weltweit an, Informationen über Moussaoui und dessen Kumpan al-Attas umgehend an das CTC in Langley weiterzuleiten. In seinem Rundschreiben bezeichnet er die beiden als »verdächtige Fluglinien-Selbstmord-Attentäter«, die möglicherweise in einen größeren Komplott involviert sind, der darauf abziele, »Flugzeuge, die unterwegs von Europa in die USA sind«, zu kapern.[166]

Washington D. C., 9. September 2001

Einen Tag bevor Condoleezza Rice George W. Bush den modifizierten Clarke-Plan zum Unterzeichnen vorlegen will, ist er teilweise bereits hinfällig geworden. Al-Qaida-Leute, die sich als Kameramänner ausgegeben haben, ermorden Massoud, den Führer der Nordallianz. Auf ihn hatte nicht nur Clarke gebaut. Im Capitol droht derweil Verteidigungsminister Rumsfeld dem Senat mit einem Veto des Präsidenten, falls weiterhin an dem Vorhaben festgehalten werde, sechshundert Millionen Dollar, die Rumsfeld für Abwehrraketen eingeplant hat, für den Anti-Terror-Kampf einzusetzen.[167]

Washington D. C./Fort Meade, Maryland, 10. September 2001

Justizminister John Ashcroft hat ebenfalls nichts übrig für den Anti-Terror-Kampf, zumindest keine zehn Millionen Dollar, die der kommissarische FBI-Direktor Pickard schon vor längerem schriftlich eingefordert hatte, um die entsprechenden Abteilungen des FBI sowohl technisch als auch personell wenigstens mit dem Notwendigsten aufrüsten zu können. Sein schlichtes »Nein« läßt Ashcroft dem FBI-Direktor schriftlich zukommen.

Derweil laufen im Hauptquartier der NSA in Maryland, etwas außerhalb von Washington, die Aufnahmegeräte rund um die Uhr. Über ihre Satelliten und weltweit verstreute Horchposten fängt die NSA pro Stunde etwa zwei Millionen Telefonate und E-Mails ab. Ein Telefonat zwischen zwei Teilnehmern aus Afghanistan und Saudi-Arabien ist an diesem Tag von besonderer Brisanz. »Morgen ist die Stunde Null«, sagt die eine Stimme. »Das Match beginnt also morgen«, erwidert die andere. Das Gespräch wird auf arabisch geführt. Es wird jedoch erst zwei Tage später, am 12. September, übersetzt werden.[168]

6. Kapitel

South Portland, Maine, 11. September 2001

Morgens, 5.43 Uhr Ortszeit, passiert Mohammed Atta die Sicherheitsschleusen des Flughafens von Portland. Eine Überwachungskamera filmt, wie er eine schwarze Umhängetasche vom Förderband nimmt, nachdem sie durchleuchtet wurde. Von Portland fliegt er zunächst nach Boston. Auf dem dortigen Logan International Airport ist das Treffen mit den vier anderen Verschwörern seiner Gruppe vereinbart. Gemeinsam gehen sie an Bord der Maschine der American Airlines 11 nach Los Angeles, die um 7.59 Uhr abhebt. Nicht mit an Bord ist allerdings das Gepäck von Atta. Seine Reisetasche, die er in Portland hat durchchecken lassen, ist beim Umladen in Boston vergessen worden. Darin wird man später sein Testament finden, das er einst in der Hamburger al-Kuds-Moschee aufgesetzt hatte, sowie eine kleine, eigens angefertigte Fibel für die Selbstmordattentäter. »Du kommst nicht zur Erde zurück und pflanzt die Angst in die Herzen der Ungläubigen«, heißt es darin.[169]

Eine Viertelstunde nach dem Start, um 8.15 Uhr, bringen Atta und seine Komplizen das Flugzeug gewaltsam unter ihre Kontrolle. Als sie in das Cockpit stürmen, ist gerade der Funk eingeschaltet. »Wir haben einige Flugzeuge. Bewahren Sie Ruhe, und Sie bleiben o. k. Wir fliegen zum Flughafen zurück«, erklärt er den Piloten.[170] Ein Fluglotse nimmt die Funkfetzen auf und fragt irritiert zurück: »Wer versucht mich zu rufen?« Zunächst bekommt der Lotse keine Antwort. Dann hört er jemanden sagen: »Keine Bewegung bitte, wir kehren zum Flughafen zurück. Versuchen Sie nicht, irgendwelche Dummheiten zu machen.« Es ist die Stimme eines der Entführer, der glaubt, zu den Passagieren zu sprechen. Er ist jedoch auf einer Frequenz gelandet, die von Piloten und

Fluglotsen abgehört wird. Wenig später nimmt ein Mitarbeiter in der Reservierungszentrale von American Airlines das Telefon ab und hört eine atemlose Frauenstimme sagen: »Zwei Stewardessen sind niedergestochen worden. Eine weitere wird beatmet. Einem Passagier haben sie die Kehle durchgeschnitten. Er sieht tot aus. Sie sind ins Cockpit eingedrungen.« Die Anruferin ist Betty Ong, Stewardeß auf Flug AA 11.

Zur gleichen Zeit steigt in Boston eine weitere Maschine mit dem Ziel Los Angeles in den Himmel. Es ist der Flug der Konkurrenzlinie United Airlines (UA) 175. An Bord sind Marwan al-Shehhi und seine vier Helfer.

Die Fünfergruppe um den Piloten Hanjour, zu der auch al-Hazmi und al-Mihdhar gehören, fährt währenddessen zum Dulles-Airport. Sie benutzen dafür den alten Toyota, den al-Hazmi einst in San Diego gekauft hatte. In dem Auto, das die Polizei später sicherstellen wird, liegen eine Quittung über den Preis des Flugunterrichts in Phoenix, vier Zeichnungen von einem Boeing-757-Cockpit, ein Teppichmesser, eine Karte von Washington sowie Zettel mit Notizen und Telefonnummern.

Gegen 7.30 Uhr checken die Terroristen ein. Seit mittlerweile zwanzig Tagen wird überall nach al-Hazmi und al-Mihdhar gefahndet. Trotzdem kommen die beiden gemeinsam mit ihren Komplizen unbehelligt durch die Kontrollen. Sowohl Tickets als auch Pässe, die sie vorlegen müssen, sind auf ihre tatsächlichen Namen ausgestellt. Danach begeben sie sich zum Gate D26. Laut Flugplan soll ihre Maschine um 8.10 Uhr starten. An diesem Morgen hat jedoch Flug 77 der American Airlines etwas Verspätung. Erst gegen 8.20 Uhr startet die Maschine vom Dulles-Airport in Washington in Richtung Los Angeles.

Um 8.42 Uhr verläßt der Transkontinentalflug UA 93 den International Airport in Newark (New Jersey) mit dem Ziel San Francisco. An Bord sind Ziad Jarrah, der dritte Pilot aus den Reihen der Hamburger Zelle, sowie drei seiner Helfer.

Washington D. C., 11. September 2001,
gegen 8.30 Uhr Ortszeit

CIA-Direktor Tenet sitzt derweil beim Frühstück im St. Regis Hotel, nur drei Häuserblocks nördlich vom Weißen Haus entfernt. Mit am Tisch befindet sich David L. Boren, der frühere Senator aus Oklahoma. Seit bald dreizehn Jahren sind sie befreundet. Wie keinem anderen verdankt Tenet seinen Aufstieg in der Geheimdienstgemeinde dem ehemaligen demokratischen Senator. Ohne ihn wäre er vermutlich gar nicht mehr DCI.

Obwohl Boren nicht mehr im Senat sitzt, interessiert er sich nach wie vor für die Interna aus dem politischen Washington und der Geheimdienstgemeinde. »Worüber machen Sie sich in diesen Tagen Sorgen?« fragt Boren.[171]

»Bin Laden«, antwortet Tenet.

»Ach, George!« sagt Boren. Er sorgt sich um seinen Schützling, der sich da in etwas verrannt zu haben scheint. Auf jeden Fall ist es Boren längst zu Ohren gekommen, daß sich halb Washington bereits das Maul über Tenet zerreißt, der seit Monaten immerfort vor Anschlägen warnt, ohne konkrete Beweise präsentieren zu können. Mehrmals schon soll sich Tenet mit Prognosen über Ort und Zeitpunkt eines Anschlages blamiert haben. Boren kann sich nicht vorstellen, warum ausgerechnet von diesem Bin Laden, einem vermögenden Privatmann, so viel Gefahr für die USA ausgehen soll. »Sie haben keine Ahnung von den Fähigkeiten und der Tragweite dessen, was die anzetteln«, hält Tenet seinem politischen Ziehvater entgegen.

Mohammed Atta hat inzwischen den Pilotensitz eingenommen und fliegt mit der entführten Maschine eine scharfe Kurve Richtung Süden. Er steuert direkt auf New York zu. Es ist ein wunderschöner Morgen, der Himmel strahlend blau, die Sicht klar. Von seinem Cockpit aus kann Atta bereits die Zwillingstürme des World Trade Center erkennen.

Die Passagiere des Fluges AA 11 sowie die fünf Selbstmordattentäter haben noch drei Minuten zu leben. »Das letzte, was zu tun ist, ist stets die Erinnerung an Gott, und die letzten Worte sollten sein, daß es keinen Gott außer Allah gibt und daß Mohammed sein Prophet ist«, heißt es in Attas Terroristenfibel. »Du wirst bemerken, daß das Flugzeug anhalten und dann erneut fliegen wird. Dies ist die Stunde, in der du Gott treffen wirst. Engel rufen deinen Namen.«[172]

Um 8.45 Uhr steuert Atta die vollgetankte Boeing 767 in den Nordturm des World Trade Center, in Höhe der 96. Etage. Die Langstreckenmaschine hat eine Spannweite von knapp fünfzig Metern und etwa achtunddreißigtausend Liter Treibstoff an Bord. Der Aufprall erfolgt mit einer Geschwindigkeit von circa siebenhundertsechzig Kilometern pro Stunde. Das Ergebnis ist eine Schneise der Verwüstung über vier Etagen hinweg. Umgehend entzündet sich der Treibstoff. Das Fahrwerk schleudert auf der Südseite wieder aus dem Gebäude heraus und landet in der Rector Street – fünf Häuserblocks entfernt. Von der Einschlagstelle aus brandet die mächtige Druckwelle durch den Turm, drei oder vier Sekunden lang schwankt das Gebäude wie eine Birke im Wind.

Washington D. C., 11. September 2001,
gegen 8.50 Uhr Ortszeit

Tenet vertieft sich beim Frühstücksplausch mit Ex-Senator Boren in sein Lieblingsthema Osama Bin Laden. Er verhehlt nicht, daß er sich schon ein paarmal geirrt hat. Er erzählt seinem Gegenüber vom 4. Juli, dem amerikanischen Nationalfeiertag, für den Tenet fälschlicherweise einen Anschlag vorhergesagt hatte. Damals sei wohl nichts passiert, sagt er, dennoch würde ihn Osama Bin Laden mitunter um den Schlaf bringen.

Jäh wird ihr Gespräch über den Terrorpaten unterbrochen. Sicherheitsbeamte von Tenet stürzen in den Frühstücksraum des St. Regis Hotel. Auch für Boren ist offensichtlich, daß etwas passiert sein muß, sonst würden sich Tenets Bodyguards wohl diskreter verhalten. »Mr. Director«, sagt einer von ihnen, »es gibt ein ernstes Problem.«[173]

»Was ist denn?« fragt Tenet. Der Sicherheitsbeamte zögert. Tenet gibt ihm ein Zeichen, daß er in Anwesenheit von Boren ruhig offen sprechen könne.

»Der Turm des World Trade Center ist angegriffen worden«, sagt der Sicherheitsbeamte. Ein anderer Sicherheitsbeamter hält Tenet unaufgefordert ein Handy hin. Der CIA-Direktor ruft sofort in Langley an und läßt sich Details durchgeben. »Sie haben die Maschine direkt in das Gebäude gelenkt?« fragt Tenet ungläubig seinen Gesprächspartner im Hauptquartier. Über Handy befiehlt er, daß sich seine engsten Mitarbeiter im Konferenzraum der CIA-Zentrale versammeln sollen, und kündigt an, in spätestens fünfzehn bis zwanzig Minuten selbst dort zu sein.

»Das sieht ganz nach Bin Laden aus«, sagt Tenet zu Boren. »Ich muß weg.«

Ohne Borens Antwort abzuwarten, denkt Tenet laut nach: »Ich frage mich, ob es was mit dem Kerl zu tun hat, der eine Pilotenausbildung machte.« Der Fall in Minneapolis beschäftigt ihn sehr. In seinem Büro hat er bereits eine zwölf Zentimeter dicke Akte über Moussaoui liegen. Aber Tenet hat jetzt keine Zeit, Boren zu erklären, wer Zac ist. Er erhebt sich vom Frühstückstisch. »Ich muß jetzt gehen!«

Zur gleichen Zeit kidnappt die Gruppe um Marwan al-Shehhi die Maschine des Fluges UA 175. Alles geht sehr schnell. Bereits um 8.50 Uhr ändert UA 175 die Flugroute und nimmt Kurs auf New York. Passagieren gelingt es, per Handy ihre Verwandten anzurufen. Peter Hanson, der mit Ehefrau und zweijähriger Tochter in der Maschine sitzt, ruft seinen Vater in Connecticut an: »Eine Stewardeß wurde erstochen. Ich glaube, wir gehen runter. Keine Angst, es wird schnell gehen.« Brian Sweeney erreicht seine Ehefrau: »Hallo Jules, hier ist Brian. Ich bin im Flugzeug, es wurde entführt, und es sieht nicht gut aus. Ich wollte nur, daß du weißt, daß ich dich liebe und hoffe, dich wiederzusehen. Wenn nicht: Genieß bitte dein Leben und mach das Beste draus.«

UA 175 ist in diesem Moment bereits über New York. Al-Shehhi zieht die Maschine in eine Kurve und steuert direkt auf den Südturm des World Trade Center zu. Um 9 Uhr, 2 Minuten und 54 Sekunden erfolgt der Aufprall in der 81. Etage. Das Stahlgerüst des Südturms schwingt daraufhin erkennbar in Richtung Hudson River, bevor es zurückschnellt.

New York, 11. September, 9.17 Uhr Ortszeit

John O'Neill, der frühere Terroristenjäger des FBI, ist seit neunzehn Tagen Sicherheitschef im World Trade Center. An seinem ersten Arbeitstag in den Zwillingstürmen hatte sich die CIA gerade dazu durchgerungen, angesichts der sich häufenden Warnungen über anstehende Terroranschläge, al-Mihdhar und al-Hazmi endlich auf die Fahndungsliste zu setzen. O'Neill hat von der hektischen Betriebsamkeit, die danach auch in dem New Yorker FBI-Büro, seinem alten Arbeitsplatz, ausbrach, nicht mehr viel mitbekommen. Als Sicherheitschef des World Trade Center hat er für den Anfang genug zu tun. Er arbeitet bereits fieberhaft an einem neuen Sicherheitskonzept für die Zwillingstürme. Sein neues Büro befindet sich im 34. Stock, von wo aus er einen herrlichen Blick über Manhattan genießt. Er verdient jetzt doppelt soviel wie vorher als leitender FBI-Beamter. Das höhere Einkommen tröstet ihn darüber hinweg, daß er seine Karriere beim FBI letztlich unfreiwillig beenden mußte. O'Neill will als erstes seinen alten Buick gegen einen fabrikneuen Mercedes eintauschen. Allerdings hat er sich schon wieder in die Bredouille gebracht: Sowohl seiner Freundin in Washington als auch der in New York hat er ein Heiratsversprechen gegeben. Dabei ist O'Neill noch nicht einmal von seiner Ehefrau geschieden.

Nachdem das zweite Flugzeug in den Südturm eingeschlagen ist, ruft O'Neill nacheinander seine Freundinnen an. »Liebling, ich will dich nur wissen lassen, daß ich o.k. bin. Mein Gott, es ist schrecklich. Überall liegen Leichenteile herum. Weinst du?« fragt er seine New Yorker Freundin. »Ich denke, meine Angestellten sind tot. Ich darf diesen Job jetzt nicht verlieren.«[174] Kaum daß er das Gespräch beendet hat, ruft er gegen 9.25 Uhr seine Geliebte in Washington an und sagt ihr ebenfalls, daß er am Leben ist. Als seine Freundin ihn fragt, ob er außerhalb des Gebäudes sei, antwortet O'Neill, daß er sie liebe und beendet das Telefonat.

O'Neill steht draußen vor dem WTC und macht sich gerade auf den Weg zum Nordturm, um zu helfen, als er Wesley Wong, einen FBI-Beamten, trifft, den er seit mehr als zwanzig Jahren kennt. O'Neill will von seinem früheren Kollegen wissen, ob er Informationen über weitere Anschläge habe. Wong weiß natürlich, daß O'Neill nicht mehr beim FBI ist, und reagiert diplomatisch. »Mensch John, ich weiß auch nichts Genaues.« Aber O'Neill hört schon nicht mehr zu, hat wieder sein Handy am Ohr und gibt Anweisungen an die Rezeption des World Trade Center durch. »Wir sehen uns später«, sagt Wong und beobachtet noch für einen kurzen Moment, wie O'Neill mit dem Handy am Ohr auf die Unterführung zuläuft, die zum Nordturm führt, der um 10.28 Uhr kollabieren und auch O'Neill unter sich begraben wird.

Zum Zeitpunkt des zweiten Einschlags erleben die Passagiere des Fluges AA 77 eine radikale Kehrtwende ihrer Maschine, die Hani Hanjour in einer scharfen 180-Grad-Kurve zurück nach Washington steuert. Die Flugkontrolle am Boden bemerkt, daß etwas nicht Ordnung ist, und versucht, das Cockpit von Flug 77 zu erreichen. Die Kontrollstelle in Indianapolis funkt: »American 77, Indy, radio check, how do you read?« Keine Antwort. Außerdem müssen die Fluglotsen feststellen, daß die Transponder der Maschine abgeschaltet worden sind, so daß sich die genaue Position der Maschine nicht mehr bestimmen läßt.

Um 9.24 Uhr schlägt die Flugaufsichtsbehörde FAA Alarm, denn inzwischen hat man gehört, was sich in New York ereignet hat. Auch im Falle von American Airlines 77 geht man von einer Entführung aus und befürchtet einen Anschlag auf das Weiße Haus. Sofort reagiert die US-Luftabwehrbehörde Norad. Um 9.30 Uhr starten auf der Langley Airbase in Hampton, Virginia, zwei F-19-Abfangjäger, um die AA 77 zu stellen und notfalls abzuschießen.

Von Bord der Boeing ruft Barbara Olson, eine bekannte Fernsehkommentatorin, ihren Mann Theodor an. Sie berichtet, daß die Maschine entführt wurde, Besatzung und Passagiere im Heck der Maschine in Schach gehalten würden.

Hani Hanjour fliegt derweil eine kunstvolle Spirale und geht auf Bodennähe herunter. Um 9.37 Uhr verschwindet die Maschine vom Radar. Hanjour hält nun direkt auf das Pentagon zu. Im Tiefflug rast das Passagierflugzeug über Washington D. C. hinweg, rasiert mehrere Baumwipfel und schlägt gegen 9.43 Uhr in der Westseite des fünfeckigen Gebäudes ein. Das Verteidigungsministerium, Herzstück der militärischen Supermacht USA, steht teilweise in Flammen. Die fünf Entführer, die sechs Crew-Mitglieder sowie 53 Passagiere sind sofort tot. In dem brennenden Gebäude kommen außerdem 125 Menschen ums Leben.

Washington D. C, 11. September,
9.43 Uhr Ortszeit

Verteidigungsminister Rumsfeld spürt, wie das Gebäude bebt, und stürzt ans Fenster. Er kann nichts erkennen, aber ahnt, was geschehen ist. Als die Boeing in den Westflügel des Pentagon krachte, hat sich Rumsfeld in seinem Amtszimmer gerade den täglichen nachrichtendienstlichen Lagebericht vortragen lassen. Zu diesem Zeitpunkt ist er längst davon unterrichtet, was in New York nur ein paar Minuten zuvor geschehen ist.

Jetzt ist offensichtlich auch das Pentagon angegriffen worden. Die Erschütterung ist jedenfalls gewaltig. Rumsfeld stürzt aus seinem Zimmer. Er orientiert sich an den aufsteigenden Rauchwolken und gelangt so schließlich zu der Einschlagstelle, wo die Rettungsmaßnahmen bereits in vollem Gang sind. Der Verteidigungsminister legt selbst mit Hand an, bis ihm ein Sicherheitsbeamter zu verstehen gibt, daß er den Ort der Verwüstung verlassen müsse. »Ich gehe rein«, sagt Rumsfeld[175] und begibt sich ins *National Military Command Center*, die Befehlszentrale des Pentagon. Die weiträumige, aber vollbesetzte Befehlszentrale ist voller Rauch. Rumsfeld geht deshalb mit seinen engsten Mitarbeitern hinauf in einen anderen Raum, wo das Kommunikationsnetz des Verteidigungsministeriums zusammenläuft und der deshalb »Cables«, Kabel, genannt wird. Es herrscht Einigkeit darüber, daß vermutlich Osama Bin Laden und sein Terrornetzwerk hinter den Attacken stecken. Normalerweise sind die Militärs auf Eventualitäten eingestellt und haben entsprechende Notfallpläne in der Schublade. Aber Pläne mit Hinweisen, wo sich Osama Bin Laden und weitere al-Qaida-Obere in Afghanistan versteckt halten könnten, existieren nicht. Rumsfeld ist nicht überrascht. Er erklärt seinen Generälen, daß nun viel Arbeit vor ihnen liege, und verläßt die Befehlszentrale wieder.

In seinem Amtszimmer macht er sich selbst daran, die Probleme anzugehen. »Dies ist der entscheidende Moment«, sagt er zu seinen engsten Beratern, die mit ihm zurückgeeilt sind.[176] Rumsfeld will dem Präsidenten nach dessen Rückkehr sofort ein erstes Konzept vorlegen können.

Währenddessen spielen sich an Bord von Flug UA 93 dramatische Szenen ab. Ziad Jarrah und seine Helfer haben zwar vor etwa zwanzig Minuten die Maschine in ihre Gewalt gebracht, doch unter den Passagieren regt sich Widerstand. Bei

Telefonaten mit Angehörigen ist bekannt geworden, was sich in New York abgespielt hat. Viele versuchen, Nachrichten nach außen zu geben und Hilfe zu ordern. So berichtet Tom Burnett leise seiner Frau Deena: »Das Flugzeug ist entführt worden. Ein Mann wurde niedergestochen, und sie sagen, sie haben eine Bombe an Bord. Informiere bitte die Polizei.«

Gegen 9.35 fliegt Ziad Jarrah eine Linkskurve und hält auf Washington zu. Um 9.45 Uhr wählt Tom Burnett erneut die Nummer seiner Frau, die Sekunden zuvor vom Absturz auf das Pentagon erfahren hat. Sie erklärt ihm, daß die Terroristen offenbar mit entführten Maschinen die bedeutendsten Gebäude der Ostküste zerstören. Sie informiert ihn auch vom Anschlag auf das Pentagon. Tom sagt: »Wir müssen was tun.«

In Washington ist bereits der höchste Krisenalarm ausgelöst worden. Politiker und Militärs ziehen sich in Schutzräume zurück, die Polizei läßt sämtliche Hochhäuser räumen. Schulen werden geschlossen, Gerichtsverhandlungen unterbrochen. Präsident George W. Bush, der zum Zeitpunkt der Anschläge in Sarasota, Florida, eine Schule besucht, bringt man an Bord der *Air Force One* in Sicherheit. Sie wird von einer Staffel F-15- und F-16-Kampfflugzeugen eskortiert. Gleichzeitig fliegen Abfangjäger der entführten Maschine entgegen. Sie haben von Vizepräsident Cheney nicht nur die Erlaubnis, sondern sogar den Befehl erhalten, Flug UA 93 abzuschießen. Allerdings ist man auf der Airbase von so einem Einsatzbefehl völlig überrascht. Alles ging zu schnell. Als die Abfangjäger dem entführten Passagierflugzeug hinterherrasen, haben sie keine Waffen an Bord.[177]

Jeremy Glick telefoniert von Bord der UA 93 mit seiner Frau Lyz, die ihm Einzelheiten von den Anschlägen auf das World Trade Center berichtet. Er informiert sie, daß die Passagiere jetzt darüber abstimmen werden, ob sie die Terroristen angreifen. »Wir haben noch unsere Buttermesser vom Frühstück. Bleib dran. Ich melde mich gleich wieder.«

Die Entführer haben es aufgegeben, die Geiseln einzuschüchtern. Viele der Geiseln telefonieren ganz offen. Insgesamt werden dreiundzwanzig Telefonate allein von Bordtelefonen geführt, andere über Handys. Linda Gronlund hinterläßt auf dem Anrufbeantworter ihrer Schwester eine Nachricht: »Wir wissen, was in New York passiert ist. Ich wünschte, wir könnten uns noch einmal sprechen.«

Aus der Bordküche im Heck der Maschine telefoniert Stewardeß Sandra Bradshaw mit ihrem Mann Phil. Sie berichtet, daß sie zusammen mit den Kolleginnen kochendes Wasser in Kannen fülle, um es auf die Entführer zu schütten. »Wir werden versuchen, das Flugzeug wieder zurückzukriegen. Phil, alle rennen Richtung erster Klasse. Ich muß los. Bye.«

Thomas Burnett verabschiedet sich von seiner Frau: »Ich muß jetzt los.« Todd Beamer betet das Vaterunser zu Ende und sagt: »Seid ihr bereit, Jungs? Okay. Los geht's.«

Gegen 10.01 Uhr dringen Schreie und Flüche aus dem Cockpit des Flugszeugs. »Allahu akbar«, brüllt einer der Kidnapper. »Los, wir kriegen sie«, lautet der Wortfetzen eines anderen, der später auf dem Voicerecorder zu hören ist. Die Maschine fliegt Zickzackkurs. Um 10.06 Uhr verschwindet in der Zentrale von United Airlines der Punkt, der auf dem Radarschirm Flug UA 93 markierte. Die Maschine zerschellt auf einem Acker bei Shanksville, Pennsylvania, wo sie sofort in Flammen aufgeht. 33 Passagiere, sieben Besatzungsmitglieder und die vier Attentäter finden dabei den Tod.

New York, 11. September 2001,
10.05 Uhr Ortszeit

Obwohl der Südturm knapp achtzehn Minuten nach dem Nordturm getroffen wurde, stürzt er als erster ein. Er fällt einfach in sich zusammen. Eine riesige Staubwolke wälzt sich durch die Straßen des Finanzviertels von Manhattan. Im Nordturm rennen derweil die Menschen um ihr Leben. Fahrstühle sind blockiert, Türen verzogen und nicht zu öffnen. Oberhalb der Einsturzstellen, wo alles brennt, stürzen sich Verzweifelte in die Tiefe. Andere flehen per Telefon um Hilfe oder verabschieden sich von ihren Angehörigen. Um 10.28 Uhr stürzt auch der Nordturm ein. Am Ende sterben mehr als 2800 Menschen in den Trümmern, darunter viele Helfer und Feuerwehrleute.

Washington D. C., 11. September 2001

Die Ereignisse in New York und Washington lösen im FBI-Hauptquartier einen Großeinsatz aus. Bereits siebzehn Minuten nach dem zweiten Einschlag in das World Trade Center versammeln sich im *Strategic Information Operations Center* (SIOC) 250 Polizeibeamte. Sie werden in Arbeitsgruppen eingeteilt und beginnen mit den Ermittlungen. Wenige Stunden später ist die größte Fahndungsaktion in der Geschichte des FBI im Gange. Die Operation trägt den Namen *Pentagon Twin Towers Bombing*, kurz *Penttbom*.

7000 FBI-Agenten gehen in den folgenden Stunden jedem Hinweis nach, prüfen sämtliche Passagierlisten und untersuchen die Einsturzstellen auf mögliche Anhaltspunkte. Der erste Fahndungserfolg gelingt ihnen durch einen Zufall. Auf dem Flughafen in Boston findet sich Attas nicht rechtzeitig umgeladene Reisetasche mit seinem Testament und der Terroristenfibel. »Wenn die Arbeit getan und alles gut verlaufen ist, werden sich alle die Hände reichen und sagen, daß dies eine Aktion im Namen Gottes war«, heißt es darin.[178] In einem auf dem Flughafenparkplatz abgestellten Mietwagen stoßen die Ermittler außerdem auf arabische Flugtrainingsbücher und Papiere, in denen dieselben arabischen Namen auftauchen, die auch in den Passagierlisten verzeichnet sind. Der Rest ist fast ein Kinderspiel. Bereits am Nachmittag des 11. September wissen sie, wer vermutlich die Entführer sind und daß einige davon aus Deutschland kamen.

Minneapolis, Minnesota, gegen 14 Uhr Ortszeit

Special Agent Dave Rapp hat noch am frühen Morgen im Hauptquartier in Washington angerufen und sich nach dem Stand der Dinge im Fall Moussaoui erkundigt. Für den heutigen Tag war verabredet, die Papiere für Moussaouis Abschiebung auf den Weg zu bringen.

Aber wenige Stunden nach den Anschlägen ist alles anders. Statt des Abschiebebescheids bekommt Rapp nun ein Papier, um das er fast vier Wochen lang vergebens gekämpft hat. Die Vorgesetzten im Hauptquartier erteilen dem FBI-Außenbüro in Minneapolis die Erlaubnis, Moussaouis Sachen endlich durchsuchen zu dürfen. Umgehend nehmen sich Rapp und seine Kollegen den Computer und die Notizbücher vor. Zuvor weisen sie noch Kollegen in Oklahoma an, dort die alte Wohnung Moussaouis auf den Kopf zu stellen und dessen Kumpel Hussein al-Attas, den sie zwischenzeitlich hatten laufen lassen, umgehend zu verhaften.

In Moussaouis Apartment in Eagan finden die FBI-Beamten Videos, auf denen die Instrumente im Cockpit einer Boeing gezeigt und erläutert werden. Aber die interessanteste Spur entdecken sie in einem Notizbuch, in das Moussaoui die Telefonnummern und Adressen seiner Kontaktleute und Hintermänner geschrieben hat. Neben zwei Nummern aus den Vereinigten Arabischen Emiraten stehen dort auch eine deutsche Mobilnummer und eine Festnetznummer aus Hamburg. Die FBI-Beamten informieren ihre Kollegen beim Bundeskriminalamt in Deutschland.

In Wiesbaden, dem Hauptsitz des BKA, können die Ermittler mit der Mobilnummer zunächst nichts anfangen. Allerdings haben sie schnell ermittelt, daß die Festnetznummer auf einen gewissen Mohammed Raji in Hamburg angemeldet ist. Raji kommt aus dem Jemen, ist Mitglied der Hamburger Zelle und dem Bundesamt für Verfassungsschutz als Anhänger einer islamistischen Gruppe mit bundesweiten Kontakten bestens bekannt. Außerdem ist Raji Stammgast in den einschlägigen Hamburger Moscheen, vor allem der al-Kuds-Moschee am Hamburger Hauptbahnhof, Treff der Hamburger Zelle. Wenig später schließt sich der Kreis auch für die Ermittler. Ziad Jarrah, der Todespilot des Fluges UA 93, hat Rajis Nummer auf die Rückseite einer Visitenkarte seines Onkels notiert und die Nummer vor den Attentaten angerufen.

Nach einiger Zeit kann das BKA auch den Inhaber der Mobilfunknummer ermitteln, die bei Moussaouis Sachen in Minneapolis gefunden wurde. Es ist Ramzi Binalshibh, der Koordinator der Anschläge, der Moussaoui einen Großteil des Geldes für die Übungsstunden im Flugsimulator hatte zukommen lassen.

In Minneapolis fügen die FBI-Beamten ein Puzzlesteinchen zum anderen. Nachdem sie Moussaouis Sachen auswerten dürfen, geht es schnell voran. Sie arbeiten unter Hochdruck, denn im Hauptquartier befürchtet man neue Anschläge. Obwohl die Zeit drängt, können es sich die FBI-Beamten in Minneapolis jedoch nicht verkneifen, an jede E-Mail, die sie ins Hauptquartier schicken, eine Warnung anzuhängen, die vor den Anschlägen an das Hauptquartier bereits verschickt wurde. Denn immer mehr wächst in ihnen die Wut und die schreckliche Gewißheit, daß sie hier in Minneapolis die Anschläge von New York und Washington vielleicht hätten verhindern können.

Offutt Air Force Base in Nebraska, 11. September 2001

George W. Bush hat gleich nach den Anschlägen seinen Schulbesuch in Florida abgebrochen. Aber aus Sicherheitsgründen wird er nicht nach Washington, sondern auf eine Air Force Base gebracht, die über einen Bunker verfügt. Auf dem Flug dorthin hält Regierungssprecher Ari Fleischer an Bord der *Air Force One* ein erstes Pressebriefing. Der mitreisende Reportertroß will von Fleischer wissen: »Gab es irgendwelche Warnungen, die der Präsident kannte?«

»Nein«, sagt Fleischer wahrheitswidrig. »Keine Warnungen!«

Bush beruft gegen 15.30 Uhr von der Offutt Air Force Base in Nebraska über eine sichere Telefonleitung die erste Sitzung des Nationalen Sicherheitsrates ein. CIA-Direktor Tenet ist ebenfalls zugeschaltet. Mit größter Überzeugung berichtet Tenet, daß Osama Bin Laden hinter den Anschlägen stecke. Diesmal hat Tenet – zur Überraschung vieler – schlagende Beweise. Auf den Passagierlisten für die Maschine AA 77, die sich in das Pentagon gebohrt hat, haben seine Leute die Namen von drei Personen entdeckt, die der CIA längst als Mitglieder der al-Qaida bekannt sind. Neben einem Salim al-Hazmi handelt es sich dabei um dessen Bruder Nawaf al-Hazmi und einen Khalid al-Mihdhar.

Tenet erwähnt nicht ausdrücklich, seit wann die CIA über das Trio Bescheid weiß, geschweige denn, daß in Langley seit mehr als einem Jahr bekannnt ist, daß zumindest zwei der drei Terroristen vor zwanzig Monaten in die USA eingereist waren.

Ohne die Einzelheiten und Hintergründe zu kennen, ist es für jeden Teilnehmer der Sitzung dennoch offenkundig, daß hier im Vorfeld etwas gewaltig vermasselt wurde. Aber es ist nicht der Moment für Schuldzuweisungen. Es gilt, sich vor allem für neue Anschläge zu wappnen. Niemand weiß, was al-Qaida noch alles im Schilde führt. »George, spitz die Ohren«, sagt Bush deshalb zu Tenet.[179] Der Präsident erwartet von seinem DCI, daß die Nachrichtendienste alle nur erdenklichen Quellen anzapfen und mithören.

Tenet will wohl erst gar nicht den Eindruck entstehen lassen, die CIA hätte sich im Vorfeld der Anschläge etwas zuschulden kommen lassen. In seiner für ihn typischen großspurigen Art gibt er Entwarnung für den heutigen Tag. Alle Anschläge hätten vor zehn Uhr stattgefunden, weshalb zumindest für heute keine weiteren zu erwarten seien. Allerdings muß Tenet einräumen, daß man nichts ausschließen könne.

FBI-Direktor Robert Mueller, der erst seit einer Woche im Amt ist, versucht erst gar nicht, sein Nichtwissen groß zu verbergen. Das FBI habe keine Ahnung, wie die Entführer die Flugzeuge in ihre Gewalt bekommen hätten, sagt er.[180] Der gesamte Flugverkehr über den Vereinigten Staaten sei deshalb vorsichtshalber eingestellt worden. Bush jedoch verlangt, daß dieser wiederaufgenommen werde. »Bevor die Flugzeuge wieder starten, müssen wir wissen, wie sie die Sicherheitsvorkehrungen auf den Flughäfen durchbrochen haben«, hält Tenet dem entgegen. Für ihn ist in diesem Augenblick die Debatte über die Flugsicherheit ein willkommener Anlaß, um von den tödlichen Fehlern der CIA abzulenken. »Ich werde mehr Sicherheitsmaßnahmen ankündigen«, sagt Bush. »Aber wir lassen uns nicht zu Geiseln machen. Morgen ab zwölf wird wieder geflogen.«

Langley, Virginia, am Nachmittag des 11. September 2001

In der CIA-Zentrale wird nicht erst zurückgeschaut und über die katastrophalen Fehler sinniert. James L. Pavitt, als *Deputy Director for Operations* zuständig für geheime Nachrichtenbeschaffung und verdeckte Operationen, weiß wohl am besten, was die CIA alles verschuldet. Jetzt gilt es, die Scharte irgendwie auszuwetzen. Er schreibt eine als *Directo-*

rate of Operations Stations and Bases eingestufte Geheimmeldung an seine Mitarbeiter: »Die Vereinigten Staaten sind von entschlossenen und engagierten Feinden angegriffen worden, die bereitwillig ihre Selbstvernichtung hinnehmen, um ihren Terrorauftrag zu erfüllen. Ich erwarte von jedem Posten und jedem Beamten doppeltes Bemühen beim Beschaffen von Nachrichten über diese Tragödie. Das *Counterterrorism Center* ist der Sammelpunkt für alle Informationen zu diesem Thema, und wir rechnen damit, daß ein Großteil der wertvollen Erkenntnisse über die Anschläge und ihre Täter innerhalb der nächsten 48 Stunden eingehen werden.«

Pavitt erwartet von seinen Agenten, daß sie jeder Information und Spur nachgehen, solange sie noch irgendwie heiß ist. Zum Schluß gibt er sich versöhnlich, bittet seine Mitarbeiter, vorsichtig zu sein und ihre Familie in Sicherheit zu bringen.

Vielleicht erinnert sich Pavitt in diesem Augenblick an den Plan Ramzi Yousefs, der schon 1993 einen Anschlag auf das World Trade Center verübt hatte. Zwei Jahre später wollte Yousef mit einer entführten Passagiermaschine die CIA-Zentrale attackieren. Nur seine vorherige Verhaftung hatte damals vermutlich den Plan vereitelt. Möglicherweise war ja die entführte Maschine, die über Pennsylvania abstürzte, auf dem Weg hierher gewesen.

Pavitt beendet sein DOSB mit einer Bitte: »Außerdem ersuche ich Sie alle, mit mir ein stummes Gebet zu sprechen für die Tausende, die heute umgekommen sind, und für ihre Lieben, die jetzt so schrecklich allein sind.«[181]

Washington D. C., 11. September,
gegen 20.30 Uhr Ortszeit

Der Präsident ist zurück im Weißen Haus. In einer siebenminütigen Rede wendet er sich vom *Oval Office* aus an die Nation. »Keiner von uns wird diesen Tag vergessen«, sagt er. »Doch wir werden nicht ruhen, um die Freiheit und alles, was gut und gerecht in der Welt ist, zu verteidigen.« Bush verspricht, die Schuldigen der Anschläge »zu jagen und zu bestrafen«. Washington werde dabei keinen Unterschied machen zwischen den Terroristen und denjenigen, die ihnen Unterschlupf gewähren.

Gegen 21.30 Uhr ruft Bush seine wichtigsten Sicherheitsberater in den Bunker des Weißen Hauses. »Dies ist die Stunde der Selbstverteidigung«, sagt er zu Beginn und wiederholt die entscheidende Passage seiner Rede: »Wir haben beschlossen, jeden zu bestrafen, der Terroristen Unterschlupf gewährt, nicht nur die Täter.«[182]

Es geht um Afghanistan und das Taliban-Regime, das 1996 an die Macht gekommen ist und seitdem auch Osama Bin Laden beherbergt. Allen ist klar, daß die Taliban entmachtet werden müssen, um dadurch auch al-Qaida den Boden zu entziehen. Dies ist nichts anderes als der Clarke-Plan, den Bush nach neunmonatigem Gezerre tags zuvor zum Unterzeichnen auf den Tisch gelegt bekam, ihn aber durch seine Abwesenheit noch gar nicht zur Kenntnis nehmen konnte.

Bush geht es nicht nur um das Schicksal Afghanistans, wo die Taliban seit Jahren ungehindert Menschenrechte mit Füßen treten. Während im New Yorker Ground Zero, wie der Ort der Anschläge nun genannt wird, Polizisten, Feuerwehrleute und Helfer verbissen daran arbeiten, aus den rauchenden Ruinen vielleicht noch Überlebende zu retten, sieht Bush in den Anschlägen bereits eine günstige Gelegenheit, die Welt neu zu ordnen: »Dies ist eine großartige Chance«, sagt er. »Wir müssen es als eine Chance auffassen.«

Wenige Stunden nach den Anschlägen liegen noch keine abschließenden Beweise auf dem Tisch, wer dafür verantwortlich ist. Es ist somit eigentlich nicht möglich, schon jetzt über Vergeltungsschläge nachzudenken oder gar Pläne zu schmieden. Aber Verteidigungsminister Rumsfeld sieht dies anders. Auf einem Blatt Papier hat er sich die Fragen aufgeschrieben, die er mit Bush und den anderen Mitgliedern des sogenannten Kriegskabinetts diskutieren will: Was sind die Ziele? Wie viele Beweise brauchen wir, bevor wir gegen al-Qaida losschlagen? Wie rasch handeln wir?[183]

Bevor man jedoch gegen die Terrororganisation und ihre Unterstützer militärisch vorgehen kann, müssen der Weltöffentlichkeit zuerst Beweise präsentiert werden, daß al-Qaida für die Anschläge verantwortlich ist. Tenet meldet sich zu Wort. Der CIA-Direktor besitzt als einziger Beweise, daß al-Qaida tatsächlich hinter allem steckt. Allerdings sind diese denkbar ungeeignet für eine Veröffentlichung, denn sie belegen zugleich auch das katastrophale Versagen der CIA. Es gilt nun, die Flucht nach vorne anzutreten. »Wir müssen al-Qaida den Unterschlupf nehmen«, so Tenet; »den Taliban sagen, daß wir mit ihnen fertig sind.«[184] Er geht sogar noch einen Schritt weiter und behauptet, die Taliban und al-Qaida seien quasi ein und dasselbe. Allerdings räumt Tenet ein, daß al-Qaida wohl ihr Hauptquartier in Afghanistan habe, aber weltweit, sozusagen auf allen Kontinenten, aktiv sei. »Wir haben ein 60-Länder-Problem«, sagt Tenet, um die Dimension des Unterfangens deutlich zu machen. Bush, der bis zu seiner Präsidentschaft selten über die Landesgrenzen der USA hinausgekommen war, ist davon wenig beeindruckt und hält Tenet entgegen: »Schießen wir sie der Reihe nach ab.«

Spätnachts setzt sich Bush noch an sein Tagebuch. Bereits sein Vater hatte während seiner Präsidentschaft Gedanken und Ereignisse Tag für Tag diszipliniert in einem Tagebuch festgehalten. Auch darin nimmt sich George W. Bush seinen Vater zum Vorbild. In dieser Nacht schreibt er: »Heute fand das Pearl Harbor des 21. Jahrhunderts statt.«[185]

Washington D. C., 12. September 2001

Gegen 8.00 Uhr kommt George Tenet zum täglichen Lagevortrag ins *Oval Office* des Weißen Hauses. Der CIA-Direktor gibt Bush einen Überblick über die vorliegenden Erkenntnisse und versichert ihm, daß für die Anschläge vom Vortag eindeutig Osama Bin Laden und dessen al-Qaida verantwortlich seien. Tenet legt sogar dar, daß die Anschläge »das Ergebnis zweijähriger Planung« waren. Diesmal kann er sich sicher sein, daß seine Prognose stimmt. Schließlich ist es fast zwei Jahre her, daß mit al-Mihdhar und al-Hazmi zwei der insgesamt neunzehn Attentäter in die USA gekommen sind.

Tenet macht also aus der Not eine Tugend und läßt gar nicht erst den Eindruck entstehen, daß die CIA etwas vermasselt habe. Vielmehr ist diese Krise auch seine Chance, denn er kann als jemand auftreten, der schon seit Monaten vor Anschlägen gewarnt hatte und nun, nachdem es passiert ist, binnen vierundzwanzig Stunden knallharte Beweise liefert, wer dahintersteckt.

Eisern hat Tenet den Blick nach vorn gerichtet. Es gilt, dem Präsidenten einen Plan zu präsentieren, wie man gegen al-Qaida vorgeht. Die CIA ist seit der Präsidentschaft von Clinton verstärkt in Afghanistan engagiert, unterstützt die Nordallianz mit Millionen und unterhält Kontakte zu diversen Stammesfürsten im Süden des Landes. Dies kommt Tenet nun zugute. Er erklärt dem Präsidenten, daß seit Monaten an einem Plan für verdeckte Operationen gearbeitet werde. In Kürze werde ein noch detaillierterer Plan zur Genehmigung vorgelegt werden können. Allerdings würde die Operation sehr teuer, sagt Tenet, ohne eine konkrete Summe zu nennen. Der Staatshaushalt aber interessiert Bush in diesem Moment am allerwenigsten. Es sei »egal, was es kostet«, entgegnet er.[186]

Später kommt im Kabinettsraum des Weißen Hauses der Nationale Sicherheitsrat zusammen. Bereits vierundzwanzig Stunden nach den Anschlägen informiert Bush die Mitglieder darüber, daß er in die Offensive gehen will. Mit einem stimmigen Plan, so seine Argumentation, würde es auch möglich sein, den Rest der Welt dazu zu bringen, an der Seite Amerikas zu stehen.

FBI-Direktor Mueller hat andere Sorgen. Er schildert den Stand der Ermittlungen und welche Maßnahmen inzwischen eingeleitet wurden, um die Attentäter zu identifizieren. Mueller macht deutlich, wie wichtig es sei, bei der Spuren- und Beweissicherung mit allergrößter Sorgfalt vorzugehen, damit man später ausreichend Material in der Hand habe, um festgenommene Mittäter problemlos verurteilen zu können.

Aber Mueller wird in seinen Ausführungen durch Justizminister Ashcroft, seinen Dienstherrn, unterbrochen. Diese Art von Diskussion würde nichts bringen, meint dieser. Nach den Anschlägen vom Vortag sei nun die vordringliche Aufgabe der Polizei, weitere Anschläge zu verhindern sowie Mittäter und andere Terroristen zu verhaften. Ob man diese dann vor Gericht bringen könne oder nicht, sei nicht so wichtig, fügt der Justizminister an. Präventivmaßnahmen stellt Ashcroft nun vor Strafverfolgung. Dies ist aus zweierlei Gründen eine bemerkenswerte Äußerung des Justizministers. Zum einen stellt es das Rechtssystem auf den Kopf, wonach die Unschuldsvermutung so lange gilt, bis die Schuld des Verdächtigen bewiesen ist. Mutmaßliche Mittäter oder verdächtige Personen können deshalb nicht ohne Gerichtsverhandlung und Verurteilung willkürlich ins Gefängnis gesteckt werden. Zum anderen war es Ashcroft gewesen, der erst zwei Tage zuvor die Forderung des FBI nach Aufstockung des Budgets für die Bekämpfung des Terrorismus – wozu auch Präventivmaßnahmen gehören – brüsk abgelehnt hatte. Aber nicht nur die Anschläge vom Vortag haben den Justizminister seine Meinung ändern lassen, sondern vor allem auch ein Gespräch mit Bush, der ihm vor der Sitzung des Nationalen Sicherheitsrates unmißverständlich klargemacht hatte, daß sich Anschläge wie auf das World Trade Center und das Pentagon auf keinen Fall wiederholen dürften. Um dies zu verhindern, müsse man sich eben auch von alten Vorstellungen verabschieden, so Bush. Ashcroft hatte sofort kapiert.

In der Sitzung des Nationalen Sicherheitsrates ist es dann nicht nur der Justizminister, der eine völlig neue Richtung der Politik einschlägt. Auch Bush selbst ist offensichtlich wild entschlossen, die Anschläge als Chance zu begreifen

– wie er es bereits am Abend zuvor formuliert hatte – und seiner bislang konturlosen Präsidentschaft einen neuen Stempel aufzudrücken. Bush will Krieg. Er plädiert für Militäraktionen, nicht wissend, ob sich Terroristen vom Schlage eines Osama Bin Laden überhaupt mit herkömmlichen Mitteln bekämpfen lassen. »Ich will, daß etwas passiert«, sagt er vor dem Nationalen Sicherheitsrat.[187]

Gegen elf Uhr dürfen Reporter in den Kabinettsraum. Bush erwartet sie bereits. Er sitzt in einem Sessel und ist entschlossen, die Nation via Presse auf Kriegskurs zu bringen. »Die vorsätzlichen und tödlichen Angriffe, die gestern gegen unser Land geführt wurden, waren nicht bloß Terrorakte. Es waren Kriegshandlungen«, spricht Bush in die Mikrofone. Seine Kriegsgelüste verpackt er in religiöses Pathos. Bush hat nun eine Mission, er will die Welt retten: »Wir werden die Welt aufrütteln. Wir werden geduldig sein, wir werden konzentriert sein, und wir werden unerschütterlich in unserer Entschlossenheit sein. Dies wird ein monumentaler Kampf zwischen Gut und Böse sein. Aber das Gute wird obsiegen.«

Währenddessen läuft die größte Polizeifahndung in der amerikanischen Geschichte. Tausende von FBI-Beamten sind quer durch das ganze Land unterwegs und rekonstruieren binnen Tagen das Leben der Attentäter in den USA. Das ist im nachhinein nicht sonderlich schwierig. Die Terroristen haben sich nämlich alles andere als konspirativ verhalten. Al-Hazmi hatte sogar irgendwann einmal die Polizei gerufen, nachdem er überfallen worden war. FBI-Direktor Robert Mueller formuliert es so: »Ich kann nicht mit Sicherheit sagen, daß es keine Möglichkeiten gegeben hat, Hinweisen nachzugehen, die uns vielleicht frühzeitig zu den Entführern geführt hätten.«

Die Identität der neunzehn Entführer ist schnell gelüftet. Einige Passagiere und Crewmitglieder hatten per Mobiltelefon Beschreibungen sowie die Plätze, auf denen die Entführer gesessen hatten, durchgegeben, so daß anhand der Passagierlisten schnell die Verdächtigen herausfiltert werden konnten.

Zudem hatten ausgerechnet die Passagiere mit arabisch klingenden Namen nur One-Way-Tickets gebucht und bei der Reservierung die gleiche Telefonnummer oder Adresse angegeben.[188] Die Gruppe um al-Mihdhar hatte Beweise im Auto zurückgelassen, anhand derer man sie leicht identifizieren konnte.[189]

Hamburg, 12. September 2001

22.18 Uhr Ortszeit erhält die amerikanische Botschaft in Berlin ein Fax vom FBI: eine Liste mit den Namen der neunzehn Tatverdächtigen. Das sechsseitige Schreiben wird sofort an das Bundeskriminalamt weitergefaxt. »Twin Towers Bombing, Terrorist Attacks of 11. September 2001«, steht auf dem Papier mit dem Aktenzeichen 265D-NY-280350.[190] Außer den Namen von den drei Hamburger Todespiloten sind darauf deren Buchungen, Kreditkartenabrechnungen sowie ihre letzten Adressen in den USA vermerkt. Das FBI hat dies alles innerhalb von dreißig Stunden zusammengetragen. »Wir würden uns über alle Spuren und Informationen freuen, die Sie über die oben aufgeführten Verdächtigen beschaffen können. Wir sind besonders daran interessiert, mehr über die Aktivitäten und die Verbündeten von Mohammed Atta (alias Sayed) und Marwan al-Shehhi in Deutschland zu lernen.«[191]

Vom BKA geht das Fax sofort weiter nach Hamburg. Bereits wenige Minuten später sperrt die Polizei die Marienstraße im Hamburger Stadtteil Harburg.

Viel finden die Ermittler jedoch nicht in der Drei-Zimmer-Wohnung. Atta und Binalshibh haben die Wohnung besenrein hinterlassen. Aber Bahaji wird als einer der Bewohner ermittelt, zumindest war auf ihn der Telefonanschluß zugelassen. Auch seine neue Adresse ist schnell herausgefunden. Bereits eine Stunde später, gegen 0.30 Uhr, stürmen die Beamten ein zweites Haus in Harburg – die Wohnung des Deutsch-Marokkaners Bahaji. Im Scheinwerferlicht der TV-

Kameras wird eine verschleierte Frau mit einem Baby im Arm zu den Einsatzwagen geleitet. Es ist Bahajis Frau und sein sechs Monate alter Sohn Omar. In der Wohnung stoßen die Ermittler auf Unterlagen, die sie auf die Spur weiterer Hintermänner der Verschwörung führen. Erste Pressemeldungen, wonach die Attentäter alte Bekannte der deutschen Verfassungsschutzämter sind, werden eiligst dementiert. Trotzdem macht sich beim Bundesamt für Verfassungsschutz in Köln Nervosität breit. Schließlich hatten sie Bahaji schon vor Jahren zur Grenzfahndung ausgeschrieben, wie auch ein anderes Mitglied der Hamburger Zelle. Beim BfV beginnt man zu ahnen, daß unter ihren Augen zumindest ein Teil des Terroranschlags organisiert und vorbereitet wurde.

Washington D. C., 12. September 2001, gegen 16 Uhr Ortszeit

Der Nationale Sicherheitsrat kommt erneut zusammen. Eine Rede Bushs am Vormittag, in dem er erstmals von »Krieg« gesprochen hatte, wirkt nach. »Krieg ist ein starkes Wort«, kommentiert der demokratische Oppositionsführer im Senat, Thomas A. Daschle, die Rede des Präsidenten.

Aber um die Opposition muß sich Bush nun keine Gedanken machen. Instinktiv weiß er, daß eine Krise immer die Stunde der Regierung ist. Sie kann handeln, und der Opposition bleibt nichts übrig, als zuzusehen und angesichts der Bilder von Ground Zero und dem brennenden Pentagon Solidarität zu bekunden. Keiner weiß um diese Gesetzmäßigkeiten der Politik besser Bescheid als Verteidigungsminister Rumsfeld. Er ist hart gesotten. Angesichts der Bilder der Zerstörung, die Rumsfeld als einer der wenigen im Kabinett nicht nur aus dem Fernsehen kennt, will der konservative Haudegen weltpolitische Fakten schaffen. Er schlägt im Sicherheitsrat vor, nicht nur al-Qaida, sondern auch gleich den Irak anzugreifen – unabhängig davon, ob das Regime in Bagdad etwas mit den Anschlägen zu tun hat oder nicht.[192]

Mit dieser Meinung ist Rumsfeld nicht allein. Sein Stellvertreter Paul D. Wolfowitz plädiert gar für eine Politik, die den Irak zum Hauptziel im Kampf gegen den Terrorismus macht. Diese Sichtweise hat nicht nur ideologische, sondern auch ganz pragmatische Gründe. Direkt nach den Anschlägen hat Rumsfeld von seinen Generälen erfahren, daß im Pentagon keinerlei Pläne für eine militärische Operation gegen die Terroristen der al-Qaida existieren. Die Militärs wissen nicht einmal, wo sie zuschlagen sollen. Anders sieht es mit den Plänen für einen Angriff gegen den Irak und Saddam Hussein aus. Seit Monaten wird im Pentagon an einer solchen Militäroperation gearbeitet. Fast alle im Raum hatten bis vor vierundzwanzig Stunden noch geglaubt, Saddam Hussein sei die größte Bedrohung für die Vereinigten Staaten und mit seinem Militärapparat und seinen Massenvernichtungswaffen weit gefährlicher als Osama Bin Laden.

Noch weiß niemand, wie viele Menschen bei den Anschlägen in New York und Washington ums Leben gekommen sind. Aber Rumsfeld hält dies nicht davon ab, seinen machtpolitischen Gedanken freien Lauf zu lassen. Eiskalt sagt er, daß man die Gelegenheit, die die Anschläge auf das World Trade Center und das Pentagon geliefert hätten, dazu benutzen sollte, den irakischen Diktator endlich direkt anzugreifen.

Langley, Virginia, 12. September 2001

Während sich die Regierungsmitglieder noch über die künftige Vorgehensweise streiten, versendet Pavitt in der CIA-Zentrale eine weitere Geheimnachricht an alle Außenposten und Stützpunkte der CIA. Sie brauchen Resultate: »Es muß etwas passieren: Ihre Ideen«, schreibt Pavitt in die Betreffzeile seiner Depesche. Weltweit würde die CIA nun massiv nach weiteren Terroristen aus dem Umfeld der Täter vom

11. September fahnden, läßt Pavitt seine Außendienstmitarbeiter wissen. »Die CIA ist außerdem dabei, ein beispielloses neues Programm verdeckter Operationen zu entwickeln, mit dem klaren Ziel, die Förderer und Unterstützer des islamischen Terrorismus zu zerstören und auszuschalten.«[193]

Dafür ist Pavitt nahezu jedes Mittel recht. Er erwartet von seinen Mitarbeitern, daß sie sich nicht scheuen, auch mit unkonventionellen Methoden, jenseits rechtlicher Schranken, vorzugehen. Ein Freibrief erster Klasse. »Dieses Programm verdeckter Operationen wird neben klassischer Spionage auch Elemente paramilitärischer, logistischer und psychologischer Kriegführung umfassen«, schreibt Pavitt. Der Zweck heiligt die Mittel – Pavitt hat schließlich nichts zu verlieren. Der Fünfundfünfzigjährige steht mit dem Rücken zur Wand. Letztlich waren es Jungs aus seiner Abteilung, die die Geschichte in Kuala Lumpur verbockt haben.

Washington D. C., 13. September 2001

Gegen 9.30 Uhr kommt der Nationale Sicherheitsrat wieder im Lageraum des Westflügels im Weißen Haus zusammen. George Tenet legt ein Konzept vor. Mit allem, was die CIA zu bieten hat, will Tenet in Afghanistan aktiv werden. Dies sieht sowohl sämtliche nachrichtendienstliche Mittel wie den Einsatz modernster Technologie, paramilitärischer Truppen und klassischer Aufklärungstrupps vor als auch die Unterstützung der afghanischen Oppositionskräfte, allen voran der Nordallianz. Die Finanzierung der Guerillatruppe mit ihren rund zwanzigtausend Kämpfern erachtet Tenet als vordringlich, wobei er zwei wesentliche Probleme nicht verschweigt: Zum einen ist die Nordallianz kein monolithischer Block, sondern setzt sich aus mehreren, teils zerstrittenen Gruppen zusammen. Zum anderen ist die Nordallianz seit dem Mord an Ahmed Massoud zersplitterter denn je. Viel

Arbeit also für die CIA, mit Geld und Geschick die Truppen der Opposition in Afghanistan auf eine Linie zu bringen. Aber neben der CIA mit ihren verdeckten Operationen sollen Tenets Vorstellung nach auch US-Truppen und Special Forces ins Gefecht geschickt werden.

Die Darstellung der Details überläßt Tenet einem anderen. Dafür hat er Cofer Black mitgebracht, den Chef des *Counterterrorism Center.*

Selbstsicher tritt Black vor den Präsidenten und den Nationalen Sicherheitsrat. Er wendet sich mit seinen Ausführungen über einen Angriffsplan auf Afghanistan direkt an George W. Bush: »Mr. President, wir können das meiner Meinung nach ganz ohne Zweifel schaffen. Wir machen es so, wie wir es geplant haben, wir richten es so ein, daß es für die US-Streitkräfte ein Kinderspiel sein wird.«[194] Die CIA bereitet demnach alles vor Ort vor, und das Militär erledigt den Rest. Mit einer Power-Point-Präsentation veranschaulicht Black seine Ausführungen. Immer wieder sucht er dabei den direkten Kontakt zu Bush. »Es muß Ihnen aber klar sein, daß Leute sterben werden. Und das schlimmste daran ist, Mr. President, daß Amerikaner sterben werden, meine Kollegen und Freunde. Um also nicht mißverstanden zu werden: Dies wird keine unblutige Angelegenheit sein.«

»So ist das nun mal im Krieg«, entgegnet Bush.

Er ist beeindruckt. Black spricht seine Sprache. Zudem strahlt der CIA-Mann jenen Optimismus und die Entschlossenheit aus, die Bush angesichts der Fernsehbilder von der rauchenden Ruine des World Trade Center dringend nötig hat. Zwar hat er selbst stets Entschlossenheit demonstriert und via Fernsehen angekündigt, die Terroristen zu besiegen, doch nun steht ein führender CIA-Mann vor ihm, der ihm erklärt, daß dies alles zu bewerkstelligen sei.

Black zieht eine One-Man-Show ab. Als er beschreibt, wie man Truppen am Boden absetzen könnte, springt er vom Stuhl auf und wirft Papier auf den Boden.

»Geben Sie uns den Auftrag«, sagt Black. »Wir kriegen sie.«

Auf eine derbe und zynische Art läßt Black durchblicken, daß man dabei keine großen Skrupel haben dürfe. Natürlich wolle er ebenfalls möglichst viele al-Qaida-Terroristen verhaften und vor ein ordentliches Gericht stellen, versichert er. Allerdings habe er gehört, daß sich al-Qaida-Terroristen nicht festnehmen ließen, weil sie vorher lieber eine Handgranate zündeten. Deshalb rät Black, es erst gar nicht zu versuchen, sondern sie gleich zu töten.

Black weiß, was der Präsident hören will. Bush selbst sprach erst kurz zuvor davon, die Terroristen in ihren afghanischen Höhlen ausräuchern zu wollen. Dies greift Black geschickt auf: »Wir jagen sie heraus.«

»Wie lange wird es dauern?« fragt Bush. Black zögert nicht eine Sekunde und sagt zutiefst überzeugt, daß die ganze Angelegenheit in einer Woche erledigt sei. Mit dieser Meinung ist er allerdings allein im Raum. Niemand, nicht einmal Tenet, glaubt daran, daß dies möglich sei. »Wenn wir mit ihnen fertig sind, werden Fliegen auf ihren Augäpfeln spazierengehen«, tönt Cofer Black in die Runde. Seine markigen Worte hinterlassen Eindruck bei den Mitgliedern des Nationalen Sicherheitsrates. Die Bush-Leute nennen den CIA-Mann fortan nur noch den »Fliegen-auf-den-Augäpfeln-Kerl«.

Aber auch außerhalb des Sicherheitsrates wird an diesem Tag richtungsweisende Politik gemacht. Besonders im Pentagon, wo Paul Wolfowitz, Stellvertreter des Verteidigungsministers, die Pressekonferenz leitet: »Es geht nicht nur darum, Leute gefangenzunehmen und zur Verantwortung zu ziehen. Es geht darum, die Zufluchtsorte zu beseitigen, die Unterstützungssysteme zu beseitigen, Staaten, die den Terrorismus fördern, ein Ende zu machen«, spricht Wolfowitz vor der internationalen Presse mit seinem typischen Lächeln auf den Lippen. »Es wird keine Einzelaktion sein, sondern ein Feldzug. Und wir werden hinter diesen Leuten und den Leuten, die sie unterstützen, so lange her sein, bis es aufhört.« Wolfowitz erwähnt den Irak zwar nicht explizit, jeder im Presseraum des Pentagon weiß jedoch, daß er dabei besonders an das Regime in Bagdad denkt.

Wolfowitz gilt in Washington, je nach Standpunkt des Betrachters, als »Superfalke« oder »intellektueller Ideologe« und »Rumsfelds Alter ego«. Der Achtundfünfzigjährige ist schon lange im Geschäft. Bereits 1973 begann sein Aufstieg zur grauen Eminenz. Seit der Nixon-Ära hat Wolfowitz für sämtliche republikanische US-Regierungen gearbeitet. Zuletzt, während der Präsidentschaft von Bush senior, hatte er ebenfalls einen führenden Posten im Pentagon inne. Damals war Cheney, der heutige Vizepräsident, Verteidigungsminister gewesen.

Außenminister Powell versucht, nach der Medienoffensive von Wolfowitz das Feuer zu löschen, und gibt schnell bekannt: »Dem Terrorismus ein Ende machen, dabei würde ich es belassen. Mr. Wolfowitz spricht seine persönliche Meinung aus.« Powell kommt die öffentliche Irak-Diskussion ungelegen. Er versucht gerade, eine internationale Koalition für den Kampf gegen den Terrorismus zu schmieden, und möglichen Kriegspartnern läßt sich nur schwer erklären, was Saddam Hussein mit den Anschlägen in New York und Washington zu tun haben soll.

Justizminister Ashcroft, bekannt als bigotter Christ, wird derweil von Reportern bei einer dreisten Lüge erwischt. Es geht um die Frage, wer nun genau hinter den Anschlägen stecke. Mittlerweile wird relativ offen Osama Bin Laden als der Hauptschuldige genannt. »Wir werden der Sache auf den Grund gehen«, sagt Ashcroft zum Pressecorps im Weißen Haus. »Aber wir müssen auch deutlich machen, daß wir bereits in der Vergangenheit dem Kampf gegen den Terrorismus allerhöchste Priorität eingeräumt hatten.«[195] Kein Wort davon, daß er erst einen Tag vor den Anschlägen eine Forderung des FBI abgelehnt hat, die bereits vor Monaten um mehr Geld für Personal im Bereich Terrorismusbekämpfung bat.

Camp David, 15. September 2001

Der Nationale Sicherheitsrat kommt auf dem Landsitz des amerikanischen Präsidenten zusammen. Das Thema Irak steht wieder zur Debatte. Seit der Amtsübernahme hat Bush sich immer für die Idee interessiert, wie man Saddam Hussein schwächen oder gar stürzen könnte. Als Sicherheitsberater Clarke ihn gleich am Anfang seiner Präsidentschaft über die Gefährlichkeit Osama Bin Ladens unterrichten wollte, wiegelte Bush ihn mit den Worten ab, er solle ihm lieber etwas über Saddam Hussein erzählen.

Die Bush-Regierung, allen voran Wolfowitz, hatte von Anfang an Pläne gehegt, das Problem Irak ein für allemal zu lösen. Wolfowitz etwa wollte die Opposition im Irak stärken, während Außenminister Powell nach Unterstützern für neue Sanktionen gegen das Regime in Bagdad suchte. Aber bei allem Dissens eint sie die Furcht, Saddam Hussein lasse nach dem Rauswurf der UN-Waffeninspektoren seine Wissenschaftler weiter an der Entwicklung von Massenvernichtungswaffen arbeiten. Bislang haben sie jedoch nicht die geringsten Beweise für diese These, was es ungemein erschwert, Sanktionen oder gar eine militärische Lösung politisch durchzusetzen.

Seit sechs Tagen sieht dies plötzlich anders aus. Die Terroranschläge vom 11. September bieten den idealen Vorwand, um auch gegen Hussein ins Feld zu ziehen. Wolfowitz will diesen Umstand nutzen. In Camp David malt er das Schreckgespenst an die Wand, amerikanische Truppen könnten sich in Afghanistan wie einst die Sowjetarmee verzetteln. Der Irak hingegen, so seine Argumentation, sei leichter zu Fall zu bringen.[196] Anlässe für einen Angriff sieht Wolfowitz genügend. Ohne irgendwelche Belege oder zumindest Hinweise vorlegen zu können, taxiert er die Wahrscheinlichkeit, daß Saddam Hussein an den Anschlägen vor sechs Tagen beteiligt gewesen ist, mit zehn bis fünfzig Prozent.

Powell macht deutlich, daß diese Politik der Weltöffentlichkeit nicht zu verkaufen sei. Der Außenminister fürchtet, daß Bush auf »Wolfie«, wie er den Vize-Verteidigungsminister nennt, hören könnte. »Wenn wir den Irak nicht vor dem 11. September angegriffen haben, warum sollten wir ihn jetzt angreifen, wo sich die Wogen der Empörung nicht gegen den Irak richten?« fragt er.[197] »Die gehen uns nicht verloren.« Powell appelliert an Bush, den Bruch der soeben geschmiedeten Koalition nicht leichtfertig zu riskieren. Ein Angriff gegen den Irak würde unweigerlich dazu führen. »Sie werden sich angeschmiert vorkommen – es ist nicht das, was sie unterschrieben haben. Halten Sie sich die Irak-Option offen für den Fall, daß Sie irgendwelche Beweise für Zusammenhänge kriegen.« Selbst Vizepräsident Cheney, ein enger Weggefährte von Wolfowitz, sagt nun: »Im Moment stehen wir als die Guten da, aber wenn wir Saddam Hussein angreifen, ist es damit vorbei.«[198]

Erst zwei Tage später wird Präsident Bush die Diskussion um den Irak beenden: »Ich glaube, daß der Irak beteiligt war, aber ich werde jetzt nicht angreifen lassen. Mir fehlen im Moment die Beweise«, sagt er am 17. September bei der Sitzung des Nationalen Sicherheitsrates im Kabinettzimmer des Weißen Hauses.[199]

Aber der Irak ist bei dem Treffen auf Camp David nicht das einzige Thema. Es geht auch um einen Militärschlag gegen die Taliban sowie vor allem gegen al-Qaida. Um darüber zu beraten, nimmt das Kabinett am großen Tisch des Sommersitzes Platz. Alle sind zwanglos gekleidet. Bush trägt ein blaues Hemd und darüber eine grüne Bomberjacke. Für die Fotografen, die einen kurzen Moment herein dürfen, präsentiert sich der Präsident gern im Gewand des Kriegers.

Die Sitzung beginnt mit einem Gebet. Danach folgt ein Routinebericht des Außenministers Powell. Schließlich ist Tenet an der Reihe. Der CIA-Direktor hat seinen Stellvertreter John E. McLaughlin mitgebracht sowie Cofer Black und eine dicke Aktentasche mit Geheimdokumenten und Plänen zum Thema Osama Bin Laden und al-Qaida. Er verteilt an die Anwesenden eine Informationsmappe mit dem Titel »Going to War«. Das Cover der Mappe ziert ein rot umkreistes Foto von Osama Bin Laden, über dessen Gesicht ein roter Querbalken gezogen ist. Die Aussage ist deutlich: Stoppt Osama Bin Laden!

Tenet referiert darüber, wie man al-Qaida und die Taliban am besten besiegen könnte. Im Prinzip ist es der modifizierte Clarke-Plan, den Tenet als großen Wurf der CIA präsentiert. Aber das Copyright spielt in dieser Stunde keine Rolle. Dem CIA-Direktor gelingt es, den Eindruck zu erwecken, sein Nachrichtendienst habe innerhalb von nur sechs Tagen nach dem schlimmsten Terroranschlag in der Geschichte der Vereinigten Staaten einen ausgeklügelten Plan erarbeitet. Bush jedenfalls ist so begeistert, daß er sein Lob für Tenet lauthals äußert: »Tolle Arbeit!«[200]

Die positive Grundstimmung weiß Tenet zu nutzen. Offensichtlich treibt ihn die Sorge, daß die Fehler der CIA im Vorfeld der Anschläge alsbald bekannt werden könnten. Denn er verweist darauf, daß mit einem »Schwarze-Peter-Spiel«, wie er es nennt, durchaus zu rechnen sei. Dabei geht er äußerst geschickt vor. Er spricht das Problem so an, als beträfe es nur mögliche Fehler in der Zukunft. Wenn etwas bei den anstehenden Operationen schiefgehe, sagt er zu Bush, würde man mit Fingern auf die Verantwortlichen zeigen. Zudem wäre mit Untersuchungen zu rechnen. Tenet nennt als Beispiel den Überfall auf Pearl Harbor, der in den vergangenen Tagen in den Medien immer wieder als Vergleich mit den Anschlägen vom 11. September bemüht worden war, um das Ausmaß der Zerstörung und die Bedeutung des Anschlages deutlich zu machen. Schließlich waren die Anschläge die ersten Attacken auf amerikanischem Boden seit Pearl Harbor. Bereits bei Pearl Harbor habe es Diskussionen bis hin zu Verschwörungstheorien gegeben, sagt Tenet, wer denn die Verantwortung für dieses Desaster trage. Es sei schon damals darum gegangen, einen Sündenbock zu finden.

Nun könnte es wieder ähnlich kommen, deutet er an, wobei die CIA grundlos als Sündenbock herhalten könnte. Tenet empört sich darüber schon im voraus und bricht eine Lanze für seine Mitarbeiter. »Die Leute schuften sich ab«, sagt er in die Runde. »Sie haben Tausende von Menschenleben gerettet.«[201] Im Beisein von Cofer Black, der letztlich mit ihm zusammen für die tödlichen Fehler verantwortlich ist, betont Tenet, wie wichtig es sei, diese Mitarbeiter nicht allein zu lassen. Schließlich wendet er sich direkt an den Präsidenten: »Die Männer und Frauen, die die Arbeit machen, müssen wissen, daß Sie, Mr. President, an sie glauben.«

Washington D. C., 16. September 2001

Der Verlauf der gestrigen Sitzung auf Camp David macht Tenet Mut. In seinem Privathaus in den Randbezirken von Washington setzt er sich an den Schreibtisch und verfaßt eine Botschaft für seine Beratermannschaft in Langley. »Wir sind im Krieg«, übertitelt er das Papier.[202] Der Krieg gegen al-Qaida finde an allen Fronten statt. »Der Erfolg darf nicht an bürokratischen Hindernissen scheitern. Alle Regeln haben sich geändert. Alle Informationen, Ideen und Fähigkeiten müssen unbedingt und uneingeschränkt untereinander ausgetauscht werden. Wir haben keine Zeit, Sitzungen abzuhalten oder Probleme zu beheben – behebt sie selbst rasch und intelligent.«

Tenet traut offensichtlich der im Nationalen Sicherheitsrat propagierten Einheit nicht. Irgendwann werden die Fehler der CIA auf den Tisch kommen, spätestens wenn andere dafür zur Verantwortung gezogen werden. Dann wird das Hauen und Stechen losgehen, jeder wird in Deckung gehen und versuchen, seinen Kopf zu retten. Aber wenn möglich, will es Tenet gar nicht so weit kommen lassen, und er empfiehlt seinem Mitarbeiterstab vorzubauen: Falls es Probleme mit anderen Stellen, dem Militär oder den Polizeibehörden, gebe, müßten sie »jetzt gelöst« werden, schreibt er.[203]

Eindringlich appelliert er an seine Mitarbeiter: »Wir alle müssen mit Leidenschaft und Schwung an die Sache gehen, aber nicht atemlos. Wir müssen kühlen Kopf bewahren. Gemeinsam werden wir diesen Krieg gewinnen und den Präsidenten und das amerikanische Volk mit Stolz erfüllen. Wir werden diesen Krieg gewinnen im Namen unserer gefallenen und verwundeten Brüder und Schwestern in New York und Washington und ihrer Angehörigen.«

Tenet ist bislang der große Gewinner des Ganzen. Seit den Anschlägen sind er und die CIA gefragt wie selten zuvor. Am nächsten Tag erteilt ihm sogar der Präsident per Erlaß völlig freie Hand. Seit der Präsidentschaft von Ford war es den amerikanischen Geheimdiensten strengstens untersagt, Killerkommandos einzusetzen. Die CIA hatte damals von ihrem Recht, unbequeme Gegner mit Gewalt aus dem Weg zu räumen, ein paarmal zu oft Gebrauch gemacht. Nachdem durchgesickert war, daß die CIA bei dem einen oder anderen Mordanschlag und blutigen Putsch die Finger im Spiel gehabt hatte, war Ford nichts anderes übriggeblieben, als ein entsprechendes Verbot zu erlassen. Bush hebt dieses Verbot jedoch am 17. September 2001 wieder auf. Auf die entsprechende Frage eines Journalisten antwortet er: »Im Westen gab es früher, soweit ich mich erinnere, ein Plakat, auf dem stand ›Gesucht, tot oder lebendig‹.«

New York, 21. September 2001

Aus den Trümmern des World Trade Center wird die Leiche von John O'Neill geborgen. Seinen hochdotierten Job als Sicherheitschef des WTC hatte der frühere Terroristenjäger des FBI gerade neunzehn Tage ausgeübt. Als er eine Woche später beigesetzt wird, kommen mehr als tausend Trauergäste nach St. Nicholas, darunter auch etliche CIA-Leute und Mitarbeiter ausländischer Nachrichtendienste und Polizeibehörden. Aber vor allem FBI-Beamte kommen zu der Trauerfeier, einschließlich der Führungsspitze der Bundespolizei sowie des erst im Juni in Pension gegangenen FBI-Direktors Louis Freeh.

Richard Clarke ist ebenfalls zur Trauerfeier erschienen. Der Sonderberater des Präsidenten in Sachen Terrorismus hat sich bislang mit den Anschlägen nur unter professionellen Gesichtspunkten auseinandergesetzt. Da war kein Platz für persönliche Gefühle wie Wut, Trauer oder Ohnmacht. Aber als der Sarg mit dem Leichnam von O'Neill an ihm vorbeigetragen wird, bekommt der Terroranschlag eine persönliche Dimension. Clarke bricht in Tränen aus.

Der Tod seines Freundes ist auch die Konsequenz seiner jahrelangen, letztlich vergeblichen Bemühungen, seine Vorgesetzten im Weißen Haus von der Gefährlichkeit Bin Ladens und dessen Terrornetzwerkes zu überzeugen. Schon während der Regierungszeit Clintons stieß Clarke damit weitgehend auf taube Ohren. Und seit Beginn der Amtszeit von Bush war es ihm noch weniger gelungen, die Verantwortlichen für das Thema zu sensibilisieren. Daß sein Plan nach monatelangem Hinhalten dann ausgerechnet einen Tag vor den Anschlägen dem Präsidenten zur Unterzeichnung vorgelegt werden sollte, muß Clarke wie Hohn erscheinen. Er legt sein Amt als Hauptverantwortlicher für das Thema Terrorismus nieder und widmet sich zunächst im NSC dem Bereich Cyberterrorismus, um dann alsbald dem Weißen Haus ganz den Rücken zuzukehren, ausgestattet mit einem Beratervertrag des Fernsehsenders *ABC*.

Minneapolis, Minnesota, 21. Mai 2002

Die Befürchtungen Tenets scheinen sich zu bestätigen. Die unangenehme Wahrheit über die Versäumnisse und Fehler der Behörden vor dem 11. September kommt langsam ans Licht. Aber zu seiner Erleichterung trifft es nicht die CIA.

Statt dessen wird das FBI öffentlich an den Pranger gestellt, und zwar von jemandem aus den eigenen Reihen.

Coleen Rowley, die FBI-Juristin aus Minneapolis, kann es nicht mehr ertragen, wie US-Behörden ihr Versagen vertuschen. Sie setzt sich deshalb an ihren Computer und listet in einem dreizehnseitigen Brief an den FBI-Direktor Mueller noch einmal alle Fehler und Versäumnisse auf, von denen sie weiß. Ihre FBI-Kollegen in Minneapolis waren durch den Anruf einer Flugschule einst auf Zacarias Moussaoui aufmerksam geworden und hatten sich dann wochenlang mit ignoranten Vorgesetzten im Hauptquartier in Washington herumschlagen müssen, die ihnen untersagten, Laptop und Notizen des Terroristen zu inspizieren. Wie sich nach den Anschlägen vom 11. September schnell herausstellte, wären sie über die Aufzeichnungen von Moussaoui vielleicht noch rechtzeitig der Verschwörung auf die Spur gekommen.

»Ich bin tief betroffen darüber«, schreibt Rowley an Mueller, »daß Sie und andere auf der höchsten Ebene des FBI-Managements auf heikle und filigrane Weise die Fakten verdunkelt und falsch dargestellt haben und damit fortfahren.« Die Agentin bringt ihr Dossier persönlich nach Washington und übergibt zwei Kopien dem Justizausschuß des Senats, zuständig für die Angelegenheiten des FBI. Zwei Wochen später ziert ein Faksimile ihres Briefes die Titelseite von *Time* unter der Schlagzeile »Das Bomben-Memo«. Das FBI steht am Pranger.

Die Veröffentlichung kommt für die Verantwortlichen in Washington zu einem denkbar ungünstigen Zeitpunkt. Ein Untersuchungsausschuß, zusammengesetzt aus Senatoren und Mitgliedern des Repräsentantenhauses, war schon kurz zuvor einberufen worden, um zu untersuchen, ob den Polizeibehörden und Geheimdiensten im Vorfeld des 11. September Fehler unterlaufen waren. Aber die Vorbereitungen für den Ausschuß zogen sich seit Monaten hin. Die Mitglieder mußten sich durch eine Fülle von Materialien arbeiten. Immer wieder wurden die Termine für den Beginn der öffentlichen Sitzungen verschoben, meist unter fadenscheinigen Vorwänden. In der Öffentlichkeit sollte gar nicht erst der Eindruck entstehen, daß es viel zu erfahren gebe. Das Weiße Haus wiegelte ab, genauso CIA und FBI. Doch plötzlich steht Coleen Rowley im Rampenlicht, ihr Memo bringt den Stein ins Rollen. Für die FBI-Juristin ist dies eine ungewohnte wie auch gefährliche Situation. Sie riskiert den Ruf, eine Nestbeschmutzerin zu sein. Damit läßt sich in einer Polizeibehörde, in der Loyalität und Korpsgeist über alles gehen, schlecht leben.

Seit einundzwanzig Jahren ist Rowley beim FBI. Bereits als Teenager hatte sie zur Polizei gewollt und sich erkundigt, was sie dafür tun müsse. Das FBI ist für sie wie eine Familie. Während der Ausbildung an der FBI-Akademie lernte sie ihren Mann kennen, wurde schwanger und schaffte es trotzdem, ihre Karriere fortzuführen. Aber bei aller Liebe zum FBI muß sie mit ansehen, wie die Polizeibehörde an der eigenen Bürokratie erstickt: Zu viel Papierkram, zu wenig Kommunikation, ein kastenartiges Denken – so darf man sich jeweils nur an den direkten Vorgesetzten wenden, ist Hierarchie wichtiger als der Ermittlungserfolg. Wozu diese Mißstände führen, wurde ihr am 11. September von neunzehn Terroristen deutlich gemacht.

Eine ganze Nacht schreibt sie an ihrem Memo. Erst als dieses fertig ist, bemerkt sie die Brisanz ihres Briefes. Sie ist die Brotverdienerin in ihrer Familie, also beschließt sie, sich abzusichern, und beantragt in dem Schreiben an FBI-Direktor Mueller, in das »Whistleblower-Programm« aufgenommen zu werden, das Angestellte von Regierungsbehörden schützt, die gegen ihre eigenen Kollegen aussagen und so Mißstände aufdecken.

Washington D. C., 6. Juni 2001

Zwei Wochen nach der Veröffentlichung ihres Memos muß Rowley in Washington vor dem Justizausschuß aussagen. Als sie mit dem Taxi am Capitol vorfährt, erwarten sie bereits

Hunderte von Fotografen und Kamerateams. Rowley wiederholt unbeeindruckt ihre Vorwürfe vor dem Ausschuß. Die Senatoren und Abgeordneten bedanken sich bei Rowley für ihren Mut. Doch die Spindoctors der Bush-Regierung wollen der FBI-Anwältin an diesem Tag auf keinen Fall allein die Bühne in Washington überlassen: Am Abend von Rowleys Aussage in Washington verkündet Bush die Gründung des Homeland-Security-Ministeriums und verdrängt so Rowley als Topmeldung.

Trotzdem hat das FBI fortan eine schlechte Presse. Die Bundespolizei will jedoch nicht allein für das geradestehen, was ihr die CIA eingebrockt hat. Schließlich war den Kollegen von der Konkurrenz der entscheidende Fehler unterlaufen, weil man zwanzig Monate lang die Erkenntnisse über al-Hazmi und al-Mihdhar nicht weitergegeben hatte. Diese Information wird dem Nachrichtenmagazin *Newsweek* zugespielt, das einen FBI-Mann anonym zitiert: »Keine Frage, hätten wir die Informationen rechtzeitig bekommen, hätten wir bald alle neunzehn Flugzeugentführer im Sack gehabt.« Die Schlammschlacht der Spione und Polizeiagenten ist damit eröffnet. Der Streit zwischen CIA und FBI eskaliert. Es wird mit Ausflüchten und Unwahrheiten gearbeitet. Die CIA holt zum Gegenschlag aus und behauptet einfach, sie hätte das FBI über al-Mihdhar und die Malaysia-Aktion informiert. Der quotenstarke Nachrichtensender *Fow News* zitiert einen hochrangigen CIA-Agenten, ebenfalls anonym, wonach das FBI bereits im Januar 2000 die Informationen über die beiden Terroristen vom CIA erhalten habe. Immer mehr Menschen fragen sich: Haben CIA und FBI katastrophal versagt? Der bereits eingerichtete Untersuchungsausschuß aus Mitgliedern des Senats und des Abgeordnetenhauses solle endlich seine Arbeit aufnehmen und diesen Fragen auf den Grund gehen, wird nun vehement gefordert.

Der Streit zwischen CIA und FBI nimmt bald Dimensionen an, die auch für das Weiße Haus gefährlich werden. Der

Präsident selbst schreitet deshalb ein und ruft John McLaughlin, Tenets Stellvertreter, und Robert Mueller zu sich.[204] Nach dem Treffen mit beiden Geheimdienstdirektoren verkündet der Präsident der Vereinigten Staaten von Amerika öffentlich: »Ich habe bis heute keinen Hinweis gesehen, der darauf hindeutet, daß dieses Land vor den Anschlägen hätte bewahrt werden können.«

Epilog

Washington D. C., 17. Oktober 2002

Carl Levin ist 68 Jahre alt, verheiratet, hat drei Töchter und drei Enkelkinder. Wenn der demokratische Senator aus Detroit über den Rand seiner Lesebrille blickt, hat er etwas von einem gutmütigen Großvater. Von dem 20 Jahre jüngeren George Tenet will er wissen, warum die CIA das FBI nicht über die Einreise von al-Mihdhar und al-Hazmi in die USA informierte, obwohl sie wußte, daß es sich bei den beiden um gefährliche Terroristen und al-Qaida-Mitglieder handelte. Tenet nickt mit dem Kopf, als wolle er damit zeigen, daß er durchaus Verständnis für diese Frage habe, macht jedoch zugleich mit überlegener Miene deutlich, daß es dafür eine ganz einfache Erklärung gebe: »Daß die Namen nicht auf die Fahndungsliste kamen, hat nach unseren hausinternen Untersuchungen damit zu tun, daß meine Mitarbeiter keine einheitlichen Vorgaben hatten, wie sie sich in so einem Fall zu verhalten hatten. Sie waren dafür einfach schlecht ausgebildet, und wir hatten nicht ...«

»So viele Gründe für diesen einen Fehler?« fällt ihm Levin ins Wort.

»Yes, Sir«, sagt Tenet und wiederholt stereotyp seine Erklärung.

»Kennen Sie die Leute, die dafür verantwortlich waren, daß Namen von verdächtigen Personen auf die Fahndungsliste gesetzt werden?« will Levin wissen. Sein Tonfall hat nun nichts Verständnisvolles mehr.

»Wir wissen, wer in diesem Bereich arbeitet«, sagt Tenet.

»Meine Frage ist, ob Sie den Namen der Person oder die Namen der Personen kennen, die dafür verantwortlich sind, Namen von Verdächtigen auf die Fahndungsliste zu setzen? Das ist meine Frage.«

»Yes, Sir«, sagt Tenet. »Ich denke, ich kenne die Namen.«

»Na also«, sagt Levin und gibt nun wieder den Großvater.

Die Befragung Tenets ist Teil der öffentlichen Anhörungen vor dem Untersuchungsausschuß, der seit Monaten der Frage nachgeht, ob CIA und FBI die Anschläge vom 11. September hätten verhindern können. Aber die Arbeit des Ausschusses, dem Senatoren wie auch Abgeordnete angehören, sei fortwährend von der Bush-Administration torpediert worden, wie der republikanische Senator Richard C. Shelby, Vizevorsitzender des Ausschusses, sagt. Die Regierung weigere sich, darüber zu informieren, welche Erkenntnisse die Geheimdienste vor den Terroranschlägen an US-Präsident Bush weitergaben. »Ich bin mir sicher, wir haben bei unseren Befragungen bislang nur an der Oberfläche gekratzt«, sagt Shelby. »Und ich bin mir sicher, daß da noch die eine oder andere Bombe hochgehen wird.«

Aber als erste Informationen über Fehler und Versäumnisse der CIA und des FBI an die Medien gelangen, werden Ausschußmitglieder verdächtigt. »Der Präsident ist tief besorgt über diese undichte Stelle«, sagt Regierungssprecher Ari Fleischer bei einer Pressekonferenz im Weißen Haus. Das FBI leitet Ermittlungen wegen Geheimnisverrates ein und fragt die Senatoren und Abgeordneten, die eigentlich Immunität genießen, ob sie bereit wären, sich einem Lügendetektortest zu unterziehen. Es sind nicht wenige, die die CIA im Verdacht haben, die Informationen selbst gestreut zu haben, damit die Regierung eine Handhabe hat, dem Ausschuß Geheimdokumente vorzuenthalten, die weitere, vermutlich noch katastrophalere Fehler der US-Geheimdienste belegen.

Die öffentlichen Anhörungen vor dem Ausschuß haben bereits im September 2002 begonnen. Zu Wort kommen auch Angehörige der Opfer vom 11. September. 1300 von ihnen haben sich zu einer Interessengemeinschaft zusammengeschlossen. Ihr Sprecher ist Stephen Push, der seine Frau verloren hat. Sie saß in dem Flugzeug, das die Terrorgruppe von al-Mihdhar ins Pentagon steuerte. »Wenn die Geheimdienste ihren Job getan hätten«, sagt Push vor dem Ausschuß, »würde meine Frau heute noch leben.«

Danach treten FBI- und CIA-Agenten vor den Ausschuß. Ihnen wurde Anonymität zugesagt. Eine spanische Wand schützt sie deshalb vor den Augen des Publikums. Dort sitzen viele Angehörige von Opfern und halten stumm Erinnerungsfotos hoch. Als einige Agenten gestehen, wie sie von ihren Vorgesetzten davon abgehalten wurden zu ermitteln, wird es der Witwe eines Feuerwehrmannes, der im World Trade Center umkam, zuviel. »Diese Leute haben sich eines Dienstvergehens schuldig gemacht«, klagt Sally Regenhard. »Sie sollen vor Gericht gestellt werden. Sie sind zumindest teilweise verantwortlich für den Tod von 3000 Menschen.«[205]

So weit geht Eleanor Hill in ihrem ersten Zwischenbericht nicht. Aber was die Chefermittlerin des Ausschusses in mühevoller Kleinarbeit zusammengetragen hat, erschüttert Amerika. Dabei wurde der Staatsanwältin der Zugang zu den Datenbanken der CIA oder eines der vielen anderen amerikanischen Nachrichtendienste verwehrt. Sie war davon abhängig, was ihr die Geheimdienste freiwillig zur Verfügung stellten. Nach längerem Hin und Her waren dies schließlich mehr als 400000 Seiten Papier, wovon jedoch alle relevanten Informationen als »streng geheim« eingestuft wurden. Trotz dieser Hürden gelingt es Eleanor Hill in ihrem Zwischenbericht deutlich zu machen, wie inkompetent und teils verantwortungslos bei FBI und CIA zumindest vor dem 11. September gearbeitet wurde.

Für den republikanischen Senator Shelby darf dies nicht ohne Konsequenzen bleiben. Er fordert öffentlich den Kopf des CIA-Direktors. »Tenet ist der schlechteste CIA-Direktor, den es je gab«, sagt Shelby in einem Fernsehinterview. Sein demokratischer Kollege Carl Levin versucht im Ausschuß die Frage nach Konsequenzen zu klären: »Letzte Frage! Direktor Tenet, wie viele Leute wurden für diese Fehler zur Verantwortung gezogen?«

»Ich habe bislang niemanden zur Verantwortung gezogen, Sir«, sagt Tenet.

»Ich denke aber, daß Menschen, die in ihrem Verantwortungsbereich Fehler gemacht haben, dafür zur Verantwortung gezogen werden müssen. (...) Damit will ich es vorerst bewenden lassen.«

Die Verantwortung für die dramatischen Versäumnisse liegt in erster Linie bei Tenet. Als Direktor der Nachrichtendienste hat er für die Fehler der CIA geradezustehen. Zudem wurde er über den Fortgang der Operation in Kuala Lumpur, wo die Terroristen observiert wurden und trotzdem anschließend ungehindert in die USA einreisen konnten, unterrichtet und auf dem laufenden gehalten. Damit war Tenet persönlich in einen der wohl schlimmsten Fehler involviert.

Dennoch muß Tenet deswegen bis heute keine Konsequenzen fürchten. Ganz im Gegenteil, seine Position hat sich noch verstärkt. Er genießt nicht nur weiterhin das volle Vertrauen des Präsidenten. Vielmehr verläßt sich Bush mehr denn je bei außenpolitischen Entscheidungen auf den Rat und die Einschätzungen seines CIA-Direktors. Tenet ist damit der wohl einflußreichste und mächtigste DCI in der Geschichte der US-amerikanischen Nachrichtendienste.

Bushs Außenpolitik ist geprägt von dem Schwarz-Weiß-Denken eines oft fragwürdigen Geheimdienstes und seines nicht minder fragwürdigen Direktors. Die Welt wird schlicht in Gut und Böse unterteilt, und der Präsident, seinem Geheimdienstdirektor fast schon hörig, droht unverhohlen: »Wer nicht für uns ist, ist gegen uns.« Wer die Kanonenbootpolitik der USA nicht mitträgt, muß mit politischen, wirtschaftlichen oder gar militärischen Konsequenzen rechnen. Unilateralismus ist dafür eine zu schwache Bezeichnung. Die einzig verbliebene Weltmacht übt rücksichtslos ihre Herrschaft aus.

Aber die katastrophale Politik Bushs richtet sich auch nach innen, gegen das eigene Volk. Mit dem sogenannten

Patriot-Act wurde wenige Wochen nach den Anschlägen ein Gesetz durchgepeitscht, das den Polizeibehörden erlaubt, unter dem Vorwand der »Terrorismusbekämpfung« willkürlich gegen Bürger vorzugehen. Und davon wird erschrekkend oft Gebrauch gemacht. Seit den Terrorattacken wurden mehr als 1000 Personen oft allein aufgrund ihrer Herkunft verhaftet, ohne daß man ihnen etwas Konkretes vorwerfen konnte. Ohne Angabe von Gründen oder Haftprüfungstermin können Verdächtige beliebig festgehalten, Anwaltsgespräche abgehört und private Daten polizeilich erfaßt werden. Ein Kontrollsystem unbekannten Ausmaßes ist entstanden. Zudem haben das neu geschaffene Superministerium für »Heimatverteidigung« sowie das Verteidigungsministerium riesige Budgets zugewiesen bekommen, während andere Bereiche wie Bildung oder Gesundheit sträflich vernachlässigt werden.

Das Amerika des George W. Bush erinnert an das Amerika der McCarthy-Ära, als es genügte, seinen Nachbarn als Kommunisten zu denunzieren, um ihm die Gesinnungsjäger des FBI auf den Hals zu schicken. Ausgerechnet im Mutterland der Demokratie werden am Anfang des 21. Jahrhunderts immer mehr demokratische Grundrechte geopfert.

Diese verheerende Politik der Bush-Administration scheint auch nicht vor demokratischen Institutionen und Einrichtungen haltzumachen, wie das traurige Ende des Untersuchungsausschusses zeigt. Während sich in New York bereits eine zweite Untersuchungskommission von Senatoren und Abgeordneten konstituiert hat, beendet der Washingtoner Ausschuß nach insgesamt neun öffentlichen und drei nichtöffentlichen Sitzungen seine Arbeit. Am 24. Juni 2003 legt Eleanor Hill ihren Abschlußbericht vor. Auf mehr als 900 Seiten dokumentiert sie die tödlichen Fehler von CIA und FBI im Vorfeld der Anschläge. Allerdings muß sie große Teile ihres Reports schwärzen. Darunter befinden sich jene Passagen, in denen Hill ausführt, wie detailliert George W. Bush bereits im August 2001, also einen Monat vor den Attacken, von Tenet über mögliche Anschläge unterrichtet wurde.[206] Die Schwärzungen der Passagen begründet Mark Mansfield, Sprecher der CIA, gegenüber der Nachrichtenagentur Associated Press: »Wir wollen nur sichergehen, daß durch die Veröffentlichung des Materials die Sicherheit unserer Geheimdienstquellen und Methoden gewährleistet ist, damit wir in der Zukunft Terroranschläge verhindern können.«

Anhang

Abkürzungen

BfV	Bundesamt für Verfassungsschutz – deutscher Inlandsnachrichtendienst
BND	Bundesnachrichtendienst – deutscher Auslandsnachrichtendienst
CLASS	Consular Lookout and Support System – Computerdatenbank der US-Konsulate, in der seit 1994 Namen und Personalien von mehr als sechs Millionen »unerwünschten Personen« gespeichert werden, denen die Einreise in die USA zu verweigern ist
CIA	Central Intelligence Agency – US-Nachrichtendienst, führt geheimdienstliche Operationen im Ausland durch, darf nicht im Inland arbeiten und hat nicht das Recht, Verhaftungen vorzunehmen
CIR	Central Intelligence Report – ein mit »top secret«, streng geheim, klassifizierter Bericht der CIA
CSG	Counterterrorism Security Group – Zusammenschluß von Vertretern aller wichtigen Sicherheitsbehörden und Administrationen, wie CIA, NSC, Verteidigungsministerium, Justizministerium, die sich während der Clinton-Regierung wöchentlich im Weißen Haus trafen
CTC	Counterterrorism Center – 1986 gegründete CIA-Spezialeinheit zur Bekämpfung terroristischer Aktivitäten, seit 1996 verfügt das FBI ebenfalls über ein CTC
DCI	Director of Central Intelligence – Direktor der Nachrichtendienste, höchster Beamter und Koordinator aller US-Geheimdienste und gleichzeitig Direktor der CIA, außerdem wichtigster Berater des Präsidenten in allen Angelegenheiten, die die Geheimdienste betreffen
DDCI	Deputy Director of Central Intelligence – stellvertretender Direktor der Nachrichtendienste und zweiter Mann in der CIA
DDO	Deputy Director for Operations – stellvertretender Direktor der CIA-Abteilung für geheime Nachrichtenbeschaffung und verdeckte Operationen

DEA	Drug Enforcement Agency – amerikanische Anti-Drogen-Polizei
DOSB	Directorate of Operations Stations and Bases – eine als »geheim« eingestufte Direktive an alle CIA-Operationsstationen und -basen im Ausland
DIA	Defense Intelligence Agency – militärischer Nachrichtendienst der USA, koordiniert die Arbeit der Nachrichtendienste des Pentagon, ist dem Verteidigungsministerium unterstellt, untersteht aber zugleich der koordinierenden Verfügungsgewalt des DCI
DoD	Department of Defense – Verteidigungsministerium
DSS	Defense Security Service – Sicherheitsdienst der Streitkräfte
FAA	Federal Aviation Administration – US-Bundesbehörde für Luftfahrt und Transport
FBI	Federal Bureau of Investigation – US-Bundespolizei
FEMA	Federal Emergency Management Agency – US-Bundesbehörde für Katastrophenschutz
FISA	Foreign Intelligence Surveillance Act – in diesem 1978 verabschiedeten Gesetz ist festgeschrieben, was amerikanischen Nachrichtendiensten erlaubt ist und was nicht bzw. was sie berücksichtigen müssen (z. B. Wahrung der Persönlichkeitsrechte)
HUMINT	Human Intelligence – sogenannte menschliche Quellen (Undercover-Agent oder Spitzel bzw. V-Mann)
INPOL	Polizei-Informations-System der Bundesrepublik Deutschland
INS	Immigration and Naturalization Service – US-Einwanderungsbehörde
IOS	Intelligence Operations Specialist – Bezeichnung für Undercover-Agenten bei CIA bzw. FBI
IRS	Internal Revenue Service – US-amerikanisches Finanzamt
ISI	Inter-Services Intelligence – pakistanischer Geheimdienst
JTTF	Joint Terrorism Task Force – Anti-Terror-Einheit von INS, FAA, CIA und FBI-Agenten auf regionaler wie auch bundesstaatlicher Ebene
KGB	Komitet gosudarstvennoj bezopasnosti – Komitee für Staatssicherheit, sowjetischer Geheimdienst
LfV	Landesamt für Verfassungsschutz – Nachrichtendienst der Bundesländer

NIC	National Intelligence Council – Ableger der CIA
MI5	Britischer Inlandsgeheimdienst
MI6	Britischer Auslandsgeheimdienst
Mossad	Merkazi Le-Modiin Uletafkidim Meyuhadim – Allgemeiner Nachrichten- und Sicherheitsdienst Israels
NAILS	Computerdatenbank der amerikanischen Einwanderungsbehörde INS, in der Namen und Personalien (z.B. Terroristen, Verbrecher, Drogendealer etc.) gespeichert sind, denen unter allen Umständen die Einreise in die USA verweigert werden muß
NSPD	National Security Presidential Directive – Vorlagen bzw. Empfehlungen (z. B. militärische Angriffspläne) des NSC für den US-Präsidenten
NSA	National Security Agency – Nationale Sicherheitsbehörde, der größte der US-Nachrichtendienste, fängt auf der ganzen Welt Nachrichtensignale auf und führt im Ausland Abhöroperationen mit Hilfe von Satelliten und anderen hoch entwickelten Technologien durch, in der Behörde werden militärische und diplomatische Codes anderer Länder entschlüsselt, sie ist außerdem mit dem Schutz der Kommunikationssysteme und der Geheimschriften und Codes der Vereinigten Staaten beauftragt
NSC	National Security Council – Nationaler Sicherheitsrat, zu dem der Präsident und die für die Außenpolitik verantwortlichen Kabinettsmitglieder, darunter der Vizepräsident, der Außenminister und der Verteidigungsminister, gehören. Der DCI und der Vorsitzende der Joint Chiefs of Staff haben beratende Funktion. Der Stab des NSC wird vom Sicherheitsberater des Präsidenten geleitet, der dem Präsident Bericht erstattet
PDB	President's Daily Briefing – tägliche Geheimdienstinformation für den Präsidenten, kurze Zusammenfassung der allerwichtigsten geheimen Nachrichten, geht an den Präsidenten, den Vizepräsidenten, den Außenminister, den Verteidigungsminister, den DCI, den Sicherheitsberater und wenige weitere wichtige Stabsbeamte im Weißen Haus
RFU	Radical Fundamentalist Unit – FBI-Spezialeinheit, die sich ausschließlich mit radikalem Fundamentalismus befaßt

SIGINT	Signals Intelligence – fernmeldetechnische Nachrichtenbeschaffung, hauptsächlich betrieben von der NSA
SIOC	Strategic Information Operations Center – Einsatzzentrale im FBI-Hauptquartier
TECS	Treasury Enforcement Communication System
TIPOFF	Computerdatenbank des amerikanischen State Department. Darin sind Namen und Personalien von mehr als 70000 Personen gespeichert, denen die Einreise in die USA verwehrt werden muß, sie ist ein Auszug der CLASS-Datenbank

Anmerkungen

Anmerkungen zu den Quellen

Sofern sich der Inhalt des Buches auf bereits veröffentlichte oder öffentlich zugängliche Materialien (Bücher, Zeitungs-, Zeitschriftenartikeln, Gerichtsurteile, Ausschußberichte etc.) stützt, werden die Quellen in den Endnoten bzw. im Anhang des Buches aufgeführt.

Des weiteren gehen etliche Informationen aber auf vertrauliche Gespräche oder als geheim eingestufte Unterlagen zurück, die nicht eigens angegeben werden. Zum einen weil diese Informationen nicht öffentlich zugänglich sind, zum anderen aus Gründen des Quellenschutzes.

1 Tenet, George J.: Congressional Hearings and Statements, 18. 6. 2002.
2 Ebd.
3 Pincus, Walter/Eggen, Dan: CIA Gave FBI Garning on Hijacker. Agency Told that Almihdhar Attended Malaysia Meeting, in: Washington Post, 4. 6. 2002.
4 Burke, Jason: Dead Man walking, in: Oberserver Magazine, 5. 8. 2001.
5 Elliott, Michael: The Secret History, in: Time, 4. 8. 2002.
6 Hill, Eleanor: Congressional Hearings and Statements, 18. 9. 2002.
7 Risen, James: Threats and Responses: The Investigation; U.S. Failed to Act on Warnings in '98 of a Plane Attack, in: New York Times, 19. 9. 2002, sowie Hill, Eleanor: Congressional Hearings and Statements, 18. 9. 2002.
8 Wright, Lawrence: The Counter-Terrorist, in: New Yorker, 14. 1. 2002.
9 Bergen, Peter: Heiliger Krieg Inc. – Osama Bin Ladens Terrornetz, Berlin 2001, S. 119.
10 Ebd., S. 121.
11 Miller, John/Stone, Michael: The Cell: Inside the 9/11 Plot and Why the FBI and the CIA Failed to Stop it, New York 2002, S. 189.
12 Hill, Eleanor: Congressional Hearings and Statements, 18. 9. 2002.
13 Ebd.

14 Tenet, George J.: Congressional Hearings and Statements, 18. 6. 2002.
15 Hill, Eleanor: Congressional Hearings and Statements, 18. 9. 2002.
16 Tenet, George J.: Congressional Hearings and Statements, 18. 6. 2002.
17 Gerth, Jeff: C. I. A. Chief Won't Name Officials who Failed to Put Hijackers on Watch List, in: New York Times, 15. 5. 2003.
18 Finn, Peter: Yemeni Fugitive Was Critical to Unfolding of Sept. 11 Plot, in: Washington Post, 14. 7. 2002.
19 Tenet, George J.: Congressional Hearings and Statements, 18. 6. 2002.
20 Klaidman, Daniel, u. a.: Investigators Link Last Week's Attacks, Embassy Bombings in Africa and USS Cole, in: Newsweek Web Exclusive, 20. 9. 2001.
21 Tenet, George J.: Congressional Hearings and Statements, 18. 6. 2002.
22 Hill, Eleanor: Congressional Hearings and Statements, 20. 9. 2002.
23 Vgl. hierzu Schröm, Oliver: Im Schatten des Schakals. Carlos und die Wegbereiter des internationalen Terrorismus, Berlin 2002.
24 Black, Cofer: Congressional Hearings and Statements, 26. 9. 2002.
25 Ebd.
26 Hill, Eleanor: Congressional Hearings and Statements, 18. 9. 2002.
27 Tenet, George J.: Congressional Hearings and Statements, 17. 10. 2002.
28 Hill, Eleanor: Congressional Hearings and Statements, 20. 9. 2002.
29 Ebd.
30 Ebd.
31 Hayden, Michael V.: Congressional Hearings and Statements, 17. 10. 2002.
32 Finn, Peter: Yemeni Fugitive Was Critical to Unfolding of Sept. 11 Plot, in: Washington Post, 14. 7. 2002.
33 Hill, Eleanor: Congressional Hearings and Statements, 20. 9. 2002.
34 Tenet, George J.: Congressional Hearings and Statements, 17. 10. 2002.
35 Report of the U. S. Senate Select Committee on Intelligence and U. S. House Permanent Select Committee in Intelligence, December 2002 (veröffentlicht am 24. 7. 2003).
36 McDermott, Terry: The Plot. How Terrorists Hatched a Simple Plan to Use Planes as Bombs, in: Los Angeles Times, Sunday Report, 1. 9. 2002.

37 Isikoff, Michael/Klaidmann, Daniel: The Hijackers We Let Escape, in: Newsweek, 10. 6. 2002.
38 Hill, Eleanor: Congressional Hearings and Statements, 20. 9. 2002, sowie Tenet, George J.: Congressional Hearings and Statements, 18. 6. 2002.
39 Tenet, George J.: Congressional Hearings and Statements, 17. 10. 2002.
40 Hill, Eleanor: Congressional Hearings and Statements, 20. 9. 2002.
41 Anklage des Generalbundesanwaltes beim Bundesgerichtshof gegen Mounir el Motassadeq vom 23. 8. 2002.
42 Anklageschrift United States of America vs. Zacarias Moussaoui, December 2001.
43 Aust, Stefan/Schnibben, Cordt: 11. September. Geschichte eines Terrorangriffs, Hamburg 2002, S. 271 f.
44 Vgl. Anklageschrift United States of America vs. Zacarias Moussaoui, December 2001.
45 Report of the U.S. Senate Select Committee on Intelligence and U.S. House Permanent Select Committee in Intelligence, December 2002 (veröffentlicht am 24. 7. 2003).
46 Cziesche, Dominik, u.a.: Das Puzzle lag auf dem Tisch, in: Der Spiegel, 3. 2. 2003.
47 Tenet, George J.: Congressional Hearings and Statements, 18. 6. 2002.
48 Crewdson, John: CIA Stalked Al Qaeda in Hamburg, in: Chicago Tribune, 17. 11. 2002.
49 Pressemitteilung der Innenbehörde Hamburg zu Darkazanli, 18. 11. 2002.
50 Cziesche, Dominik, u.a.: Das Puzzle lag auf dem Tisch, in: Der Spiegel, 3. 2. 2003.
51 Urteil des Hanseatischen Oberlandesgerichts gegen Mounir El Motassadeq, 19. 2. 2003.
52 Hill, Eleanor: Congressional Hearings and Statements, 18. 9. 2002.
53 Ebd.
54 Rolince, Michael: Islamistischer Terrorismus, in: Bundeskriminalamt (Hrsg.): Islamistischer Terrorismus – Eine Herausforderung für die internationale Staatengemeinschaft – BKA-Herbsttagung 2001, Neuwied 2002.
55 Ermittlungsverfahren des Generalbundesanwaltes beim Bundesgerichtshof gegen Said Bahaji u.a. vom 20. 9. 2001.
56 Hill, Eleanor: Congressional Hearings and Statements, 20. 9. 2002.

57 Ermittlungsverfahren des Generalbundesanwaltes beim Bundesgerichtshof gegen Said Bahaji u. a. vom 20. 9. 2001.
58 Fineman, Mark: A Case of Where, Not What, in: Los Angeles Times, 30. 3. 2002.
59 Anklageschrift United States of America vs. Zacarias Moussaoui, December 2001.
60 Ebd.
61 Report of the U. S. Senate Select Committee on Intelligence and U. S. House Permanent Select Committee in Intelligence, December 2002 (veröffentlicht am 24. 7. 2003).
62 Isikoff, Michael: The Informant who Lived with the Hijackers, in: Newsweek, 16. 9. 2002
63 Ebd.
64 Bergen, Peter: Heiliger Krieg Inc. – Osama Bin Ladens Terrornetz, Berlin 2001, S. 121.
65 Wright, Lawrence: The Counter-Terrorist, in: The New Yorker, 14. 1. 2002.
66 Ebd.
67 Vgl. Schröm, Oliver: Al Qaida – Akteure, Strukturen, Attentate, Berlin 2003.
68 Benjamin, Daniel/Simon, Steven: The Age of Sacred Terror, New York 2002, S. 7.
69 Hess, Pam: Pentagon Paper Predicted New Terror, in: UPI, 17. 5. 2002.
70 Vgl. Schröm, Oliver: Al Qaida.
71 Protokoll des FBI-Beamten Bradley J. Garrett vom 10. 2. 1995 über Aussage von Ramzi Yousef am 7. 2. 1995.
72 Ebd.
73 Waller, Douglas: Inside the Hunt for Osama, in: Time, 21. 12. 1998.
74 Vgl. Schröm, Oliver: Al Qaida, S. 113 ff.
75 Risen, James/Johnston, David: Qaeda Aide Slipped Away Long Before Sept. 11 Attack, in: New York Times, 8. 3. 2003.
76 Ebd.
77 Wright, Lawrence: The Counter-Terrorist, in: The New Yorker, 14. 1. 2002.
78 Ebd.
79 Ebd.
80 Report of the U. S. Senate Select Committee on Intelligence and U. S. House Permanent Select Committee in Intelligence, December 2002 (veröffentlicht am 24. 7. 2003).

81 Fineman, Mark: A Case of Where, Not What, in: Los Angeles Times, 30. 3. 2002.
82 Ermittlungsverfahren des Generalbundesanwaltes beim Bundesgerichtshof gegen Said Bahaji u.a. vom 20. 9. 2001.
83 Schmidt, Susan/Nakashima, Ellen: Moussaoui Said Not to Be Part of 9/11 Plot, in: Washington Post, 28. 3. 2003.
84 Elliott, Michael: The Secret History, in: Time, 4. 8. 2002.
85 Ebd.
86 Tenet, George J.: Congressional Hearings and Statements, 18. 6. 2002.
87 Yardley, Jim/Thomas, Jo: For Agent in Phoenix, the Cause of Many Frustrations Extended to His Own Office, in: New York Times, 19. 6. 2002.
88 Tenet, George J.: Congressional Hearings and Statements, 18. 6. 2002.
89 Hill, Eleanor: Congressional Hearings and Statements, 20. 9. 2002.
90 Tenet, George J.: Congressional Hearings and Statements, 17. 10. 2002.
91 Woodward, Bob: Bush at War – Amerika im Krieg, Stuttgart/München 2003, S. 16.
92 Elliott, Michael: The Secret History, in: Time, 4. 8. 2002.
93 Ebd.
94 Ebd.
95 Hirsh, Michael/Isikoff, Michael: What Went Wrong, in: Newsweek, 27. 5. 2002.
96 Ebd.
97 Elliott, Michael: The Secret History, in: Time, 4. 8. 2002.
98 Tenet, George J.: Congressional Hearings and Statements, 18. 6. 2002.
99 Risen, James: U.S. Failed to Act on Warnings in '98 of a Plane Attack, in: New York Times, 19. 9. 2002.
100 Schmidt, Susan/Nakashima, Ellen: Moussaoui Said Not to Be Part of 9/11 Plot, in: Washington Post, 28. 3. 2003.
101 Fineman, Mark: A Case of Where, Not What, in: Los Angeles Times, 30. 3. 2002.
102 Ebd.
103 Wright, Lawrence: The Counter-Terrorist, in: The New Yorker, 14. 1. 2002.
104 Ebd.

105 Fouda, Yosri: The Masterminds, in: Sunday Times, 8. 9. 2002.
106 Elliott, Michael: The Secret History, in: Time, 4. 8. 2002.
107 United States of America vs. Mokhtar Haouari, in the United States District Court Southern District of New York, June 3, 2001 – Testimony of Ahmed Ressam (Aussage Ahmed Ressam vor dem Distriktgericht in New York, 3. 6. 2001).
108 Hirsh, Michael/Isikoff, Michael: What Went Wrong, in: Newsweek, 27. 5. 2002.
109 Hill, Eleanor: Congressional Hearings and Statements, 20. 9. 2002.
110 Ebd.
111 Report of the U. S. Senate Select Committee on Intelligence and U. S. House Permanent Select Committee in Intelligence, December 2002 (veröffentlicht am 24. 7. 2003).
112 Ebd.
113 Priest, Diana/Eggen, Dan: 9/11 Probers Say Agencies Failed to Heed Attack Signs, in: Washington Post, 19. 9. 2002.
114 Ebd.
115 Gellman, Barton: Before Sept. 11, Unshared Clues and Unshaped Policy, in: Washington Post, 17. 5. 2002, sowie Hirsh, Michael/Isikoff, Michael: What Went Wrong, in: Newsweek, 27. 5. 2002.
116 Tyler, Patrick E./MacFarquhar, Neil: Egypt Warned U. S. of al Qaeda Plot, Mubarak Asserts, in: New York Times, 4. 6. 2002.
117 Tenet, George J.: Congressional Hearings and Statements, 18. 6. 2002.
118 Gellman, Barton: Before Sept. 11, Unshared Clues and Unshaped Policy, in: Washington Post, 17. 5. 2002.
119 Elliott, Michael: The Secret History, in: Time, 4. 8. 2002.
120 Wright, Larence: The Counter-Terrorist, in: The New Yorker, 14. 1. 2002.
121 Elliott, Michael: The Secret History, in: Time, 4. 8. 2002.
122 Irujo, José María: La cumbre terrorista donde se preparó el 11-S se celebró en Tarragona in: El Pais, 30. 6. 2002. Die Angaben über den Spanien-Aufenthalt von Atta und Binalshibh sind überwiegend diesem Artikel entnommen, der auf einen 700seitigen Ermittlungsbericht zurückgeht, den die spanischen Ermittler für die US-Behörden erstellt haben.
123 Fouda, Yosri: The Masterminds, in: Sunday Times, 8. 9. 2002.
124 Ebd.
125 Vgl. Anklageschrift United States of America vs. Zacarias Moussaoui, December 2001.

126 Ebd.
127 Hill, Eleanor: Congressional Hearings and Statements, 24. 10. 2002.
128 Ebd.
129 Ebd.
130 Connell, Rich/Krikorian, Greg: Author of FBI Memo Praised for Expertise, in: Los Angeles Times, 18. 5. 2002.
131 Ebd.
132 Hill, Eleanor: Congressional Hearings and Statements, 24. 10. 2002.
133 Phoenix FBI Agent: Congressional Hearings and Statements, 24. 9. 2002.
134 Ebd.
135 Ebd.
136 Connell, Rich/Krikorian, Greg: Author of FBI Memo Praised for Expertise, in: Los Angeles Times, 18. 5. 2002.
137 Phoenix FBI Agent: Congressional Hearings and Statements, 24. 9. 2002, sowie Hill, Eleanor: Congressional Hearings and Statements, 24. 10. 2002.
138 Ebd.
139 Hill, Eleanor: Congressional Hearings and Statements, 24. 10. 2002.
140 Ebd.
141 Woodward, Bob/Eggen, Dan: Aug. Memo Focused On Attacks in U. S., in: Washington Post, 18. 5. 2002.
142 Vgl. Anklageschrift United States of America vs. Zacarias Moussaoui, December 2001.
143 Hill, Eleanor: Congressional Hearings and Statements, 24. 10. 2002.
144 Fineman, Mark: A Case of Where, Not What, in: Los Angeles Times, 30. 3. 2002.
145 Black, Cofer: Congressional Hearings and Statements, 26. 9. 2002.
146 Hill, Eleanor: Congressional Hearings and Statements, 24. 10. 2002.
147 Vgl. Anklageschrift United States of America vs. Zacarias Moussaoui, December 2001.
148 Minneapolis FBI Agent: Congressional Herarings and Statements, 24. 9. 2002.
149 Fineman, Mark: A Case of Where, Not What, in: Los Angeles Times, 30. 3. 2002.

150 Ebd.
151 Hill, Eleanor: Congressional Hearings and Statements, 24. 10. 2002.
152 Tenet, George J.: Congressional Hearings and Statements, 18. 9. 2002, sowie Hill, Eleanor: Congressional Hearings and Statements, 20. 9. 2002.
153 Fouda, Yosri: The Masterminds, in: Sunday Times, 8. 9. 2002.
154 Ebd.
155 Ebd.
156 Tenet, George J.: Congressional Hearings and Statements, 18. 6. 2002.
157 Hill, Eleanor: Congressional Hearings and Statements, 20. 9. 2002.
158 Tenet, George J.: Congressional Hearings and Statements, 18. 6. 2002.
159 Hill, Eleanor: Congressional Hearings and Statements, 24. 10. 2002.
160 Rolince: Congressional Hearings and Statements, 20. 9. 2002.
161 FBI New York Agent: Congressional Hearings and Statements, 20. 9. 2002.
162 Fouda, Yosri: The Masterminds, in: Sunday Times, 8. 9. 2002.
163 Ebd.
164 Ermittlungsverfahren des Generalbundesanwaltes beim Bundesgerichtshof gegen Said Bahaji u. a. vom 20. 9. 2001.
165 Elliot, Michael: The Secret History, in: Time, 4. 8. 2002.
166 Hill, Eleanor: Congressional Hearings and Statements, 24. 10. 2002.
167 Gellman, Barton: Before Sept. 11, Unshared Clues and Unshaped Policy, in: Washington Post, 17. 5. 2002.
168 Hill, Eleanor: Congressional Hearings and Statements, 10. 12. 2002.
169 Aust/Schnibben: 11. September, S. 42 f.
170 Vgl. Schröm, Oliver: Al Qaida.
171 Woodward, Bob: Bush at War, S. 17.
172 Aust/Schnibben: 11. September, S. 52.
173 Woodward, Bob: Bush at War, S. 18.
174 Wright, Lawrence: The Counter-Terrorist, in: New Yorker, 14. 1. 2002.
175 Woodward, Bob: Bush at War, S. 40.
176 Ebd., S. 41.

177 Zeugenaussage von Generalmajor Craig R. McKinley vor der National Commission on Terrorist Attacks Upon the United States (Untersuchungsausschuß zu den Terroranschlägen auf die USA), ausgestrahlt in: Mondics, Chris: Fire order on 9–11 planes late (KPCC Radio), 24. 5. 2003.
178 Aust/Schnibben: 11. September 2001, S. 275.
179 Woodward, Bob: Bush at War, S. 42.
180 Ebd.
181 Ebd., S. 44.
182 Ebd., S. 46.
183 Ebd., S. 47.
184 Ebd., S. 48.
185 Ebd., S. 52.
186 Ebd., S. 56.
187 Ebd., S. 60.
188 Tenet, George J.: Congressional Hearings and Statements, 18. 6. 2002.
189 Ebd.
190 Aust/Schnibben: 11. September 2001, S. 156.
191 Ebd., S. 157.
192 Woodward, Bob: Bush at War, S. 65.
193 Ebd., S. 66.
194 Ebd., S. 67 f.
195 Hirsh, Michael/Isikoff, Michael: What Went Wrong, in: Newsweek, 27. 5. 2002.
196 Woodward, Bob: Bush at War, S. 101.
197 Ebd., S. 105.
198 Ebd., S. 109.
199 Ebd., S. 117.
200 Ebd., S. 96.
201 Ebd., S. 108.
202 Ebd., S. 111.
203 Ebd.
204 Doran, James: FBI and CIA Call a Truce on Leaks, or so a Leak Says, in: Times, 15. 6. 2002.
205 Eggen, Dan/Priest, Dana: FBI Agent Urged Search For Hijacker, in: Washington Post, 21. 9. 2002.
206 Isikoff, Michael: Classified: Censoring the Report About 9-11?, in: Newsweek, 2. 6. 2003.

Verzeichnis der veröffentlichten US-amerikanischen Quellen

Congressional Hearings and Statements

Senate and House Intelligence Committees Announce Joint Inquiry into the September 11th Terrorist Attacks
(Untersuchungsausschuß des Senates und Abgeordnetenhauses zu den Terroranschlägen vom 11. September)

6. 2. 2002
The Worldwide Threat in 2002
- Senate Select Committee on Intelligence
  - CIA Answers to Questions for the Record
  - State Department Answers to Questions for the Record
  - DIA Answers to Questions for the Record
  - Transcript
  - Tenet, George J. (Director of Central Intelligence)
  - Watson, Dale L. (Executive Assistant Director for Counterterrorism and Counterintelligence, Federal Bureau of Investigation)
  - Wilson, Thomas, Vice Adm. (USN, Director, Defense Intelligence Agency)

6. 3. 2002
FBI's FY2003 Budget Request
- House Appropriations Committee
  - Mueller, III, Robert S., FBI Director

11. 3. 2002
CIA National Intelligence Estimate of Foreign Missile Development and the Ballistic Missile Threat through 2015
- Senate Governmental Affairs Committee
  - Walpole, Robert, National Intelligence Council, Central Intelligence Agency

19. 3. 2002
Worldwide Threat
- Senate Armed Services Committee
  - Tenet, George J. (Director of Central Intelligence)
  - Wilson, Vice Adm. Thomas R., Director, Defense Intelligence Agency

8. 5. 2002
Reforming the FBI in the 21st Century:
Reorganizing and Refocusing The Mission
- Senate Judiciary Committee
  - Mueller III, Robert S., (Director, FBI), Statement

6. 6. 2002
Oversight Hearing on Counterterrorism
- Senate Judiciary Committee
  - Mueller, Robert S. (Director, FBI), Statement
  - Rowley, Coleen M. (FBI Special Agent), Statement

18. 6. 2002
Joint Investigation Into September 11th: Closed Hearing
- Joint House/Senate Intelligence Committee Hearing
  - Tenet, George J. (Director of Central Intelligence), (published 10/17/02)
  - Mueller III, Robert S., Director, Federal Bureau of Investigation (published 09/26/02)

21. 6. 2002
Oversight Hearing on FBI Reorganization
- House Appropriations Committee
  - Mueller III, Robert S., (FBI Director), Statement

26. 6. 2002
A Review of the Relationship Between a Department
of Homeland Security and the Intelligence Community
- Senate Governmental Affairs Committee
  - Transcript of June 26-27 hearing
  - Berger, William (Police Chief)
  - Odom, William, Lt. Gen.

27. 6. 2002
A Review of the Relationship Between a Department of Homeland Security and the Intelligence Community
- Senate Governmental Affairs Committee
  - Transcript of June 26-27 hearing
  - Mueller III, Robert S. (FBI Director)
  - Tenet, George J. (Director of Central Intelligence)
  - Webster, William H.
  - Graham, Bob (Chairman, SSCI)
  - Shelby, Richard C. (Vice Chairman, SSCI)

25. 7. 2002
Oversight of the Department of Justice
- Senate Judiciary Committee
  - Ashcroft, John (Attorney General), Statement

31. 7. 2002
Proposals to Amend the Foreign Intelligence Surveillance Act
- Senate Intelligence Committee
  - Baker, James A. (Counsel for Intelligence Policy, Justice Dept.), Statement
  - Bowman, Marion E. (Spike) (Deputy General Counsel, FBI), Statement
  - Manget, Frederic (Deputy Counsel, CIA), Statement

5. 9. 2002
Hearing on HPSCI Report on Counterterrorism Intelligence Capabilities and Performance Prior to 9-11
- House Armed Services Committee
  - Saxton, Jim, (Rep.), Opening Statement
  - Chambliss, Saxby, (Rep), Statement
  - Harman, Jane, (Rep.), Statement

18. 9. 2002
Joint Investigation Into September 11th: First Public Hearing
- Joint House/Senate Intelligence Committee Hearing
  - Hill, Eleanor (Joint Inquiry Staff Director), Statement, Part I
  - Breitweiser, Kristen (Co-Chair, September 11th Advocates)
  - Push, Stephan (Treasurer, Families of September 11, Inc.)

19. 9. 2002

Joint Investigation Into September 11th: Second Public Hearing

- Joint House/Senate Intelligence Committee Hearing
  - Armitage, Richard (Deputy Secretary of State)
  - Wolfowitz, Paul (Deputy Secretary of Defense)
  - Scowcroft, Brent (former National Security Advisor)
  - Berger, Samuel (former National Security Advisor)

20. 9. 2002

Joint Investigation Into September 11th: Third Public Hearing

- Joint House/Senate Intelligence Committee Hearing
  - Hill, Eleanor (Joint Inquiry Staff Director), Statement: Intelligence Community's Knowledge of the September 11 Highjackers Prior to September 11, 2001
  - Central Intelligence Agency officer
  - Rolince, Michael (FBI Special Agent)
  - FBI New York Agent (anonymous)
  - Kojm, Chris (U. S. Department of State)

24. 9. 2002

Joint Investigation Into September 11th: Fourth Public Hearing

- Joint House/Senate Intelligence Committee Hearing
  - Hill, Eleanor (Joint Inquiry Staff Director), Statement [updated with additional material on October 17, 2002]: The FBI's Handling of the Phoenix Electronic Communication and Investigation of Zacarias Moussaoui Prior to September 11, 2001
  - Phoenix FBI Agent (anonymous)
  - Minneapolis FBI Agent (anonymous)

26. 9. 2002

Joint Investigation Into September 11th: Fifth Public Hearing

- Joint House/Senate Intelligence Committee Hearing
  - Black, Cofer (former chief, CIA Counterterrorism Center)
  - Watson, Dale (former assistant executive director, counterterrorism and counterintelligence, FBI)

1. 10. 2002

Joint Investigation Into September 11th: Sixth Public Hearing
- Joint House/Senate Intelligence Committee Hearing
  - Hill, Eleanor (Joint Inquiry Staff Director), Statement: Counterterrorism Information Sharing With Other Federal Agencies and with State and Local Governments and the Private Sector
  - Taylor, Francis (Department of State)
  - Greene, Joseph (Immigration and Naturalization Service)
  - Jacoby, Lowell E. (Defense Intelligence Agency)

3. 10. 2002

Joint Investigation Into September 11th: Seventh Public Hearing
- Joint House/Senate Intelligence Committee Hearing
  - Hill, Eleanor (Joint Inquiry Staff Director), Statement: Propasals for Reform within the Intelligence Community
  - Odom, William, Lt. Gen

8. 10. 2002

Joint Investigation Into September 11th: Eighth Public Hearing
- Joint House/Senate Intelligence Committee Hearing
  - Hill, Eleanor (Inquiry Staff Director), Joint Inquiry Staff, Statement: The Intelligence Community's Response to Past Terrorist Attacks, 1993–2001,
  - Freeh, Louis (former FBI Director)
  - Pillar, Paul (CIA)
  - White, Mary Jo (former US Attorney for Southern District of New York)
  - Fallis, Kie C. (former Defense Intelligence Agency analyst)

9. 10. 2002

Nomination of Scott W. Muller to be General Counsel of the CIA
- Senate Select Committee on Intelligence
  - Transcript
  - Muller, Scott W., prepared Statement

17. 10. 2002

Joint Investigation Into September 11th: Ninth Public Hearing
- Joint House/Senate Intelligence Committee Hearing
  - Hill, Eleanor (Joint Inquiry Staff Director), Joint Inquiry Staff, Statement

- Tenet, George J. (Director of Central Intelligence)
- Mueller III, Robert S. (Director, Federal Bureau of Investigation)
- Hayden, Lt. Gen. (Director, National Security Agency)
- Jacoby, Rear Adm. Lowell E. (Acting Director, Defense Intelligence Agency)

10. 12. 2002
Final Report, Part 1
– The Joint Inquiry – The Context – Part 1 – Findings and Conclusions
  - Hill, Eleanor (Joint Inquiry Staff Director), Joint Inquiry Staff

24. 7. 2003 (veröffentlicht)
Report of the U. S. Senate Select Committee on Intelligence and U. S. House Permanent Select Committee on Intelligence, December 2002
– Joint Inquiry into Intelligence Community Activties before and after the Terrorist Attackes of September 11, 2001

Gerichtsurteile, Gerichtsprotokolle, Zeugenaussagen und Anklageschriften

United States of America vs. Enaam MM. Arnaout, in the United States District Northern District of Illinois Eastern Division, January, 2003 – Government's Evidentiary Proffer Supporting the Admissibility of Coconspirator Statements

United States of America vs. Usama Bin Laden, et al., in the United States District Court Southern District of New York, January 8, 2001 – Testimony of FBI Agent Stephan Gaudin

United States of America vs. Usama Bin Laden, Mohammed Atef, Mohamed Sadeek Odeh, Mohamed Rashed Daoud Al-Owhali, Khalfan Khamis Mohamed, Wadih El Hage, in the United States District Court Southern District of New York, February 5, 2001 – Statements

United States of America vs. Usama Bin Laden, et al., in the United States District Court Southern District of New York, February 6, 2001 – Testimony of Jamal al-Fadl

United States of America vs. Usama Bin Laden, Mohammed Atef, Mohamed Sadeek Odeh, Mohamed Rashed Daoud Al-Owhali, Khalfan Khamis Mohamed, Wadih El Hage, in the United States District Court Southern District of New York, February 8, 2001 – Statements

United States of America vs. Usama Bin Laden, et al., in the United States District Court Southern District of New York, February 14, 2001 – Testimony of Isam ar-Ridi

United States of America vs. Usama Bin Laden, et al., in the United States District Court Southern District of New York, February 15, 2001 – Statements

United States of America vs. Mokhtar Haouari, in the United States District Court Southern District of New York, June 3, 2001 – Testimony of Ahmed Ressam

United States of America vs. Zacarias Moussaoui, a/k/a »Shaqil«, a/k/a »Abu Khalid al Sahrawi«, in the United States District Court for the Eastern District of Virginia, Alexandria Division, June 2001 Term – At Alexandria – Superseding Indictment

United States of America vs. Zacarias Moussaoui, a/k/a »Shaqil«, a/k/a »Abu Khalid al Sahrawi«, in the United States District Court for the Eastern District of Virginia, Alexandria Division, December 2001 Term – At Alexandria – Indictment

United States of America vs. Ramzi Ahmed Yousef, Eyad Ismoil, Abdul Hakim, in United States Court of Appeals for the Second Circuit, April 4, 2003

Literatur

Ahmed, Nafeez M.: Geheimsache 09/11 – Hintergründe über den 11. September und die Logik amerikanischer Machtpolitik, München 2003

Alexander, Yonah/Swetnam Michael S.: Usama bin Laden's al-Qaida: Profile of a Terrorist Network, Ardsley 2001

Aust, Stefan/Schnibben, Cordt (Hg.): 11. September – Geschichte eines Terrorangriffs, München 2001

Baer, Robert: Der Niedergang der CIA – Der Enthüllungsbericht eines CIA-Agenten, München 2002

Bamford, James: NSA. Die Anatomie des mächtigsten Geheimdienstes der Welt, München 2002

Benjamin, Daniel/Simon, Steven: The Age of Sacred Terror, New York 2002

Bergen, Peter: Heiliger Krieg Inc. – Osama bin Ladens Terrornetz, Berlin 2001

Brisard, Jean-Charles/Dasquié, Guillaume: Die Verbotene Wahrheit – Die Verstrickungen der USA mit Osama bin Laden, Zürich 2001

Bodansky, Yossef: Bin Laden – The Man who Declared War on America, Roseville 2001

Bröckers, Mathias: Verschwörungen, Verschwörungstheorien und die Geheimnisse des 11. 9., Frankfurt 2002

Bundeskriminalamt (Hrsg.): Islamistischer Terrorismus – Eine Herausforderung für die internationale Staatengemeinschaft – BKA-Herbsttagung 2001, Neuwied 2002

Carr, Caleb: Terrorismus – Die sinnlose Gewalt. Historische Wurzeln und Möglichkeiten der Bekämpfung, München 2002

Corbin, Jane: The Base – In Search of Al-Qaeda – The Terror Network that Shook the World, London 2002

Dohnanyi, Johannes und Germana von: Schmutzige Geschäfte und Heiliger Krieg – Al-Qaida in Europa, Zürich 2002

Emerson, Steven: American Jihad: The Terrorists Living Among Us, New York 2002

Fielding, Nick/Fouda, Yosri: Masterminds of Terror – Die Drahtzieher des 11. September berichten – Der Insider-Report von al-Qaida, Hamburg 2003
Frank, Hans/Hirschmann, Kai (Hrsg.): Die weltweite Gefahr – Terrorismus als internationale Herausforderung, Berlin 2002
Gertz, Bill: Breakdown – How America's Intelligence Failures Led to September 11, Washington D. C. 2002
Gold, Dore: Hatred's Kingdom – How Saudi Arabia Supports the New Global Terrorism, Washington 2003
Gunaratna, Rohan: Inside Al Qaeda: Global Network of Terror, London 2002
Hacker, Friedrich: Terror – Mythos, Realität, Analyse, Wien 1973
Hatfield, James H.: Das Bush Imperium. Wie George W. Bush zum Präsidenten gemacht wurde, Bremen 2002
Hesse, Reinhard: Ground Zero – Der Westen und die islamische Welt gegen den globalen Djihad, München 2002
Hirschmann, Kai/Gerhard, Peter (Hrsg.): Terrorismus als weltweites Phänomen, Berlin 2000
Hoffmann, Bruce: Terrorismus. Der unerklärte Krieg. Neue Gefahren politischer Gewalt, Frankfurt 1999
Hoge, James F. jr./Rose, Gideon (Hrsg.): How Did This Happen? – Terrorism and the New War, New York 2001
Jacquard, Roland: Die Akte Osama Bin Laden – Das geheime Dossier über den meistgesuchten Terroristen der Welt, München 2001
Ders.: Les archives secrètes d'Al-Qaida – Révélations sur les héritiers de Ben Laden, Paris 2002
Katz, Samuel M.: Relentless Pursuit – The DSS and the Manhunt for the Al-Qaeda Terrorists, New York 2002
Kessler, Ronald: The Bureau: The Secret History of the FBI, New York 2002
Ders.: Inside The White House – The Hidden Lives of the Modern Presidents and the Secrets of the World's Most Powerful Institution, New York 1996
Krieger, Wolfgang (Hrsg.): Geheimdienste in der Weltgeschichte. Spionage und verdeckte Aktionen von der Antike bis zur Gegenwart, München 2003
Laqueur, Walter: Die globale Bedrohung. Neue Gefahren des Terrorismus, Berlin 1998
Laurant, Eric: Die Kriege der Familie Bush. Die wahren Hintergründe des Irak-Konflikts, Frankfurt 2003

Longman, Jere: Among the Heroes – United Flight 93 & the Passengers & Crew who Fought Back, New York 2002

Miller, John/Stone Michael (with Mitchell, Chris): The Cell – Inside the 9/11 Plot, and why the FBI and CIA Failed to Stop It, New York 2002

Odom, Williame E.: Fixing Intelligence: For a More Secure America, Yale 2003

Pillar, Paul R.: Terrorism and U. S. Foreign Policy, Washington D. C. 2001

Pohly, Michael/Khalid Durán: Khalid, Osama bin Laden – und der internationale Terrorismus, München 2001

Rashid, Ahmed: Taliban – Afghanistans Gotteskrieger und der Dschihad, München 2000

Reeve, Simon: The New Jackals – Razmi Yousef, Osama Bin Laden and the Future of Terrorism, Boston 1999

Reuter, Christoph: Mein Leben ist eine Waffe – Selbstmordattentäter. Psychogramm eines Phänomens, München 2002

Riebling, Mark: Wedge – From Pearl Harbor to 9/11 – How the Secret War between the FBI and CIA Has Endangered National Security, New York 2002

Ross, Shelley: Präsidenten und Affären – Skandale und Korruption in der amerikanischen Politik, Bonn 1989

Roth, Jürgen: Das Netzwerk des Terrors, Hamburg 2001

Schölzel, Arnold: Das Schweigekartell – Fragen & Widersprüche zum 11. September, Berlin 2002

Schröm, Oliver: Al Qaida – Akteure, Strukturen, Attentate, Berlin 2003

Sharma, Rajeev: Pak Proxy War – A Story of ISI, bin Laden and Kargil, New Delhi 2002

Smith, Hedrick: Der Machtkampf in Amerika – Reagans Erbe: Washingtons neue Elite, Hamburg 1988

Thamm, Berndt Georg: Terrorismus – Ein Handbuch über Täter und Opfer, Hilden 2002

Theveßen, Elmar: Schläfer mitten unter uns – Das Netzwerk des Terrors und der hilflose Aktionismus des Westens, München 2002

Ulfkotte, Udo: Propheten des Terrors – Das geheime Netzwerk der Islamisten, München 2001

Ders.: Der Krieg in unseren Städten. Wie radikale Islamisten Deutschland unterwandern, Frankfurt 2003

Waldmann, Peter: Terrorismus – Provokation der Macht, München 1998
Williams, Paul L.: Al Qaeda – Brotherhood of Terror, New York 2002
Woodward, Bob: Bush at War – Amerika im Krieg, Stuttgart/München 2003

Zeitungsbeiträge
(Auswahl der wichtigsten Artikel)

Burke, Jason: Dead Man Walking, in: Oberserver Magazine, 5. 8. 2001
Butler, Desmond: Germans Were Tracking Sept. 11 Conspirators as Early as 1998, Documents Disclose, in: New York Times, 18. 1. 2003
Connell, Rich/Krikorian, Greg: Author of FBI Memo Praised for Expertise, in: Los Angeles Times, 18. 5. 2002
Crawford, David/Johnson, Ian: Pre-9/11, Germany Had Al Qaeda Cell in Ist Sightes, in: Wall Street Journal Europe, 17. 1. 2003
Crewdson, John: CIA stalked Al Qaeda in Hamburg, in: Chicago Tribune, 17. 11. 2002
Cziesche, Dominik, u. a.: Das Puzzle lag auf dem Tisch, in: Der Spiegel, 3. 2. 2003
Doran, James: FBI and CIA Call a Truce on Leaks, or so a Leak Says, in: Times, 15. 6. 2002
Elliott, Michael: The Secret History: They Had a Plan, in: Time, 4. 8. 2002
Fineman, Mark: A Case of Where, Not What, in: Los Angeles Times, 30. 3. 2002
Finn, Peter: Yemeni Fugitive was Critical to Unfolding of Sept. 11 Plot, in: Washington Post, 14. 7. 2002
Fouda, Yosri: The Masterminds, in: Sunday Times, 8. 9. 2002
Gellman, Barton: Before Sept. 11, Unshared Clues and Unshaped Policy, in: Washington Post, 17. 5. 2002
Gerth, Jeff: C. I. A. Chief won't Name Officials who Failed to Put Hijackers on Watch List, in: New York Times, 15. 4. 2003
Goldberg, Jeffrey: The Unknown, in: New Yorker, 10. 2. 2003
Goldstein, Amy/Booth, William: Hijackers Found Welcome Mat on West Coast, in: Washington Post, 29. 12. 2001
Hersh, Seymour M.: The Twentieth Man, in: New Yorker, 30. 9. 2002
Hess, Pam: Pentagon Paper Predicted New Terror, in: UPI, 17. 5. 2002
Hirsh, Michael/Isikoff, Michael: What Went Wrong, in: Newsweek, 27. 5. 2002

Hosenball, Mark/Isikoff, Michael: Al Qaeda's Money Man, in: Newsweek, 24. 3.2003
Dies.: Are the Feds at Sea, in: Newsweek, 3. 6. 2003
Irujo, José María: La cumbre terrorista donde se preparó el 11-S se celebró en Tarragona, in: El Pais, 30. 6. 2002
Isikoff, Michael: The Informant who Lived With the Hijackers, in: Newsweek, 16. 9. 2002
Isikoff, Michael/Klaidmann, Daniel: The Hijackers We Let Escape, in: Newsweek, 10. 6. 2002
Klaidman, Daniel, u. a.: Investigators Link Last Week's Attacks, Embassy Bombings in Africa and USS Cole, in: Newsweek Web Exclusive, 20. 9. 2001
Laabs, Dirk: Witnesses in Terror Trial Threatened, Germany Says, in: Los Angeles Times, 30. 1. 2002
Ders.: Holy War Planning Described, Los Angeles Times, 13. 11. 2002
Ders./Fleishman, Jeffrey: First September 11 Trial Starts, in: Los Angeles Times, 23. 10. 2002
Ders./McDermott, Terry: Prelude to 9/11: A Hijacker's Love, Lies, in: Los Angeles Times, 27. 1. 2003
Dies.: U. S. Ties 5 to Afghan Camp, in: Los Angeles Times, 15. 9. 2002
Dies.: The Plot. How Terrorists Hatched a Simple Plan to Use Planes As Bombs, in: Los Angeles Times, Sunday Report, 1. 9. 2002
Dies.: The Plots and Designs of Al Qaeda's Engineer, in: Los Angeles Times, 22. 12. 2002
Dies./u. a.: A Perfect Soldier, in: Los Angeles Times, 27. 1. 2002
McGeary, Johanna/Van Bieme, David: The New Breed of Terrorist, in: Time, 24. 9. 2001
Pincus, Walter/Eggen, Dan: CIA Gave FBI Warning on Hijacker, in: Washington Post, 4. 6. 2002
Powers, Thomas: The Trouble with the CIA, in: New York Review of Books, 17. 1. 2002
Priest, Diana/Eggen, Dan: 9/11 Probers Say Agencies Failed to Heed Attack Signs, in: Washington Post, 19. 9. 2002
Ratnesar, Romesh/Weisskopf, Michael: How the FBI Blew the Case, in: Time, 3. 6. 2002
Risen, James: Threats and Responses: The Investigation; U. S. Failed to Act on Warnings in '98 of a Plane Attack, in: New York Times, 19. 9. 2002
Risen, James/Johnston, David: Qaeda Aide Slipped Away Long Before Sept. 11 Attack, in: New York Times, 8. 3. 2003

Schmidt, Susan/Nakashima, Ellen: Moussaoui Said Not to Be Part of 9/11 Plot, in: Washington Post, 28. 3. 2003
Schröm, Oliver: Der Prediger und die frommen Killer, in: Die Zeit, 29. 8. 2002
Ders.: Die Geschichte des Gotteskriegers Beandali, in: Frankfurter Allgemeine Sonntagszeitung, 21. 4. 2002
Ders.: Die Frankfurter Zelle, in: Frankfurter Allgemeine Sonntagszeitung, 14. 4. 2002
Ders.: Im Visier der besonnenen Fahnder, in: Frankfurter Allgemeine Sonntagszeitung, 12. 1. 2003
Ders.: In der Schußlinie, in: Die Zeit, 12. 12. 2002
Ders.: Rotes Telefon in der Wüste, in: Die Zeit, 5. 12. 2002
Ders.: Tödliche Fehler, in: Die Zeit, 2. 10. 2002
Ders.: Tür an Tür mit Mohammed Atta, in: Die Zeit, 2. 10. 2002
Ders: Zielscheibe mit dickem Bauch, in: Frankfurter Allgemeine Sonntagszeitung, 12. 5. 2002
Ders./Laabs, Dirk: Unser Mann in der Moschee, in: Frankfurter Allgemeine Sonntagszeitung, 2. 2. 2003
Thomas, Evan: The Road to September 11, in: Newsweek, 1. 10. 2001
Tyler, Patrick E./MacFarquhar, Neil: Egypt Warned U. S. of al Qaeda Plot, Mubarak Asserts, in: New York Times, 4. 6. 2002
Ulrich, Andreas: Operation Zartheit, in: Der Spiegel, 15. 7. 2002
Waller, Douglas: Inside the Hunt for Osama, in: Time, 21. 12. 1998
Woodward, Bob/Eggen, Dan: Aug. Memo Focused on Attacks in U. S., in: Washington Post, 18. 5. 2002
Wright, Lawrence: The Counter-Terrorist, in: The New Yorker, 14. 1. 2002
Yardley, Jim: E-Mail Sent to Flight School Gave Terror Suspect's »Goal«, in: New York Times, 8. 2. 2002
Yardley, Jim/Thomas, Jo: For Agent in Phoenix, the Cause of Many Frustrations Extended to His Own Office, in: New York Times, 19. 6. 2002

Die Attentäter vom 11. September 2001

Flug American Airlines (AA) 011 Boston–Los Angeles, Boeing 767. Das Flugzeug rammte um 8.45 Uhr den Nordturm des World Trade Center.

Mohammed Atta (Pilot), geb. 1968 in Ägypten
Abd al-Asis al-Umari, geb. 1979 in Saudi-Arabien
Wail al-Schari, geb. 1973 in Saudi-Arabien
Walid M. Al-Schari, geb. 1978 in Saudi-Arabien
Satam al-Sukami, geb. 1976 in den Vereinigten Arabischen Emiraten

Flug United Airlines (UA) 175 Boston–Los Angeles, Boeing 767. Das Flugzeug rammte um 9.03 Uhr den Südturm des World Trade Center.

Marwan al-Shehhi (Pilot), geb. 1978 in den Vereinigten Arabischen Emiraten
Fajis Ahmed, geb. 1977 in Saudi-Arabien
Ahmed al-Ghamdi, geb. 1979 in Saudi-Arabien
Hamsa al-Ghamdi, geb. 1980 in Saudi-Arabien
Mohald al-Scheri, geb. 1979 in Saudi-Arabien

Flug American Airlines (AA) 077 Washington–Los Angeles, Boeing 757. Das Flugzeug stürzte um 9.43 Uhr in das Pentagon.

Hani Hanjour (Pilot), geb. 1972 in Saudi-Arabien
Khalid al-Mihdhar, geb. 1975 in Saudi-Arabien
Nawaf al-Hazmi, geb. 1976 in Saudi-Arabien
Majed Moqed, geb. 1977 in Saudi-Arabien
Salim al-Hazmi, geb. 1981 in Saudi-Arabien

Flug United Airlines (UA) 093 Newark–San Francisco, Boeing 757. Das Flugzeug stürzte um 10.10 Uhr bei Shanksville, Pennsylvania, ab.

Ziad Jarrah (Pilot), geb. 1975 im Libanon
Ahmed al-Hasnawi, geb. 1980 in Saudi-Arabien
Ahmed al-Nami, geb. 1977 in Saudi-Arabien
Said al-Ghamdi, geb. 1979 in Saudi-Arabien

Inhalt

Anhang